Alles über FLACHE KUCHEN

[ʃü] + {ʃa}

Tartes · Pies · Quiches und mehr

Ita Rainy
Clara Monti
Ingrid Pfahr

Brandstätter

süß [Sü]

salzig {Sa}

Kernobst
Ein herbstliches Trio: Apfel, Birne, Quitte

Steinobst
Harter Kern mit weicher Schale

Beeren
Bunter Beerenmix für gute Laune

Südfrüchte
Muntermacher zu allen Zeiten

Nüsse und Schalenobst
Maronen, Nuss und Mandelkern

Milch und Schokolade
Ein Fest für Schleckermäuler

Samen, Getreide und Hülsenfrüchte
Körnerfutter für verwöhnte Gaumen

Gemüse
Quer durch das Gemüsebeet, süß und salzig

Die Liebe zu den flachen Kuchen
5

Alle lieben Nachschlag
182

Tipps und Tricks aus der Backstube
184

Kuchen-FAQs
201

Register
204

Team
207

Die Liebe zu den flachen Kuchen

Mit einer zart-knusprigen französischen Zitronentarte begann einst meine Liebe zu den flachen Kuchen und meine Kochbuchkarriere. Tartes sind das Gegenteil von üppigen Cremetorten und anderen süßen Ungetümen, zu denen ich schon als Kind eine gewisse Distanz hatte. Diese Liebe hält an, meine Rezeptsammlung wächst und wächst und will aufs Neue mit Ihnen geteilt werden.

Diesmal sind es nicht nur süße, sondern auch salzige Exemplare aus Mürbteig, Blätterteig und Rührteig. Sie werden mit Obst und Gemüse, quer durch alle Sorten, diversen Nusskernen, Sämereien, Getreide, Milchprodukten und Schokolade gebacken. Und zwar jeweils süß und salzig. Oder sie kommen als „no-bake cakes" nur in den Kühlschrank. Unterschiedliche Mehle und ungewöhnliche Kombinationen bringen puren Genuss. Allen Kreationen gemeinsam ist, dass sie flach sind. Das bürgt hier für Qualität und heißt nicht, dass das Werk misslungen ist – im Gegenteil.

Die meisten Rezepte sind schnell und einfach zuzubereiten, einige brauchen etwas mehr Fingerspitzengefühl und Übung. Mit ausführlichen Tipps und Antworten auf häufig gestellte Fragen kommen auch Hobby-BäckerInnen mit sicherer Hand zum perfekten Ergebnis. Da ich selbst kein Back-Profi bin, weiß ich aus eigener Praxis, wo es genauerer Erklärungen bedarf. Daher: Gutes Gelingen garantiert!

Viele Rezepte lassen zu, dass Sie sie kreativ und nach eigenen Vorlieben variieren. Trauen Sie sich. Wenn Sie einige Grundregeln beachten, steht dem nichts im Wege. Anregungen dazu finden Sie im Buch.

Inge Prader und Clara Monti haben in bewährter Manier als Fotografin und Set-Designerin meine Rezepte in Szene gesetzt.

Wir lieben flache Kuchen. Und Sie?

Ilse König

Kapitel 1 Kernobst

Ein herbstliches Trio:
Apfel, Birne, Quitte

Apfel-Galette	9
Apfel-Pomeranzen-Crostata	11
Birnen-Mandel-Kuchen	13
Birnen-Rosmarin-Kuchen	15
Quitten-Pie	17
Apple-Pie	20

Apfel-Erdapfel-Galette	21
Birnen-Flammkuchen	23
Birnen-Quiche	25

Schneller, knuspriger Kuchen mit einem dünnen Boden aus Mehl und Maismehl.

[Sü] Immer sehr nett: Apfel-Galette

Form 22 x 22 cm oder auf dem Blech

Hülle
- 160 g **Mehl**
- 40 g feines **Maismehl**
- 2 EL **Zucker**
- ¼ TL **Salz**
- 120 g kalte **Butter**
- 1 **Eigelb** (M)

Fülle
- 30 g **Butter**
- 3–4 feste rotschalige **Äpfel**
- 50 g **Zucker**
- abgeriebene Schale von 1 **Zitrone**
- ¼ TL **Salz**

Drumherum
- **Butter** für die Form
- **Mehl** zum Arbeiten
- 1 **Eiweiß**
- 1 **Eigelb**
- **Zitronensirup** oder Quittengelee

Mehl, Maismehl, Zucker und Salz mischen, mit der in Stückchen geschnittenen Butter, Eigelb und eiskaltem Wasser (Menge nach Bedarf) rasch zu einem glatten Teig verarbeiten (s. S. 196). In Klarsichtfolie wickeln und für 30 Min. in den Kühlschrank legen.
Ofen auf 200 °C vorheizen. Form buttern.
Butter bei mittlerer Hitze in einem Töpfchen schmelzen und bräunlich werden lassen. Äpfel ungeschält vierteln, Kerngehäuse herausschneiden. Äpfel in ca. 5 mm dicke Spalten schneiden. Mit geschmolzener Butter, Zucker, Zitronenschale und Salz mischen. Zur Seite stellen.
Teig auf einer leicht bemehlten Arbeitsfläche ca. 3 mm dick ausrollen, Form damit auslegen. Im Ofen (unten) 10 Min. blind backen (s. S. 185). Eiweiß anschlagen, bis es sich leicht weiß färbt. Form aus dem Ofen nehmen, den Teigboden sofort dünn mit Eiweiß bepinseln. Abkühlen lassen. Apfelspalten einander überlappend in Reihen darauflegen. Eigelb mit 1 TL Wasser verquirlen, auf den Teigrand pinseln. Im Ofen (Mitte) ca. 25 Min. backen, bis die Äpfel kernweich sind.
Nach dem Herausnehmen sogleich mit Zitronensirup oder Quittengelee bepinseln. Die Galette schmeckt warm und kalt gut. Zum Abkühlen auf ein Kuchengitter stellen.

Tipps

Für den Zitronensirup 3 EL Zucker mit 100 ml Zitronensaft erwärmen, sobald der Zucker geschmolzen ist, kurz aufkochen. Abkühlen lassen.
Wenn es besonders schnell gehen soll, Blätterteig verwenden.

Süße Äpfel und bittere Pomeranzen, welch ein Aroma in einer feinen Zuckerteighülle. Schmeckt von Tag zu Tag besser.

[sü] Bittersweet: Apfel-Pomeranzen-Crostata

Alle Zutaten auf Zimmertemperatur aufwärmen lassen. Butter mit Zucker flaumig rühren, Zitronenschale, leicht verquirltes Ei und Eigelb einzeln gut einrühren. Nach und nach Mehl, vermischt mit Salz, unterrühren, bis der Teig sich von der Schüssel löst. Auf einer leicht bemehlten Arbeitsfläche kurz kneten, in Klarsichtfolie wickeln und für ca. 1 Std. in den Kühlschrank legen.

Ofen auf 175 °C vorheizen. Form buttern. Teig dritteln, ein Drittel zurück in den Kühlschrank legen. Rest auf einer leicht bemehlten Arbeitsfläche ca. 3 mm dick ausrollen. Form damit auslegen. In den Kühlschrank stellen. Restlichen Teig auf Backpapier 2—3 mm dick ausrollen. In ca. 2,5 cm breite Streifen schneiden. In den Kühlschrank legen. Äpfel schälen, Kerngehäuse entfernen. Äpfel in dünne Scheiben hobeln oder in sehr dünne Spalten schneiden. Dicht auf den Teigboden legen. Marmelade gleichmäßig darauf verstreichen. Teigstreifen über die Fülle legen, Ränder leicht andrücken. Rand darüberschlagen, mit den Fingern in kleine Falten legen. Mit Teigresten verzieren. Im Ofen (Mitte) ca. 45 Min. goldbraun backen (bei einer Keramikform zuerst 10 Min. unten, dann auf mittlerer Schiene). 5—10 Min. vor Backende mit dem eigenen Saft bepinseln. Auf ein Kuchengitter stellen. In der Form abkühlen lassen. Dann mit einem Küchentuch bedecken. Schmeckt am nächsten Tag noch besser.

Form 24 cm Ø

Hülle
- 70 g weiche **Butter**
- 100 g **Zucker**
- abgeriebene Schale von 1 **Zitrone**
- 1 **Ei** (M)
- 1 **Eigelb** (M)
- 250 g **Mehl**
- 1 Prise **Salz**

Fülle
- 2 feste, aromatische **Äpfel** (z.B. Cox Orange, à ca. 150 g)
- ca. 150 g **Bitterorangenmarmelade** (fine-cut, je nach Konsistenz braucht man evtl. etwas mehr)

Drumherum
- **Butter** für die Form
- **Mehl** zum Arbeiten

Kandierter Ingwer und Zitronat geben diesem einfachen Birnenkuchen eine besondere Note. Williamsbirnen passen als Obst und Obstbrand prima.

[Sü] Birnen-Mandel-Kuchen
schmeckt mir sehr

Kastenform 30 x 12 x 8 cm

- 80 g **Zitronat**
- 50 g kandierter **Ingwer**
- 125 g geschälte **Mandeln**
- 125 g **Puderzucker**
- 100 g weiche **Butter**
- 3 **Eier** (M)
- 60 g **Mehl**
- 1 EL **Speisestärke**
- 1 EL **Williams-Birnen-Schnaps**
- 2 reife, aber feste **Birnen** (z.B. Williams)
- 25 g geschälte, in große Stifte geschnittene **Mandeln**
- 1 EL **Puderzucker**

Alle Zutaten auf Zimmertemperatur aufwärmen lassen.

Ofen auf 180 °C vorheizen. Form mit Backpapier auslegen. 50 g Zitronat und Ingwer in kleine Würfel schneiden. Restliches Zitronat in Streifen schneiden. Geschälte Mandeln im Ofen (Mitte) auf einem Blech ca. 6 Min. leicht anrösten (nicht zu braun werden lassen). Nach dem Abkühlen fein mahlen.

Ofen auf 200 °C stellen. Gemahlene Mandeln, Puderzucker und sehr weiche Butter kräftig miteinander verrühren (am besten in der Küchenmaschine). Ein Ei nach dem anderen, Mehl, Speisestärke und Birnenschnaps unterrühren, bis eine cremige Masse entsteht.

Birnen schälen, Kerngehäuse entfernen, Birnen mit der Küchenreibe (grobe Reibefläche) über die Mischung raspeln. Mit dem gewürfelten Zitronat und Ingwer unterrühren. Teig in die Form füllen, mit Mandelstiften und Zitronatstreifen belegen, Puderzucker darübersieben. Im Ofen (Mitte) 15 Min. bei 200 °C backen. Hitze auf 150 °C reduzieren, weitere ca. 40 Min. backen. Garprobe machen (s. S. 185). Die Backzeit hängt von der Saftigkeit der Birnen ab, kann daher auch länger dauern.

Auf ein Kuchengitter stellen. In der Form abkühlen lassen.

Olivenöl und Rosmarin unterstreichen den Birnengeschmack und machen den Kuchen saftig und aromatisch. Er ist blitzschnell zubereitet und meist ebenso schnell aufgegessen.

[Sü] Rasch, rasch einen Birnen-Rosmarin-Kuchen

Form 24 cm Ø

- 1–2 Zweige frischer **Rosmarin**
- ½ kg reife, aber feste **Birnen** (z.B. Williams)
- Saft von ½ **Zitrone**
- 170 g **Mehl**
- 50 g **Weizenvollkornmehl**
- ½ Pkg. **Backpulver**
- 100 g **Zucker**
- 1 Pkg. **Bourbon-Vanillezucker**
- 1 Prise **Salz**
- 2 **Eier** (M)
- 200 ml **Olivenöl**
- 50 g **Mandelstifte**
- 50 g **Schokolinsen**

Drumherum
- **Öl** und **Mehl** für die Form

Ofen auf 180 °C vorheizen. Form dünn einölen und mit Mehl ausstäuben. Rosmarinnadeln klein hacken (½–1 EL). Birnen schälen, Kerngehäuse entfernen. Birnen in ca. 3 cm große Stücke schneiden. Mit Zitronensaft beträufeln, damit sie nicht braun werden.

Beide Mehle, Backpulver, Zucker, Vanillezucker, Rosmarin und Salz mischen. In einer Schüssel Eier mit dem Olivenöl leicht verquirlen. Mehlmischung einrühren, dann Birnenstücke, Mandeln und Schokolade unterrühren. Teig in die Form füllen, glattstreichen. Im Ofen (Mitte) ca. 35 Min. backen, bis der Kuchen goldbraun ist. Garprobe machen (s. S. 185). Die Backzeit hängt von der Saftigkeit der Birnen ab, kann daher auch länger dauern. Auf ein Kuchengitter stellen. In der Form abkühlen lassen.

Tipps

Der Kuchen kann in der Form serviert werden. Sonst zum leichteren Herauslösen Form mit Backpapier auslegen.

Auch für Blechkuchen geeignet. Für ein Blech mit 42 x 35 cm nehmen Sie die dreifache Menge.

Erfordert etwas mehr Aufwand, ist aber etwas ganz Besonderes für besondere Anlässe. Mit fertiger Quittenkonfitüre nur halb so gut, geht aber auch.

[Sü] Sehr retro, die Quitten-Pie

Pie-Form 22 cm Ø

Hülle
- 220 g **Mehl**
- 25 g **Puderzucker**
- 1 Prise **Salz**
- 120 g kalte **Butter**
- 1 **Eigelb** (M)

Fülle
- 3 **Quitten** (ca. 800–900 g)
- 1 Streifen **Zitronenschale**
- ca. 500 g **Zucker**
- 1 TL abgeriebene **Orangenschale**
- 1 TL frisch geriebener **Ingwer**
- 1 Stück **Sternanis**

Drumherum
- **Butter** für die Form
- **Mehl** zum Arbeiten
- 1 **Eigelb**

Ofen auf 160 °C vorheizen. Form buttern. Mehl, Zucker und Salz mischen, mit der in Stückchen geschnittenen Butter, Eigelb und eiskaltem Wasser (Menge nach Bedarf) rasch zu einem glatten Teig verarbeiten (s. S. 196). In Klarsichtfolie wickeln und bis zum Gebrauch in den Kühlschrank legen. Quitten waschen, trocknen, feine Härchen abreiben. Früchte vierteln, Kerne und Gehäuse entfernen. Quitten in große Stücke schneiden. In einem großen Topf mit Wasser bedecken, Zitronenschale zugeben, Quitten weich kochen. In ein Sieb abgießen, mit einem Mixstab, der Flotten Lotte oder in der Küchenmaschine pürieren (ergibt ca. 500 g Püree). Mit gleicher Menge Zucker, Orangenschale, Ingwer und Sternanis in einem Topf vermengen. Langsam zum Kochen bringen, 5 Min. bei mittlerer Hitze weiter kochen, rühren, damit nichts anlegt. Vom Herd nehmen, Püree mit Backpapier bedecken. Im Topf im Ofen (Mitte) ca. 50 Min. zu Konfitüre backen. Abkühlen lassen.

Auf einer leicht bemehlten Arbeitsfläche aus dem Teig 2 dünne Kreise (ca. 3 mm dick) ausrollen, einen in der Größe der Form, einen etwas größer. Form mit dem größeren Teig auslegen. Überhang abschneiden. Teig mit einer Gabel mehrfach einstechen. Konfitüre darauf verstreichen. Muster aus dem 2. Teigteil ausstechen, Teig auf die Konfitüre legen. Teigränder gut zusammendrücken. Nach Lust und Laune verzieren. Eigelb mit 1 TL Wasser verrühren, Oberfläche bepinseln. Im Ofen (Mitte) ca. 50 Min. goldbraun backen. Auf ein Kuchengitter stellen. In der Form abkühlen lassen.

Tipp

Einen Tag zugedeckt mit einem Küchentuch bei Zimmertemperatur ruhen lassen, die Pie schmeckt dann noch besser.

Pie-Form 24 cm Ø

Hülle
- 290 g **Mehl**
- 230 g kalte **Butter**
- 1 TL **Zucker**
- ½ TL **Salz**
- 100 g **Cheddar**
- 30 ml eiskalter **Wodka**

Fülle
- 800 g **Äpfel** (bevorzugt Boskop)
- 100 g **Zucker**
- 1 EL **Zitronensaft**
- abgeriebene Schale von ½ **Zitrone**
- 2 EL getrocknete **Cranberrys**
- 2 EL **Butterflöckchen**

Drumherum
- **Mehl** zum Arbeiten
- **Butter** für die Form
- 1 **Eigelb**
- 1 EL **Rohzucker**

Der Klassiker unter den Apfelkuchen, hier in einer Hülle aus Cheddar-Mürbteig und mit Cranberrys in der Apfelfülle.

[Sü] Bin so frei, Apple Pie

Mehl mit der in Stückchen geschnittenen Butter, Zucker und Salz verkrümeln. Geriebenen Cheddar mit einer Gabel locker unterrühren. Mit Wodka und eiskaltem Wasser (Menge nach Bedarf) zu einem glatten Teig verarbeiten (s. S. 196). Teig halbieren, in Klarsichtfolie wickeln und für 2 Std. in den Kühlschrank legen. Eine Teighälfte auf einer leicht bemehlten Arbeitsfläche ca. 3 mm dick mit 30 cm Ø ausrollen. Form damit auslegen, Teig ca. 5 cm überhängen lassen. Nach innen umschlagen, doppelten Rand mit einer Gabel oder den Fingern verzieren. Form in den Kühlschrank stellen. Zweite Teighälfte ebenso ausrollen, Blätter oder andere Formen ausstechen, auf einer gefrierfesten Unterlage tiefkühlen. Äpfel schälen, vierteln, Kerngehäuse entfernen. Äpfel in 6 mm dicke Spalten schneiden. Mit Zucker, Zitronensaft und -schale vermischt ca. 15 Min. ziehen lassen, bis sie gerade eben Saft ziehen. Mit Cranberrys mischen. Ofen auf 200 °C vorheizen. Form buttern. Äpfel in die Form zu einem kleinen Hügel schichten. Butterflöckchen darauf verteilen. Mit den gefrorenen Blättern belegen, dazwischen kleine Lücken lassen, damit Dampf entweichen kann. Eigelb mit 1 TL Wasser verquirlen, Oberfläche bepinseln. Mit Zucker bestreuen. Auf einem Blech im Ofen (Mitte) 20 Min. bei 200 °C backen. Hitze auf 180 °C reduzieren, ca. 40 Min. backen, bis die Fülle blubbert und die Pie goldbraun ist. Rand mit Alufolie abdecken (s. S. 184). Vor dem Servieren mindestens 1 Std. auf einem Kuchengitter abkühlen lassen.

Tipp

Schmeckt am besten heiß und frisch, bleibt aber bei Zimmertemperatur mehrere Stunden knusprig.
(Das Foto zum Rezept findet sich auf der vorangehenden Doppelseite).

Verschiedene Kartoffelsorten, Frischkäse und Kräuter machen diese einfache Galette (nicht nur) zum Augenschmaus.

{Sa} Eva liebt Apfel-Erdapfel-Galette

Nadeln/Blätter von Rosmarin und Thymian abstreifen, klein hacken. Gebraucht werden je ½ TL. Mehl, Salz und Kräuter mischen, mit der in Stückchen geschnittenen Butter und eiskaltem Wasser (Menge nach Bedarf) rasch zu einem glatten Teig verarbeiten (s. S. 196). In Klarsichtfolie wickeln und für 30 Min. in den Kühlschrank legen.

Ofen auf 200 °C vorheizen. Knoblauch klein hacken. Ricotta mit Feta, Knoblauch, Salz und Pfeffer cremig rühren. (Wenn der Feta eher fest ist, etwas Milch oder Crème fraîche zugeben). Äpfel und alle Kartoffeln ungeschält in dünne Scheiben schneiden. Äpfel mit Zitronensaft beträufeln, damit sie nicht braun werden.

Teig auf Backpapier ca. 4 mm dick ausrollen, rund ausschneiden. Auf ein Backblech legen. Käsecreme auf den Teig streichen, einen ca. 5 cm breiten Rand freilassen. Gemüse darauf schichten. Teigrand in Falten legen, locker über die Fülle schlagen. Eigelb mit 1 TL Wasser verquirlen, auf den Teig pinseln. Im Ofen (Mitte) ca. 40 Min. backen, bis die Galette braun und das Gemüse gar, aber noch bissfest ist. Fülle mit etwas Salz und Pfeffer bestreuen. Warm oder lauwarm servieren.

Tipps

Ich schneide gerne zusätzlich einige Scheiben geschälte Quitten hinein.

Sie können für den Teig auch getrockneten Rosmarin und Thymian verwenden.

(Das Foto zum Rezept findet sich auf der vorangehenden Doppelseite).

Ohne Form, ca. 20 cm Ø

Hülle
- je 1 Zweig **Rosmarin** u. **Thymian**
- 200 g **Mehl**
- 1 Prise **Salz**
- 100 g kalte **Butter**
- 1 **Ei** (M)

Fülle
- 1 **Knoblauchzehe**
- 120 g **Ricotta**
- 75 g **Feta**
- je ¼ TL **Salz** u. **Pfeffer**
- 2 rotschalige **Äpfel**
- 1 **Kartoffel**, 2 blaue **Kartoffeln** u. ½ **Süßkartoffel**
- 1 TL **Zitronensaft**

Drumherum
- 1 **Eigelb**
- **Salz**
- **Pfeffer**

Knuspriger Flammkuchen einmal anders, mit saftigen Birnen und Walnüssen. Mit selbstgemachtem Teig schmeckt er besonders gut.

{Sa} Für Helene Birnen-Flammkuchen

Mehl und Salz in einer Schüssel mischen. Eine Mulde bilden. Hefe mit lauwarmem Wasser und Zucker verrühren, bis sie vollständig aufgelöst ist. In die Mulde gießen, unterrühren.

Mit der Hand oder – einfacher – dem Knethaken eines Mixers oder der Küchenmaschine kneten, bis der Teig glatt und geschmeidig ist. Wenn nötig, etwas mehr Wasser zugeben.

Mit bemehlten Händen zur Kugel kneten. In eine leicht geölte Schüssel legen, mit Klarsichtfolie abdecken, an einem warmen Ort ca. 1 Std. gehen lassen, bis sich das Volumen verdoppelt hat.

Ofen auf 220 °C vorheizen. Form dünn buttern.

Teig zusammenschlagen, auf einer leicht bemehlten Arbeitsfläche ca. 2 mm dick in der Größe der Form ausrollen. Auf den Boden der Form legen.

Zwiebel schälen, in dünne Ringe schneiden. Hälfte der Walnüsse fein hacken. Crème fraîche mit saurer Sahne, gehackten Walnüssen, Salz und grob gemahlenem Pfeffer verrühren. Birne ungeschält vierteln, Kerngehäuse herausschneiden. Birne in ca. 5 mm dicke Spalten schneiden, leicht mit Zitronensaft beträufeln, damit sie nicht braun wird. Creme bis knapp an den Rand des Teiges streichen. Mit Birne, Zwiebel und restlichen Walnüssen belegen.

Im Ofen (Mitte) ca. 15 Min. backen, bis die Ränder braun und knusprig sind. Ziegenfrischkäse auf die Mitte des Flammkuchens geben.

Form 24 cm Ø

Hülle
- 100 g **Mehl**
- 1 Msp. **Salz**
- ½ TL **Trockenhefe**
- 75 ml **Wasser**
- 1 Prise **Zucker**
- Oder 1 Pkg. **Flammkuchenteig** (aus dem Kühlregal)

Fülle
- 1 kleine rote **Zwiebel**
- 8 **Walnusshälften**
- 50 g **Crème fraîche**
- 50 g **saure Sahne**
- ¼ TL **Salz**
- ¼ TL bunte **Pfefferkörner**
- 1 rotschalige **Birne**
- 1 TL **Zitronensaft**
- 50 g **Ziegenfrischkäse** (bevorzugt Brebette)

Drumherum
- **Mehl** zum Arbeiten
- **Öl** für die Schüssel
- **Butter** für die Form

Form 35 x 12 cm

Hülle
- 120 g **Mehl**
- 60 g **Dinkelmehl**
- 1 Prise **Salz**
- 125 g kalte **Butter**
- 1 **Eigelb** (L)

Fülle
- 200 g **Blauschimmelkäse** (s. Tipps)
- 2 **Eier** (L)
- 125 ml **Sahne**
- 1 EL **Crème fraîche**
- **Pfeffer**
- **Salz** (optional)
- 1–2 rotschalige **Birnen**
- **Pinienkerne**

Drumherum
- **Butter** für die Form
- **Mehl** zum Arbeiten

Blauschimmelkäse, Birnen, Sahneguss und Dinkelteig vereinen sich zu einem unvergleichlichen Geschmack.

{Sa} Meine Birnen-Quiche geht schnell

Mehl, Dinkelmehl und Salz mischen, mit der in Stückchen geschnittenen Butter, Eigelb und eiskaltem Wasser (Menge nach Bedarf) rasch zu einem glatten Teig verarbeiten (s. S. 196). In Klarsichtfolie wickeln und für 30 Min. in den Kühlschrank legen.

Ofen auf 180 °C vorheizen. Form buttern. Teig auf einer leicht bemehlten Arbeitsfläche ca. 3 mm dick ausrollen, Form damit auslegen. Kühl stellen.

Käserinde entfernen, Käse in dünne Scheiben schneiden. Ein Drittel auf dem Teigboden verteilen. Eier mit Sahne und Crème fraîche verquirlen, pfeffern. Je nach Geschmack des Käses evtl. auch leicht salzen. Birnen ungeschält vierteln, Kerngehäuse entfernen. Birnen in dicke Spalten schneiden. Eier-Sahne-Creme über den Käse in der Form gießen. Restlichen Käse auf der Fülle verteilen, Birnenspalten vorsichtig mit der Schale nach oben drauflegen (sie sollen nicht zu stark versinken). Pinienkerne und grob gemahlenen Pfeffer drüberstreuen. Im Ofen (unten) 10 Min. backen, dann auf der Mitte ca. 25 Min. goldbraun backen, bis die Fülle stockt. Wenn die Quiche zu braun wird, gegen Ende der Backzeit mit Alufolie abdecken (s. S. 184). Warm oder kalt servieren.

Tipp

Ich nehme am liebsten eine Mischung aus zwei Dritteln Stilton und einem Drittel Roquefort.

Kapitel 2 Steinobst

Harter Kern mit weicher Schale

[Sü]

Aprikosen-Kuchen	29
Nektarinen-Kuchen	31
Pfirsich-Galette	33
Pflaumen-Aprikosen-Kuchen	35
Pflaumen-Tarte	37
Kirschen-Pie	40

{Sa}

Kirsch-Käse-Tartelettes	41
Pikante Aprikosen-Galette	43
Nektarinen-Käse-Tarte	45
Pflaumen-Zwiebel-Tartelettes	47

Meist auf dem Blech gebacken, hier als saftiger Kuchen. Am besten frisch im Sommer, auf Vorrat eingefroren ein Seelenwärmer an Wintertagen.

[Sü] Aprikosen-Kuchen

Form 20 cm Ø

- 4–6 reife, aber feste **Aprikosen** (je nach Größe)
- Saft von ½ **Zitrone**
- 90 g weiche **Butter**
- 100 g **Zucker** plus 1 EL Zucker
- 70 g **Mehl**
- 30 g **Maismehl**
- ¼ TL **Backpulver**
- 1 Prise **Salz**
- 1 **Ei** (L)

Drumherum
- **Butter** u. **Mehl** für die Form
- **Puderzucker** zum Bestreuen

Alle Zutaten auf Zimmertemperatur aufwärmen lassen.
Backofen auf 175 °C vorheizen. Form buttern und mit Mehl ausstäuben.
Aprikosen halbieren, Kerne herauslösen. Aprikosen an der Schnittstelle mit Zitronensaft beträufeln, damit sie nicht braun werden.
Butter mit 100 g Zucker flaumig rühren. Beide Mehle, Backpulver, Salz und Ei dazugeben. Masse kräftig schlagen. In die Form füllen. Aprikosen mit der Schnittfläche nach unten auf den Teig legen. 1 EL Zucker drüberstreuen.
Im Ofen (Mitte) ca. 45 Min. backen. Garprobe machen (s. S. 185). Wenn der Kuchen zu braun wird, kurz vor Ende der Backzeit mit Alufolie abdecken (s. S. 184). Vor dem Servieren mit Puderzucker bestreuen.

##

Für dieses Rezept eignen sich auch Pfirsiche, Nektarinen oder Pflaumen.
Lässt sich gut einfrieren. Über Nacht im Kühlschrank auftauen lassen, bei 160 °C 5–10 Min. aufbacken.

Sehr einfach, sehr schnell, sehr schön. Weich und fruchtig. Schmeckt phantastisch. Mein Lieblingssommerkuchen.

[Sü] Nektarinen-Kuchen, der Star

Form 20 cm Ø

- 60 g **Butter**
- 1 **Ei** (S)
- 170 g **Zucker**
- 1 Pkg. **Bourbon-Vanillezucker**
- 1 TL abgeriebene **Zitronenschale**
- 80 ml **Milch**
- 170 g **Mehl**
- 1 TL **Backpulver**
- 4 reife, aber feste **Nektarinen**

Drumherum
- **Butter** u. **Mehl** für die Form
- **Puderzucker** zum Bestreuen

Ofen auf 180 °C vorheizen. Form buttern und mit Mehl ausstreuen. Butter bei kleiner Hitze schmelzen, lauwarm abkühlen lassen. Ei mit Zucker und Vanillezucker leicht cremig rühren. Geschmolzene Butter, Zitronenschale, dann Milch, zuletzt mit Backpulver vermischtes Mehl unterrühren. 2 Nektarinen halbieren, Kerne herauslösen. Die 2 Nektarinen in dünne Spalten (ca. 3 mm), dann in Stücke schneiden. Unter den Teig ziehen, möglichst gleichmäßig verteilen. Teig in die Form füllen. Im Ofen (Mitte) ca. 30 Min. backen, Garprobe machen (s. S. 185). Kurz vor Ende der Backzeit die restlichen 2 Nektarinen in ca. ¾ cm dicke Spalten schneiden (nicht zu früh, sonst werden sie braun). Kuchen aus dem Ofen nehmen. Noch heiß mit den Nektarinen in Rosenform belegen (außen beginnen), rasch arbeiten. Weitere 10–12 Min. backen. Die Nektarinen sollen bissfest bleiben und nicht zu viel Saft ziehen.
In der Form auf ein Kuchengitter stellen, nach 10 Min. herauslösen, auf dem Kuchengitter abkühlen lassen. Vor dem Servieren mit Puderzucker bestreuen.

Tipp

Mit einer Mischung aus 120 g Mehl und 50 g Maismehl zubereiten.

Ein paar wenige Zutaten und höchstens 1 Stunde Zeit reichen für diese fruchtige, saftige Galette.

[Sü] Die Pfirsich-Galette? Aufgegessen.

Form 20 cm Ø

Hülle
- 140 g **Mehl**
- 1 EL **Puderzucker**
- 1 Prise **Salz**
- 70 g kalte **Butter**
- 1 **Eigelb** (L)

Fülle
- 50 g **Butter**
- 2–3 **Pfirsiche** (je nach Größe)
- 1 TL **Zitronensaft**
- 2 EL **Zucker**

Drumherum
- **Butter** für die Form
- **Mehl** zum Arbeiten
- **Pfirsichkonfitüre** zum Bepinseln
- **Blaubeeren** zum Bestreuen

Ofen auf 180 °C vorheizen. Form buttern.

Mehl mit Puderzucker und Salz mischen, mit der in Stückchen geschnittenen Butter, Eigelb und eiskaltem Wasser (Menge nach Bedarf) rasch zu einem glatten Teig verarbeiten (s. S. 196). In Klarsichtfolie wickeln und für 30 Min. in den Kühlschrank legen.

Butter bei kleiner Hitze schmelzen lassen. Pfirsiche entkernen und in dünne Spalten schneiden. Mit Zitronensaft beträufeln. Teig auf einer leicht bemehlten Arbeitsfläche ca. 3 mm dick ausrollen, Form damit auslegen. Rand nach innen rollen und an die Form drücken. Boden mit den Pfirsichspalten fächerförmig belegen. Mit Zucker bestreuen. Im Ofen (unten) ca. 20 Min. backen bis die Pfirsiche weich sind und leicht zu bräunen beginnen.

Pfirsichkonfitüre in einem Töpfchen erwärmen, durch ein Sieb streichen. Wenn nötig, mit etwas heißem Wasser verdünnen. Galette, auch den Rand, vorsichtig mit der heißen Konfitüre bepinseln. Mit Blaubeeren bestreuen. Auf einem Kuchengitter abkühlen lassen oder warm essen.

Tipps

Nehmen Sie reife, aber nicht zu saftige Pfirsiche, sonst bildet sich zu viel Saft und der Teig wird matschig.

Backen Sie die Galette knapp vor dem Servieren, sie schmeckt frisch und knusprig am besten.

Kann auch mit Blätterteig zubereitet werden.

Zwei sommerliche Blechkuchen-Klassiker attraktiv vereint. Joghurt und Öl machen den Kuchen besonders saftig. Am schönsten mit ungefähr gleich großen Früchten.

[Sü] Pflaumen-Aprikosen-Kuchen mit Polka-Dots

Blech 28 x 35 cm

- 125 g **Mehl**
- 1 EL **Backpulver**
- ½ TL **Salz**
- 200 g **Zucker**
- 1 Pkg. **Bourbon-Vanillezucker**
- 2 **Eier** (M)
- 125 g **Joghurt**
- 80 ml **Pflanzenöl**
- abgeriebene Schale von ½ **Orange**
- 5 rote **Pflaumen**
- 5 **Aprikosen**
- 2 EL **Zucker**

Ofen auf 190 °C vorheizen. Blech mit Backpapier auslegen. Mehl mit Backpulver und Salz mischen. In einer Schüssel Zucker, Vanillezucker und Eier cremig rühren. Joghurt, Öl und Orangenschale unterrühren. Mehlmischung zugeben, alles zu einem glatten Teig rühren.

Teig auf dem Blech verstreichen. Pflaumen und Aprikosen halbieren, Kern herauslösen. Fruchthälften mit der Schnittfläche nach unten abwechselnd auf den Teig legen. Zucker drüberstreuen. Im Ofen (Mitte) ca. 45 Min. backen, bis der Kuchen goldbraun und das Obst weich ist. Garprobe machen (s. S. 185). Abkühlen lassen. Zum Servieren in Quadrate schneiden.

Tipps

Probieren Sie eine Mischung aus 80 g Weizenmehl und 50 g Maismehl oder Dinkelmehl. In diesem Fall 2 große Eier verwenden.
Statt Aprikosen können Sie auch feste Pfirsiche nehmen.

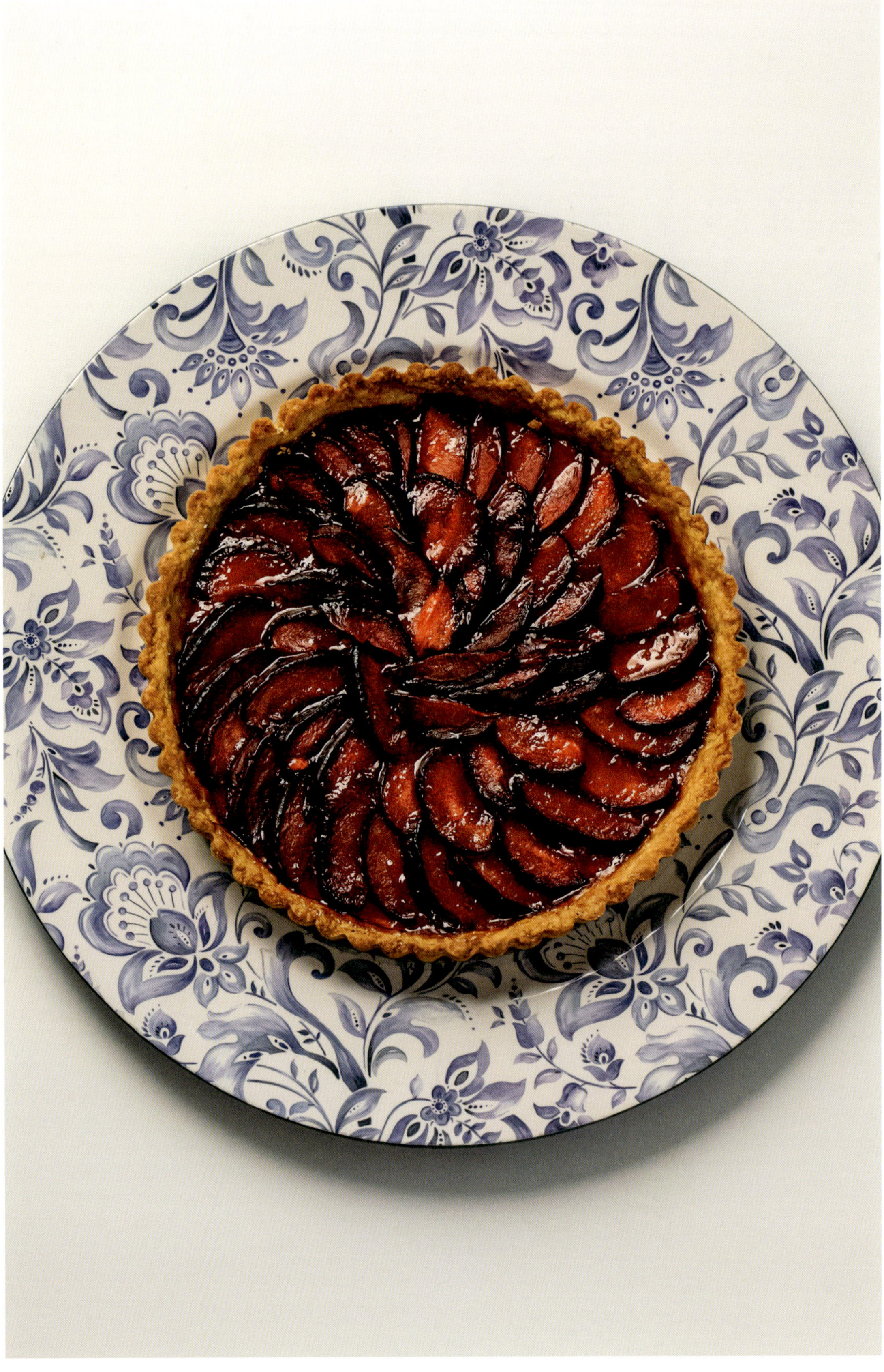

Schon ihr Aussehen macht den Mund wässrig. Eine elegante Tarte mit intensivem Pflaumengeschmack und aromatischem Dinkelteig.

[Sü] Viel Pflaumen-Tarte für mich.

In einer Schüssel Zucker, Speisestärke, Salz und Zitronenschale mischen. Pflaumen der Länge nach halbieren, Kern herauslösen, jede Hälfte in 8 Spalten schneiden. Pflaumen zur Zuckermischung geben, vorsichtig darin wenden, sodass sie rundum damit bedeckt sind. Mindestens 5 Std., am besten über Nacht, zugedeckt im Kühlschrank ziehen lassen.

Mehl, Dinkelmehl, Zucker, Vanillezucker, Salz und Pfeffer mischen, mit der in Stückchen geschnittenen Butter, Eigelb und eiskaltem Wasser (Menge nach Bedarf) rasch zu einem glatten Teig verarbeiten (s. S. 196). Auf einer leicht bemehlten Arbeitsfläche ca. 3 mm dick ausrollen. Gebutterte Form damit auslegen. In Klarsichtfolie gehüllt mindestens 1 Std. in den Kühlschrank stellen (oder über Nacht).

Ofen mit eingeschobenem Blech auf 190 °C vorheizen. Form aus dem Kühlschrank nehmen, auf das heiße Blech stellen. Teig 20 Min. blind backen (s. S. 185). Temperatur auf 175 °C reduzieren, ca. 10 Min. goldbraun backen. Abkühlen lassen.

Boden mit Konfitüre bestreichen. Pflaumen in einem Sieb abtropfen lassen. Saft auf kleiner Hitze zu dickem Sirup einkochen (öfters umrühren!). Lauwarm abkühlen lassen. Auf der Konfitüre verteilen. Pflaumen überlappend im Kreis auflegen. Im Ofen (Mitte, Gitterrost) ca. 50 Min. backen, bis die Pflaumen weich sind, karamellisieren und die Fülle blubbert (Rand mit Alufolie (s. S. 184) abdecken). Vor dem Servieren mehrere Std. in der Form auf einem Kuchengitter stehen lassen. Dann wird die Fülle schön dickflüssig.

Tipp

Unbedingt eine Form nehmen, die den Wechsel vom Kühlschrank auf das heiße Blech verträgt.

Form
24 cm Ø

Hülle
- 100 g **Mehl**
- 50 g **Dinkelmehl**
- 3 EL **Zucker**
- ½ Pkg. **Bourbon-Vanillezucker**
- 1 Prise **Salz**
- 1 Prise **Pfeffer**
- 100 g kalte **Butter**
- 1 **Eigelb** (L)

Fülle
- 4 EL **Zucker**
- 1 TL **Speisestärke**
- 1 Msp. **Salz**
- ½ TL abgeriebene **Zitronenschale**
- 8 rote **Pflaumen** (à ca. 60 g)
- 4 EL **Pflaumenkonfitüre**

Drumherum
- **Butter** für die Form
- **Mehl** zum Arbeiten

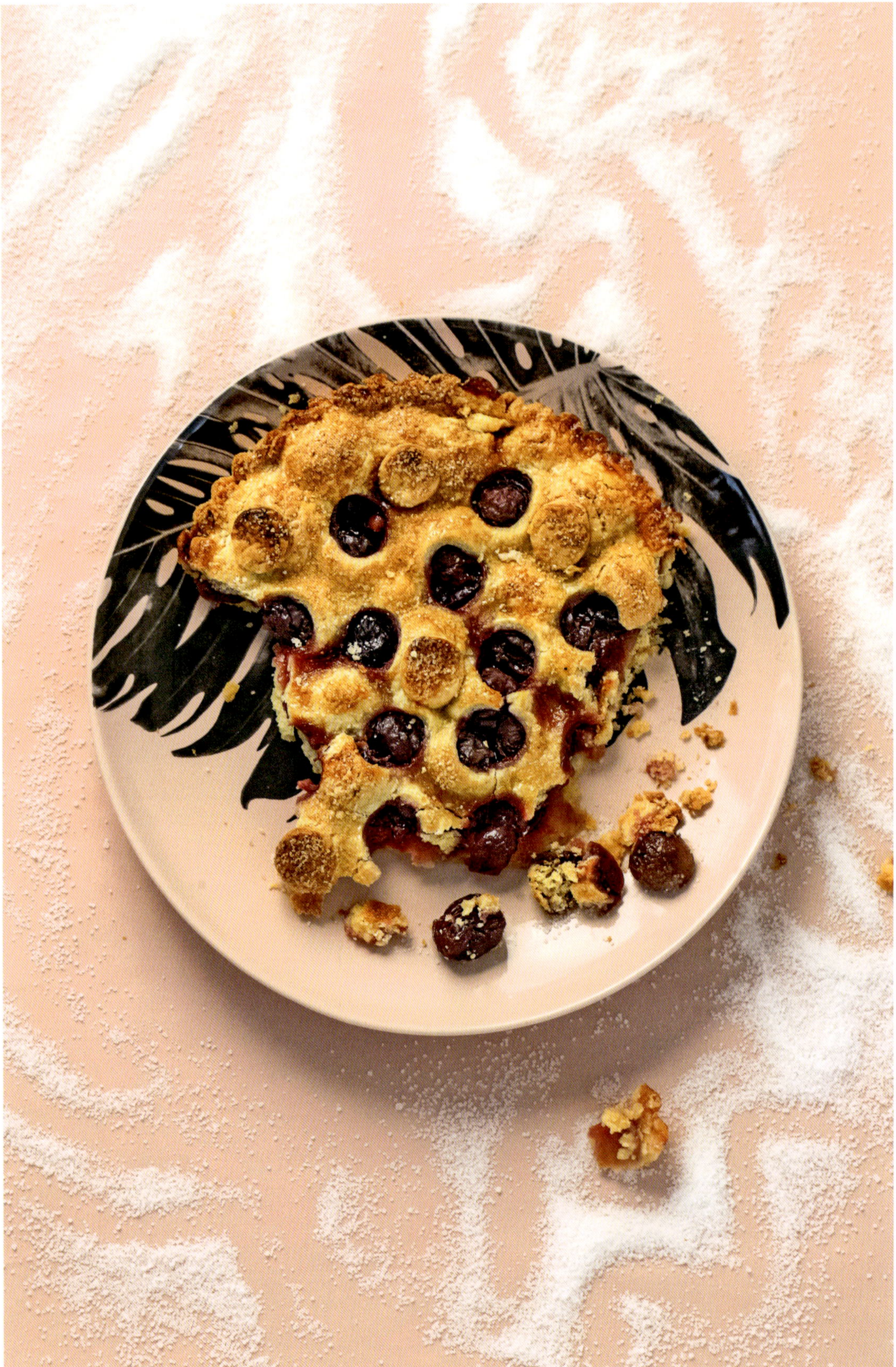

39

Mit eingefrorenen Kirschen ein Renner, auch wenn die Kirschensaison vorbei ist. Mit frischen Kirschen ohnedies ein Hochgenuss.

[Sü] Kirschen-Pie, mon chérie!

Form 20 cm Ø

Hülle
- 160 g **Mehl**
- 2 EL geschälte, gemahlene **Mandeln**
- 2 EL **Zucker**
- 1 Msp. **Salz**
- 120 g kalte **Butter**

Fülle
- ca. 500 g **Kirschen** (frisch oder gefroren)
- 100 g **Zucker**
- 2 TL abgeriebene **Zitronenschale**
- 1 ½ EL **Speisestärke**
- 1 Prise **Salz**

Drumherum
- **Butter** für die Form
- **Mehl** zum Arbeiten
- 1 **Eigelb**
- 1 EL **Rohzucker**

Mehl mit Mandeln, Zucker und Salz mischen, mit der in Stückchen geschnittenen Butter und eiskaltem Wasser (Menge nach Bedarf) rasch zu einem glatten Teig verarbeiten (s. S. 196). In Klarsichtfolie wickeln und für 1 Std. in den Kühlschrank legen.

Ofen auf 220 °C vorheizen. Form buttern.

Teig halbieren. Eine Hälfte auf einer leicht bemehlten Arbeitsfläche ca. 3 mm dick ausrollen. Form damit auslegen. Kühl stellen. Zweite Hälfte auf Backpapier ausrollen, in den Kühlschrank legen.

Kirschen entkernen. In einer Schüssel Zucker und Zitronenschale mit den Fingerspitzen verreiben, bis der Zucker das Aroma aufgenommen hat. Mit Speisestärke und Salz mischen. Kirschen darin wälzen, bis sie rundum bedeckt sind. In die Form auf den Teig füllen. Zweite Teighälfte ausrollen, Löcher (2 cm Ø) ausstechen. Das Teigblatt vorsichtig auf die Kirschen legen, Teigränder fest zusammendrücken, damit sie gut verschlossen sind. Pie mit den ausgestochenen Teigscheiben verzieren. Eigelb mit 1 TL Wasser verquirlen, auf die Oberfläche pinseln. Mit Rohzucker bestreuen.

Im Ofen (Mitte) bei 220 °C 30 Min. backen, Temperatur auf 180 °C reduzieren, weitere ca. 15 Min. backen, bis die Oberfläche braun ist und die Fülle blubbert. Gegen Backende mit Alufolie abdecken (s. S. 184). Mehrere Stunden in der Form abkühlen lassen, damit die Fülle dick wird, am besten auf einem Kuchengitter. In der Form servieren.

Tipp

Gefrorene Kirschen müssen nicht aufgetaut werden, aber vor dem Einfrieren entsteint worden sein.
(Das Foto zum Rezept findet sich auf der vorangehenden Doppelseite).

All seasons Kirsch-Käse-Tartelettes

Eine raffinierte Geschmackskomposition aus zartem Blätterteig, roten Zwiebeln, Kirschen und weichem Käse. Außerhalb der Saison einfach gefrorene Kirschen verwenden.

6 Stück
à 12 x 12 cm

Hülle
- 1 Pkg. **Blätterteig** (aus dem Kühlfach oder selbstgemacht, (s. S. 196)

Fülle
- 1 große rote **Zwiebel**
- 3 EL **Olivenöl**
- 200 g **Brie**
- 18 **Kirschen** (ca. 300 g), TK oder frisch

Drumherum
- 1 **Eigelb**
- 3 **Chilischoten**
- 1 EL **Olivenöl**
- 3 EL **Honig**

Ofen auf 200 °C vorheizen. Backblech mit Backpapier belegen. Zwiebel in dünne Scheiben schneiden. In Olivenöl bei kleiner Hitze 10 Min. dünsten. Brie entrinden, in kleine Stücke brechen. Blätterteig nach Packungsanleitung vorbereiten bzw., wenn selbst gemacht, auf einer leicht bemehlten Arbeitsfläche ca. 2 ½ mm dick ausrollen. In 6 Quadrate (ca. 12 x 12 cm) schneiden, auf das Blech legen, mit einer Gabel mehrfach einstechen. Bis auf einen Rand von ca. 2 cm mit Zwiebeln belegen. Kirschen (gefrorene müssen nicht aufgetaut werden) auf den Zwiebeln verteilen. Käsestückchen darüberbröckeln. Eigelb mit 1 TL Wasser verquirlen, auf den Teigrand pinseln. Im Ofen (Mitte) ca. 20 Min. goldbraun backen.

Chilischoten in dünne Ringe schneiden, Kerne entfernen. Chili kurz in Olivenöl andünsten. Tartelettes nach dem Herausnehmen mit Honig beträufeln, mit Chiliringen bestreuen.

Tipp

Wem Chili zu scharf ist: stattdessen rosa Pfefferbeeren nehmen.
(Das Foto zum Rezept findet sich auf der vorangehenden Doppelseite).

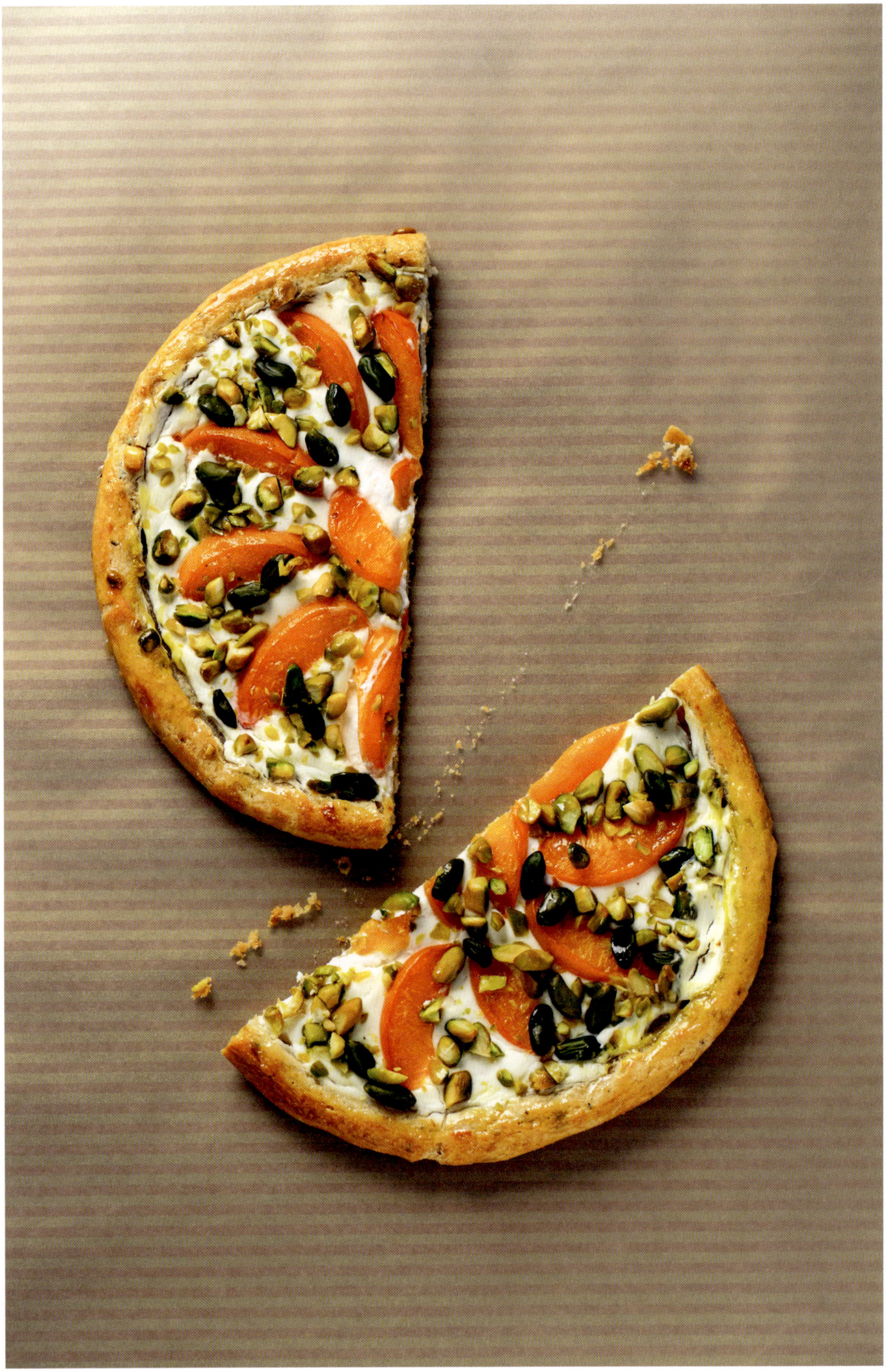

Ein rascher und überraschender Snack, mit einer Schüssel Salat ein wunderbarer Lunch.

{Sa} Potzblitz! Pikante Aprikosen-Galette!

Beide Mehle, Salz, Parmesan und Oregano mischen. Mit der in Stückchen geschnittenen weichen Butter verbröseln. Mit eiskaltem Wasser (Menge nach Bedarf) zu einem glatten Teig verkneten. Auf Backpapier ausrollen, einen Kreis mit ca. 24 cm Ø ausschneiden, rundherum einen kleinen Rand rollen. In den Kühlschrank stellen.

Backofen auf 180 °C vorheizen.

Aprikosen halbieren, Kerne herauslösen. Aprikosen an der Schnittstelle mit Zitronensaft beträufeln, damit sie nicht braun werden. Pistazienkerne grob zerkleinern. Ziegenfrischkäse mit Doppelrahmfrischkäse und Joghurt cremig rühren. Honig einrühren. Creme mit Salz und Pfeffer abschmecken.

Teigboden mit Creme bestreichen, Aprikosenspalten darauf verteilen. Pistazien darüberstreuen. Eigelb mit ½ TL Wasser verquirlen, auf den Teigrand pinseln. Im Ofen (Mitte) ca. 25 Min. backen, bis der Rand braun und die Füllung fest ist. Nach dem Herausnehmen Aprikosen und Rand der Galette mit erwärmter, mit heißem Wasser verdünnter Konfitüre bepinseln, damit alles schön glänzt.

Ohne Form, ca. 20 cm Ø

Hülle
- 80 g **Mehl**
- 2 EL **Dinkelmehl**
- ½ TL **Salz**
- 60 g geriebener **Parmesan**
- 1 EL getrockneter **Oregano**
- 60 g weiche **Butter**

Fülle
- 2–3 **Aprikosen** (je nach Größe)
- 1 TL frisch gepresster **Zitronensaft**
- 2–3 EL **Pistazienkerne** (ungesalzen)
- 100 g **Ziegenfrischkäse**
- 2 EL **Doppelrahmfrischkäse**
- 2 EL griechischer **Joghurt**
- 1 EL **Akazienhonig**
- **Salz**
- weißer **Pfeffer**

Drumherum
- 1 **Eigelb**
- **Aprikosenkonfitüre** zum Bepinseln

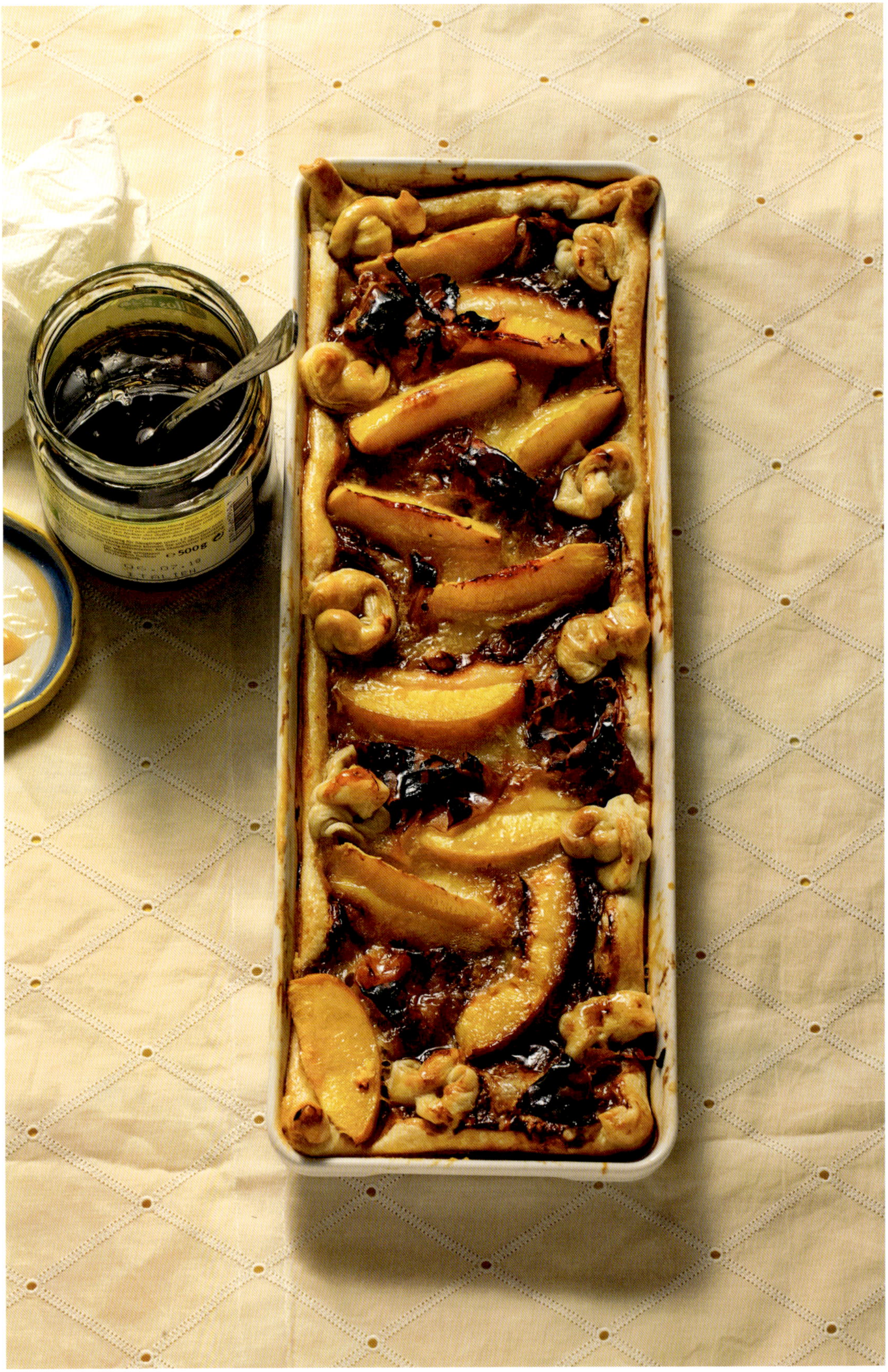

Wunderbare süß-salzige Kombination auf knusprigem Blätterteig, am besten heiß als Vorspeise oder als Snack zum Apero.

{8a} Nektarinen-Käse-Tarte = #love

Form 35 x 12 cm

Hülle
- ½ Pkg. **Blätterteig** (aus dem Kühlfach oder selbstgemacht, s. S. 196)

Fülle
- 200 g **Reblochon** (oder Camembert)
- 2–3 **Nektarinen**
- 125 g **Crème fraîche**
- 4 dünne Scheiben **Rohschinken**
- 2 EL **Akazienhonig**

Drumherum
- **Butter** für die Form
- **Mehl** zum Arbeiten
- 1 EL **Olivenöl**
- 2 EL **Balsamico-Creme** (s. Tipp)

Ofen auf 190 °C vorheizen. Form dünn mit Butter ausstreichen. Käse entrinden, in ca. 1 cm dicke Scheiben schneiden. Nektarinen in ca. 1 ½ cm dicke Spalten schneiden. Schinken leicht zerzupfen. Form buttern.

Blätterteig nach Packungsanleitung vorbereiten bzw., wenn selbst gemacht, auf einer leicht bemehlten Arbeitsfläche ca. 2 ½ mm dick ausrollen. In die Form legen, rundherum einen kleinen Rand formen. Boden mit einer Gabel mehrfach einstechen. Crème fraîche auf den Boden streichen, Käsescheiben darauf verteilen, zwischen den Scheiben Abstand lassen. Nektarinen drauflegen, Schinken auf die Fülle fallen lassen, sodass kleine Häufchen entstehen. Honig darüberträufeln. Teigrand dünn mit Olivenöl bestreichen. Im Ofen (Mitte) ca. 20 Min. backen, bis die Tarte zu bräunen beginnt. Auf ein Kuchengitter stellen. Vor dem Servieren Balsamico-Creme drüber träufeln. Warm oder lauwarm servieren.

Tipp

Für selbstgemachte Balsamico-Creme 125 ml Balsamico-Essig mit 1 EL braunem Zucker, 1 TL Vanille-Extrakt, 1 EL Zitronensaft und 1 Msp. schwarzem Pfeffer bei mittlerer bis kleiner Hitze 10–15 Min. köchelnd eindicken. In einem kleinen Glas kühl aufbewahren.

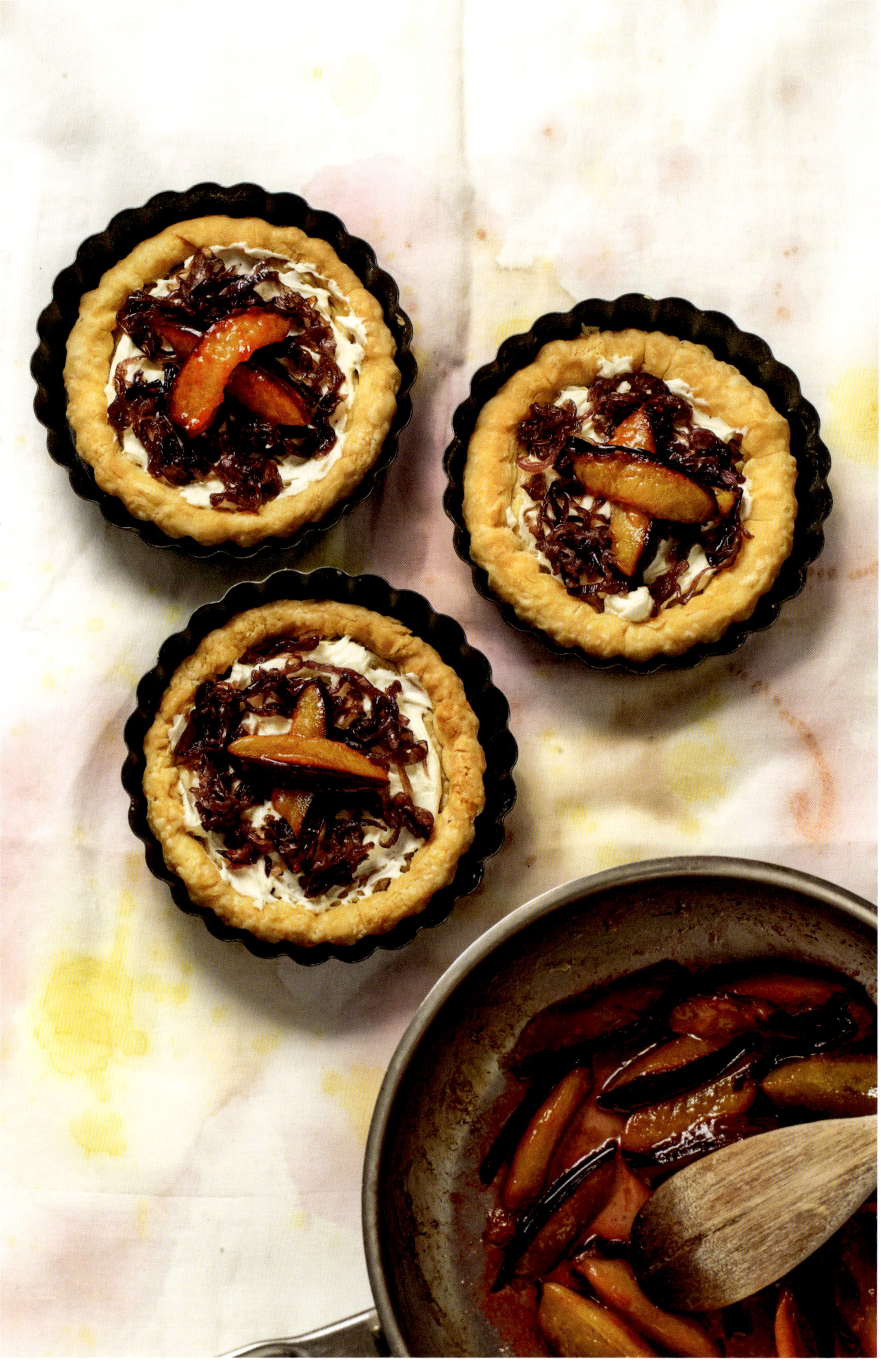

Saftige Pflaumen, cremiger Mascarpone und karamellisierte Zwiebeln auf Mürbteig sind ein wahrer Gaumenschmaus. Perfekt als kleine süß-salzige Vorspeise.

{8a} Pflaumen-Zwiebel-Tartelettes für alle!

Mehl und Salz mischen, mit der in Stückchen geschnittenen Butter und eiskaltem Wasser (Menge nach Bedarf) rasch zu einem glatten Teig verarbeiten (s. S. 196). In Klarsichtfolie wickeln und für 30 Min. in den Kühlschrank legen.

Ofen auf 180 °C vorheizen. Formen dünn buttern. Teig auf einer leicht bemehlten Arbeitsfläche ca. 3 mm dick ausrollen. Kreise, etwas größer als die Förmchen, ausstechen. In die Formen legen, Teigrand nach innen rollen, am Rand leicht andrücken. Boden mit einer Gabel mehrfach einstechen. Im Ofen (Mitte) 10 Min. blind backen (s. S. 185). Weitere ca. 10 Min. backen, bis die Tartelettes zu bräunen beginnen.

Zwiebeln in feine Streifen schneiden, in Olivenöl bei kleiner bis mittlerer Hitze ca. 15 Min. braten, bis sie weich sind und zu karamellisieren beginnen. Salzen, häufig umrühren, Satz vom Pfannenboden lösen. Auf einem Teller beiseitestellen.

Pflaumen in ca. 1 ½ cm dicke Spalten schneiden. In der Zwiebelpfanne Butter schmelzen, Pflaumen dazugeben, 3—5 Min. leicht anbraten. Zucker unterrühren, 1—2 Min. weiterbraten, dann sofort aus der Pfanne nehmen und auf einem Teller abkühlen lassen.

Mascarpone mit je 1 Prise Salz und Pfeffer sowie Ingwer verrühren, auf den vorgebackenen Boden streichen. Karamellisierte Zwiebeln darauf verteilen, mit Pflaumen belegen. Mit Balsamicoessig und Honig beträufeln.

---

3 Formen 12 cm Ø oder
1 Form 22—24 cm Ø

Hülle
- 230 g **Mehl**
- ½ TL **Salz**
- 110 g **Butter**

Fülle
- 2 rote **Zwiebeln** (ca. 250 g)
- 1 EL **Olivenöl**
- **Salz**
- 2 große rote **Pflaumen**
- 1 EL **Butter**
- 1 TL **Zucker**
- 6 EL **Mascarpone**
- weißer **Pfeffer**
- 1 TL frisch geriebener **Ingwer**

Drumherum
- **Butter** für die Formen
- **Mehl** zum Arbeiten
- **Balsamicoessig** zum Beträufeln
- **Honig** zum Beträufeln

Kapitel 3 Beeren

Bunter Beerenmix für gute Laune

[Sü]

Beerenmix-Tarte	51
Blaubeer-Kuchen	53
Erdbeer-Tarte	55
Johannisbeer-Tarte	57
Sommerbeeren-Pie	59
Weintrauben-Kuchen	61
Trauben-Galette	64

{Sa}

Trauben-Feigen-Duo	65
Erdbeer-Tomaten-Tarte	67
Blumenkohl-Preiselbeer-Quiche	69

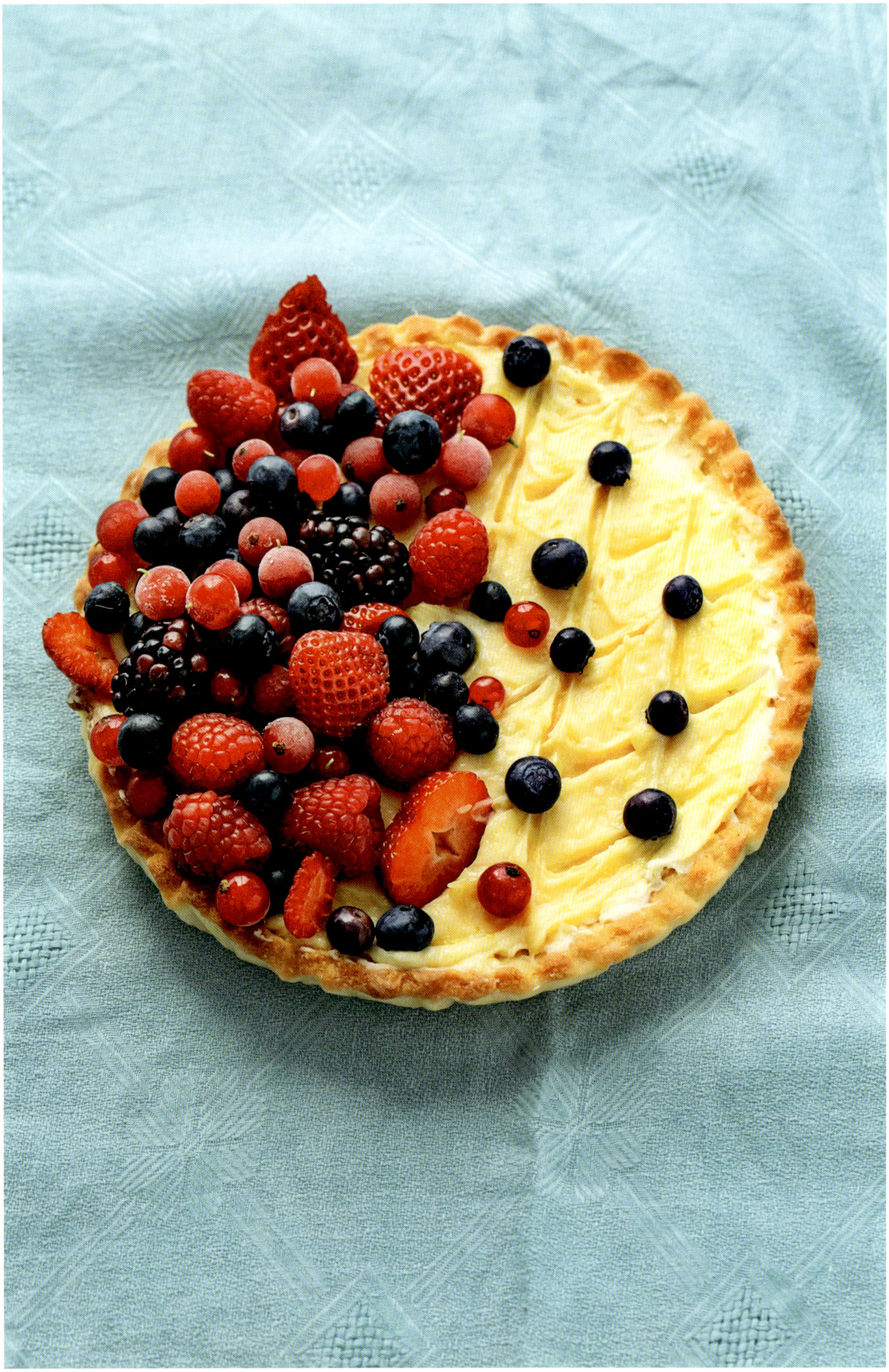

Der Sommer ist da! Ein zart-süßer Boden mit Cremefülle ist die ideale Unterlage für ein Feuerwerk aus frischen Beeren.

[Sü] Fix eine Beerenmix-Tarte!

Form 24 cm Ø

Hülle
- 140 g **Mehl**
- 2 EL **Kokosmehl**
- 50 g geschälte, gemahlene **Mandeln**
- 50 g **Zucker**
- 1 Prise **Salz**
- 1 TL abgeriebene **Zitronenschale**
- 100 g kalte **Butter**
- 1 **Eigelb** (M)

Fülle
- 3 **Eier**
- 1 **Eigelb**
- 150 g **Butter**
- 90 g **Puderzucker**
- 1 TL **Speisestärke**
- 130 ml frisch gepresster **Zitronensaft**
- abgeriebene Schale von 2 **Zitronen**
- 100 g **Mascarpone**
- ca. 250 g **Beerenmischung**

Eier, Eigelb und Butter für die Fülle auf Zimmertemperatur aufwärmen lassen. Mehl mit Kokosmehl, Mandeln, Zucker, Salz und Zitronenschale mischen, mit der in Stückchen geschnittenen Butter, Eigelb und eiskaltem Wasser (Menge nach Bedarf) rasch zu einem glatten Teig verarbeiten (s. S. 196). In Klarsichtfolie wickeln, für mindestens 1 Std. in den Kühlschrank legen.

Puderzucker, Speisestärke, Eier und Eigelb, Zitronensaft und -schale in einem Topf verquirlen. Bei mittlerer Hitze unter Rühren erwärmen, bis sich der Zucker aufgelöst hat. Butter in kleinen Stücken unterrühren, bei niedriger Hitze weiterrühren, bis die Masse dick und cremig ist. Nicht kochen, sonst gerinnt sie. Abkühlen lassen.

Ofen auf 180 °C vorheizen. Teig auf Backpapier rund ausrollen (er bricht leicht, evtl. vorher kurz durchkneten). Einen 26 cm großen Kreis ausschneiden. Mit dem Backpapier in die Form legen, Teig am Rand hochziehen, rundum 1 cm breit einschlagen und andrücken. Boden mit einer Gabel mehrfach einstechen.

Im Ofen (Mitte) ca. 25 Min. backen, bis der Boden fest und der Rand goldbraun ist. Auf einem Kuchengitter abkühlen lassen.

Mascarpone mit Zitronencreme verrühren. Auf den Tarteboden streichen. Mit Beeren belegen. Bis zum Servieren kühl stellen.

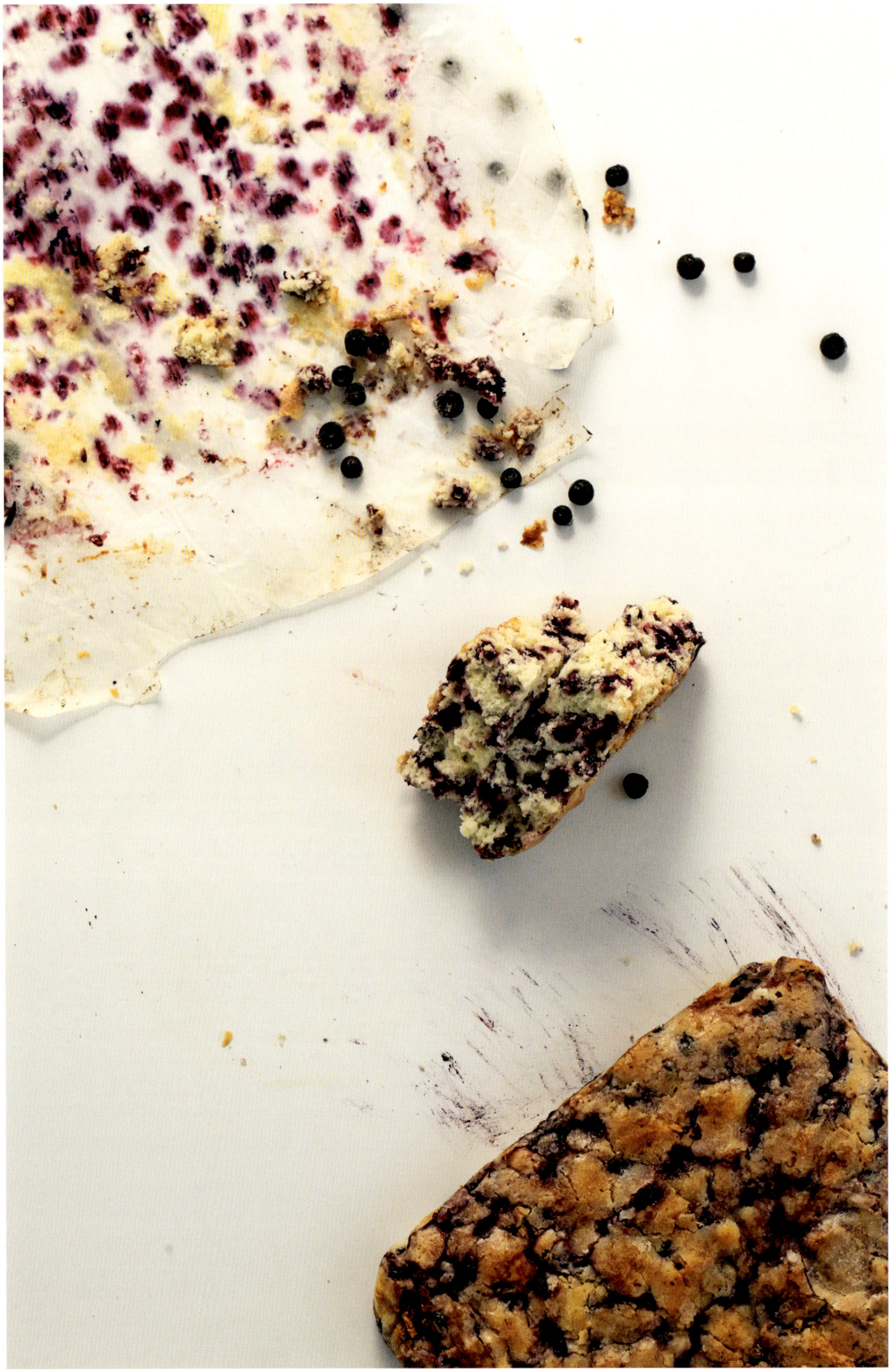

Fruchtig, zitronig, fluffig. Am besten mit wilden Blaubeeren frisch vom Markt. Die friere ich im Spätsommer in größeren Mengen ein, um sie stets zur Hand zu haben.

[Sü] Pack den Blaubeer-Kuchen ein

Form
22 x 22 cm Ø

- 100 g weiche **Butter**
- 180 g **Zucker**
- 1 **Ei** (L)
- 230 g **Mehl**
- 1 ½ TL **Backpulver**
- 1 Prise **Salz**
- 120 ml **Milch**
- 60 ml **Sahne**
- abgeriebene Schale u. Saft von 2 **Zitronen**
- 250 g wilde **Blaubeeren**
- 2 EL **Zucker** zum Bestreuen

Alle Zutaten auf Zimmertemperatur aufwärmen lassen. Ofen auf 180 °C vorheizen. Form mit Backpapier auslegen. Butter mit Zucker flaumig rühren. Ei leicht verquirlen, in die Buttercreme einrühren. Mehl, Backpulver und Salz mischen. Milch und Sahne verrühren. Hälfte der Mehlmischung in die Buttercreme rühren, ebenso die Hälfte der Milch-Sahne-Mischung. Nicht zu heftig rühren. Dann abwechselnd die jeweils zweite Hälfte einrühren sowie Zitronensaft und -schale. Zuletzt die Blaubeeren vorsichtig unterheben. Teig in die Form füllen. Oberfläche glattstreichen, mit 2 EL Zucker bestreuen. Im Ofen (Mitte) ca. 30 Min. backen. Bei der Garprobe (s. S. 185) darf das Holzstäbchen noch etwas feucht sein. Keinesfalls zu lange backen, der Kuchen soll innen sehr weich bleiben. In der Form auf einem Kuchengitter abkühlen lassen.

Tipp

Es können auch gefrorene Blaubeeren verwendet werden. Beim Einrühren wird der Teig durch die kalten Beeren etwas zäh, trotzdem nicht zu fest rühren. Es macht nichts, wenn die Beeren nicht gleichmäßig verteilt sind.

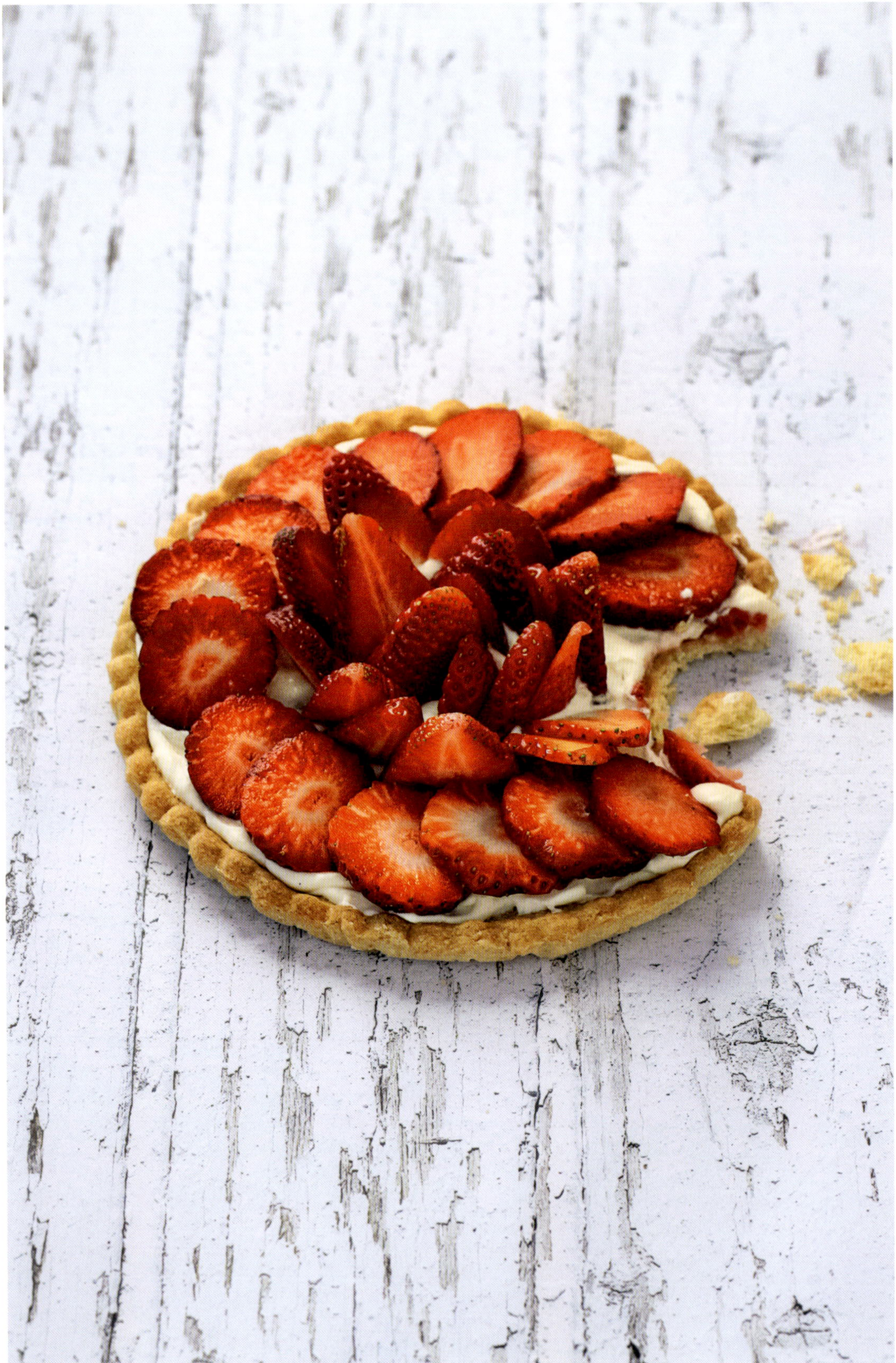

Rot, rund und süß, Erdbeeren sind immer ein Genuss. Hier verschmilzt ihr Aroma harmonisch mit Vanillecreme und Sahne. Ein großer Auftritt.

[Sü] Erste am Erdbeer-Tarte-Ort

Form 24 cm Ø

Hülle
- 160 g **Mehl**
- 50 g geschälte, gemahlene **Mandeln**
- 50 g **Zucker**
- 1 TL abgeriebene **Zitronenschale**
- 100 g gesalzene, kalte **Butter**
- 1 **Eigelb** (L)

Fülle
- 100 ml **Milch**
- 2 EL **Zucker**
- 1 Streifen **Zitronenschale**
- 2 **Eigelb** (S)
- 1 Pkg. **Bourbon-Vanillezucker**
- 1 EL **Mehl**
- 125 ml **Sahne**
- ca. 500 g **Erdbeeren**

Mehl mit Mandeln, Zucker und Zitronenschale mischen, mit der in Stückchen geschnittenen Butter, Eigelb und eiskaltem Wasser (Menge nach Bedarf) rasch zu einem glatten Teig verarbeiten (s. S. 196). In Klarsichtfolie wickeln, für mindestens 1 Std. in den Kühlschrank legen. Milch mit 1 EL Zucker und Zitronenschale aufkochen lassen. Vom Herd nehmen, Zitronenschale entfernen. Eigelbe mit restlichem Zucker und Vanillezucker weißcremig aufschlagen. Mehl mit dem Schneebesen in die Eiercreme rühren, bis sie glatt ist. Heiße Milch langsam unterrühren. Creme durch ein Sieb zurück in den (vorher gesäuberten) Topf gießen. Bei kleiner Hitze unter ständigem Rühren köcheln lassen, bis sie dick wird. Vom Herd nehmen, abkühlen lassen, mehrmals durchrühren, damit sich keine Haut bildet.

Ofen auf 180 °C vorheizen. Teig auf Backpapier rund ausrollen (er bricht leicht, evtl. vorher kurz durchkneten). Einen 26 cm großen Kreis ausschneiden. Mit dem Backpapier in die Form legen, Teig am Rand hochziehen, rundum 1 cm breit einschlagen und andrücken. Mehrfach einstechen. Im Ofen (Mitte) ca. 25 Min. backen, bis der Boden fest und der Rand goldbraun ist. Abkühlen lassen.

Erdbeeren putzen. Die schönsten halbieren, Rest in Scheiben schneiden. Sahne steif schlagen, unter die Creme rühren. Creme auf den Boden streichen, mit Beeren belegen.

Tipp

Vor dem Servieren Erdbeeren vorsichtig mit erwärmtem Johannisbeergelee bepinseln, mit Puderzucker bestreuen.

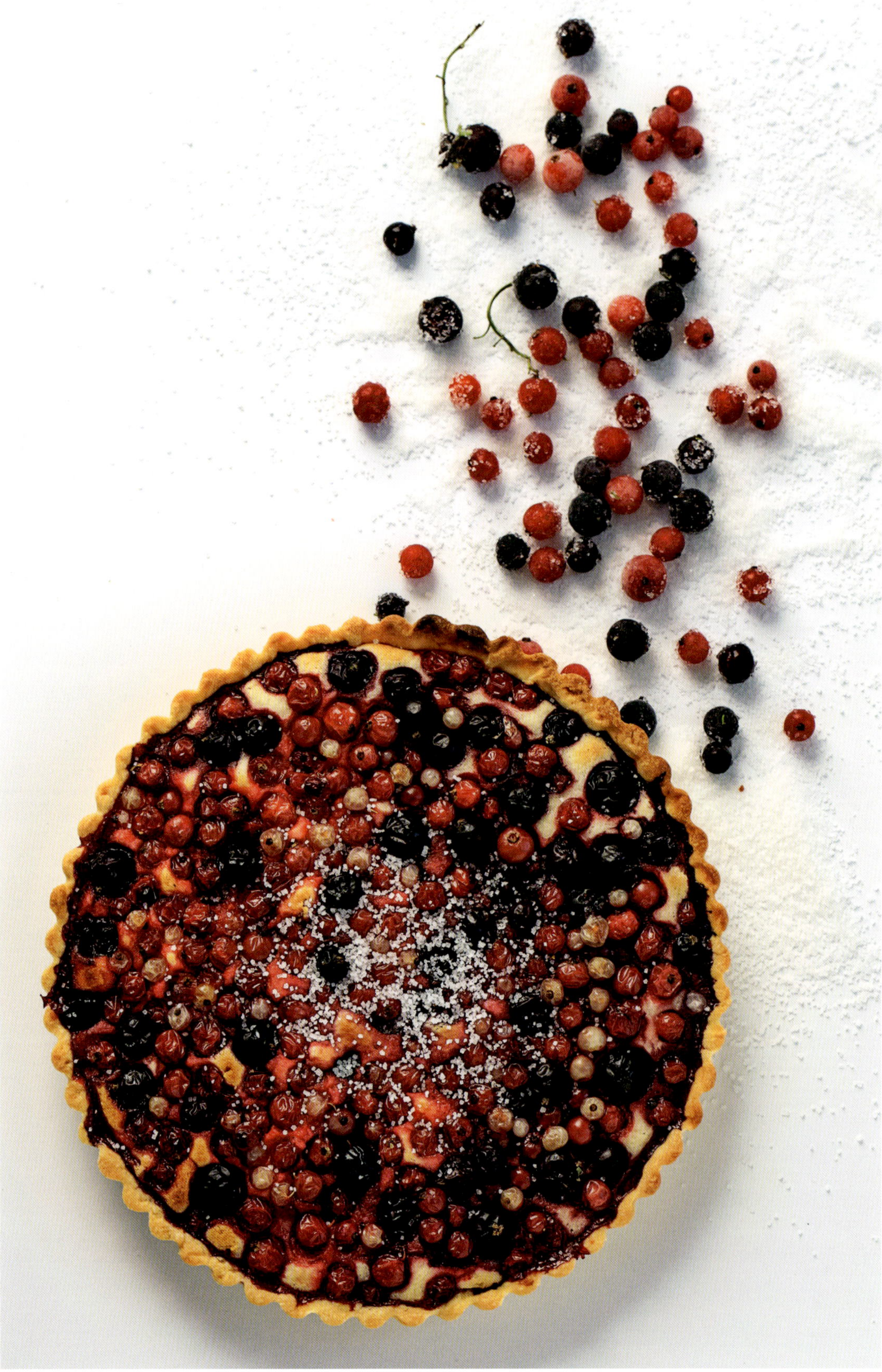

Johannisbeeren einmal nicht als Blechkuchen, sondern in einer Mürbteighülle mit feiner Marzipanfüllung. Das Mandelaroma verbindet sich perfekt mit der Säure der Beeren.

[Sü] Johannisbeer-Tarte tricolore

Form 20 cm Ø

Hülle
- 70 g weiche **Butter**
- 2 EL **Zucker**
- 1 **Eigelb** (M)
- 140 g **Mehl**

Fülle
- 200 g **Johannisbeeren** (rot, schwarz, weiß gemischt)
- 50 g weiche **Butter**
- 2 EL **Zucker**
- 150 g **Marzipan**
- 3 EL **Mehl**
- 3 **Eier** (S)
- 1 EL **Vanilleextrakt**
- 2 EL weißer **Rum**

Drumherum
- **Mehl** zum Arbeiten
- **Butter** für die Form

Alle Zutaten auf Zimmertemperatur aufwärmen lassen.
Butter mit Zucker flaumig rühren. Eigelb zugeben und gut einrühren. Mehl unterrühren, bis sich der Teig vom Boden löst. Mit leicht bemehlten Händen zur Kugel formen, in Klarsichtfolie wickeln und für etwa 30 Min. in den Kühlschrank legen.
Backofen auf 190 °C vorheizen. Form buttern
Teig auf einer leicht bemehlten Arbeitsfläche ca. 3 mm dick ausrollen, Form damit auslegen. Mit einer Gabel mehrfach einstechen. Im Ofen (Mitte) ca. 20 Min. blind backen, bis der Teig goldbraun ist. Abkühlen lassen.
Temperatur auf 200 °C stellen. Johannisbeeren waschen, abtropfen lassen, abzupfen. Auf Küchenpapier trocknen. Butter mit Zucker flaumig rühren. Marzipan nach und nach in kleinen Stücken unterrühren, bis sich alles gut verbunden hat. Mehl, dann nacheinander die Eier einrühren, zuletzt Vanilleextrakt und Rum, bis ein glatter, zähflüssiger Teig entsteht.
Teig in den vorgebackenen Boden füllen, mit Johannisbeeren bestreuen. Im Ofen (Mitte) ca. 30 Min. backen. Garprobe machen. Auf einem Kuchengitter in der Form auskühlen lassen.

Tipps

Man kann auch gefrorene Johannisbeeren verwenden, die Backzeit verlängert sich dadurch (Garprobe!). Der Kuchen muss gegen Backende mit Alufolie abgedeckt werden, damit er nicht zu braun wird (s. S. 184).

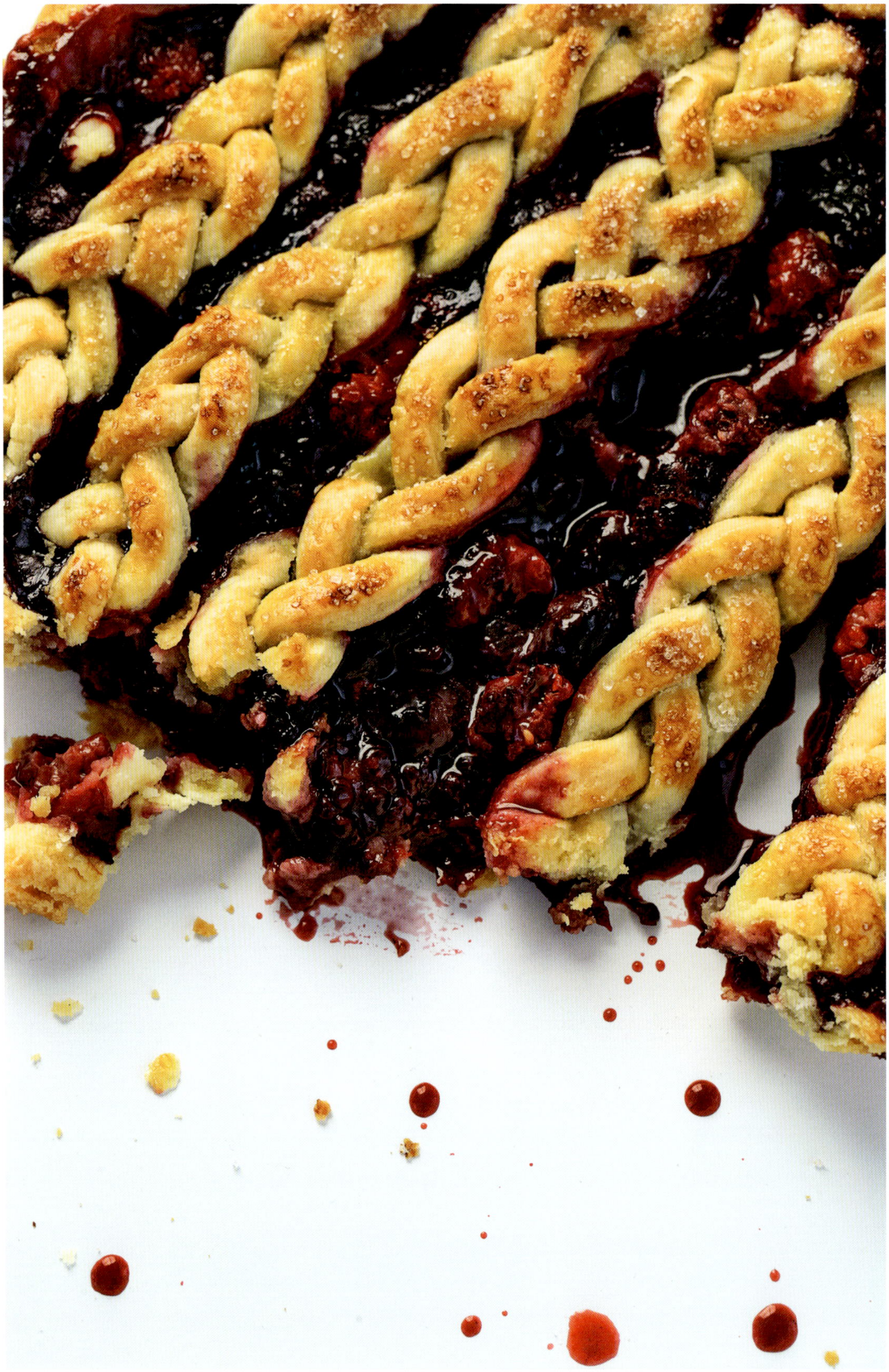

Süß-saure Beerenmischung im Dreierpack, gehüllt in knusprigen Zuckerteig. Ein Augenschmaus. Wer könnte da widerstehen?

[Sü] Sommerbeeren-Pie für mehr als drei

Mehl, Zucker und Salz mischen, mit der in Stückchen geschnittenen Butter und eiskaltem Wasser (Menge nach Bedarf) rasch zu einem glatten Teig verarbeiten (s. S. 196). In Klarsichtfolie wickeln und für 1 Std. in den Kühlschrank legen.

Backofen auf 200 °C vorheizen. Form buttern.

Teig halbieren. Eine Teighälfte auf einer bemehlten Arbeitsfläche ca. 3 mm dick ausrollen, Form damit auslegen, Teig etwa 1 cm über den Rand hinaus hochziehen. In Klarsichtfolie wickeln, kühl stellen. Zweite Hälfte auf Backpapier 2 mm dick ausrollen, in den Kühlschrank legen. Beeren mit Zucker, Mehl und Speisestärke vermischen, Butter in kleine Stückchen schneiden und ebenfalls untermischen. Beeren in die Form füllen. Die zweite Teighälfte in schmale Streifen schneiden. Streifen zu Zöpfchen flechten, auf die Beeren legen. Am Rand andrücken. Überstehenden Teigrand darüberrollen. Eigelb mit ½ TL Wasser verquirlen, den Teig damit bepinseln.

Im Ofen (unten) 20 Min. bei 200 °C backen, dann die Hitze auf 180 °C reduzieren und weitere 15—20 Min. backen, bis der Kuchen goldbraun ist und die Fülle blubbert. Falls der Kuchen zu braun wird, gegen Ende der Backzeit lose mit Alufolie abdecken (s. S. 184). Auf einem Kuchengitter abkühlen lassen. Schmeckt lauwarm und kalt sehr gut.

Pie-Form
24 cm Ø

Hülle
- 250 g **Mehl**
- 2 EL **Zucker**
- 1 Prise **Salz**
- 180 g kalte **Butter**

Fülle
- je 100 g **Blaubeeren, Brombeeren, Himbeeren**
- 4 EL **Zucker**
- 1 EL **Mehl**
- 1 EL **Speisestärke**
- 1 EL **Butter**

Drumherum
- **Butter** für die Form
- **Mehl** zum Arbeiten
- 1 **Eigelb**

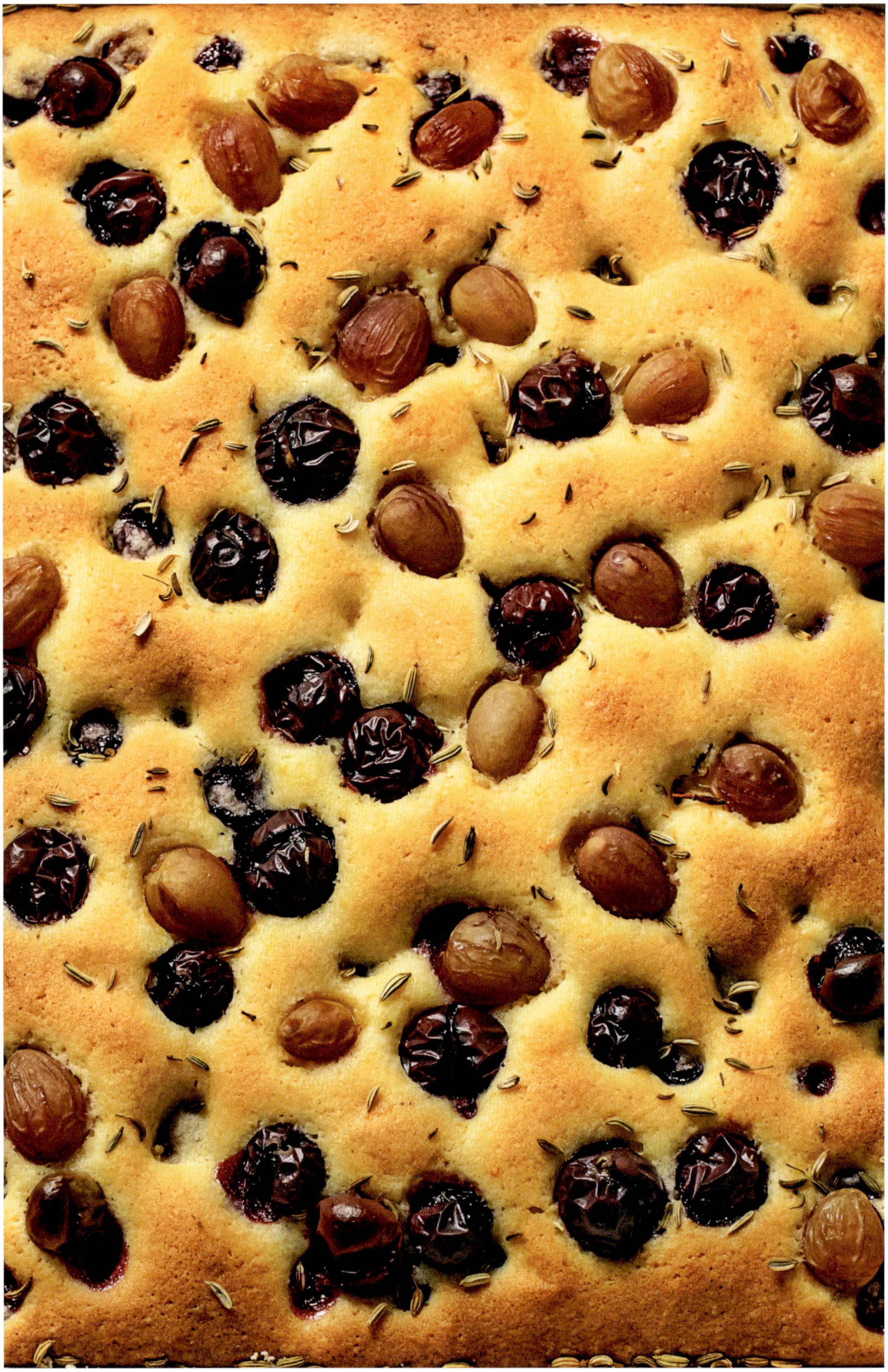

Genau richtig, wenn es ganz schnell gehen soll. Zutaten zusammenrühren, während der Ofen vorheizt, Kuchen noch warm genießen.

Weintrauben-Kuchen

Ofen auf 180 °C vorheizen. Form buttern und mit Mehl ausstreuen. Butter in einem Töpfchen schmelzen. Mehl, Maismehl, Backpulver, Salz, Orangen- und Zitronenschale mischen. Eier mit Zucker und Vanillezucker weißcremig aufschlagen. Geschmolzene Butter, Olivenöl, Milch, Weißwein und Honig unterrühren. Mehlmischung einrühren, mit einem Schneebesen kräftig unter den Teig schlagen. 15 Min. stehen lassen.

Etwa zwei Drittel der Trauben unter den Teig rühren. Teig in die Form füllen, glattstreichen. Im Ofen (Mitte) 15 Min. backen, herausnehmen. Rasch mit den restlichen Trauben und Fenchelsamen bestreuen, weitere 30—35 Min. backen. Garprobe machen (s. S. 185). Warm servieren oder auf einem Kuchengitter in der Form abkühlen lassen.

Tipp

Nehmen Sie unbedingt kleine Trauben.

Form 30 x 24 cm

- 50 g **Butter**
- 120 **Mehl**
- 120 **Maismehl**
- ½ TL **Backpulver**
- ½ TL **Salz**
- abgeriebene Schale von je 1 **Orange** u. **Zitrone**
- 2 **Eier** (L)
- 100 g **Zucker**
- 1 Pkg. **Bourbon-Vanillezucker**
- 4 EL **Olivenöl**
- 3 EL **Milch**
- 4 EL **Weißwein**
- 2 EL **Honig**
- ca. 350 g kleine **Weintrauben**, am besten rosa u. blau gemischt
- 1—2 EL **Fenchelsamen**

Drumherum
- **Butter** u. **Mehl** für die Form

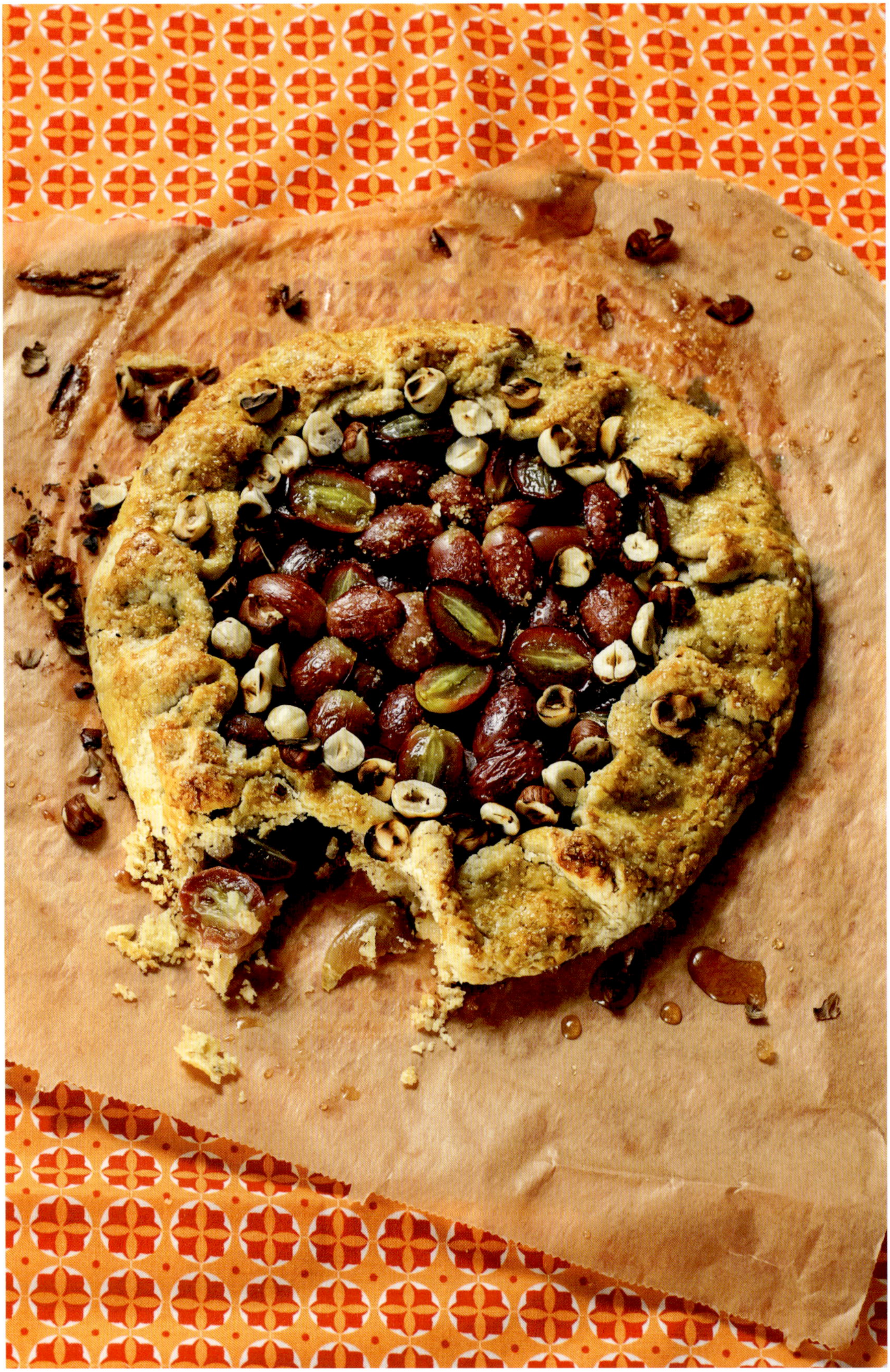

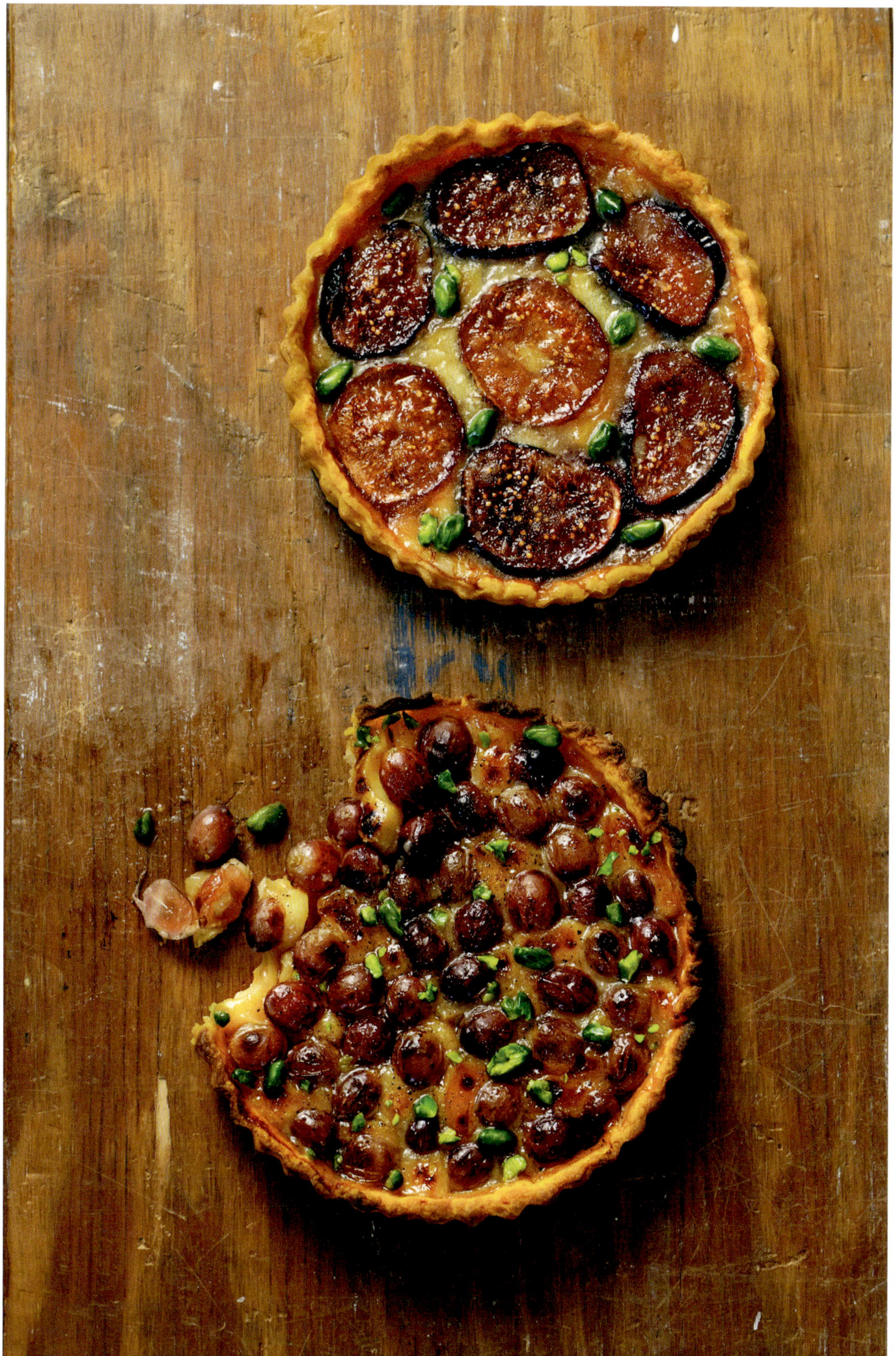

Spätsommerlicher Vorbote für den Herbst, schlicht, pur, ideal für die letzten Sonnenstrahlen auf der Terrasse.

[Sü] Kriegt die Trauben-Galette Hauben?

Mehl mit Mandeln und Salz mischen, mit der in Stückchen geschnittenen Butter, Ei und eiskaltem Wasser (Menge nach Bedarf) rasch zu einem glatten Teig verarbeiten (s. S. 196). In Klarsichtfolie wickeln und für 1 Std. in den Kühlschrank legen.

Ofen auf 180 °C vorheizen. Trauben der Länge nach halbieren, evtl. vorhandene Kerne entfernen. Trauben in einer Schüssel mit 3 EL Rohzucker und Portwein mischen, 5 Min. ziehen lassen.

Teig auf Backpapier ca. 3 mm dick ausrollen. Auf das Backblech legen. Weintrauben auf dem Teig verteilen, einen ca. 6 cm breiten Rand freilassen. Rand locker über die Fülle falten. Eigelb mit 1 TL Wasser verquirlen, auf den Teig pinseln. Mit restlichem Rohzucker bestreuen.

Im Ofen (Mitte) ca. 40 Min. backen. Geröstete, geschälte Haselnüsse drüberstreuen (s. S. 185). Auf einem Kuchengitter abkühlen lassen.

Tipp

Kann auch warm serviert werden.
(Das Foto zum Rezept findet sich auf der vorangehenden Doppelseite).

Ohne Form, ca. 22 cm Ø

Hülle
- 180 g **Mehl**
- 2 EL gemahlene **Mandeln**
- 1 Prise **Salz**
- 130 g kalte **Butter**
- 1 **Ei** (S)

Fülle
- ca. 400 g kernlose, am besten rosa **Weintrauben**
- 4 EL **Rohzucker**
- 1 EL **Portwein**

Drumherum
- 1 **Eigelb**
- 50 g **Haselnüsse**

Aus eins mach zwei. Süßkartoffelteig mit Käse belegt, mit zweierlei Früchten getoppt. Ein Vorspeisen-Doppel mit wenig Aufwand.

{8a} Gemischtes Doppel: Trauben-Feigen-Duo

2 Formen 20 cm Ø

Hülle
- 160 g **Süßkartoffeln**
- **Salz**
- 100 g griffiges **Mehl**
- 50 g weiche **Butter**

Fülle
- 100 g würziger **Hartkäse** (z.B. Bergkäse)
- 100 g blaue **Feigen**
- 100 g blaue **Weintrauben**
- 5 EL **Quittengelee**

Drumherum
- **Mehl** zum Arbeiten

Süßkartoffeln dünn schälen, in Scheiben schneiden, in leicht gesalzenem Wasser weich kochen. Pürieren. Mit Mehl, Butter und evtl. etwas Wasser (Menge nach Bedarf) zu einem glatten Teig verarbeiten.
Ofen auf 200 °C vorheizen. Formen mit Backpapier auslegen. Käse entrinden, in ca. 3 cm große Würfel schneiden. Feigen in Scheiben schneiden.
Teig halbieren. Jede Teighälfte auf einer leicht bemehlten Arbeitsfläche ca. 3 mm dick ausrollen, Formen damit auslegen. Im Ofen (Mitte) 15 Min. blind backen (s. S. 185). Temperatur auf 180 °C reduzieren. Käse auf dem vorgebackenen Teig verteilen. Feigen bzw. Weintrauben darauflegen. Quittengelee darüberstreichen. Im Ofen (Mitte) ca. 40. Min. fertig backen. Warm servieren.

Tipps

Gut durchbacken, damit der Käse weich wird.
Wenn die Kartoffeln feucht genug sind, braucht der Teig kein Wasser.
(Das Foto zum Rezept findet sich auf der vorangehenden Doppelseite).

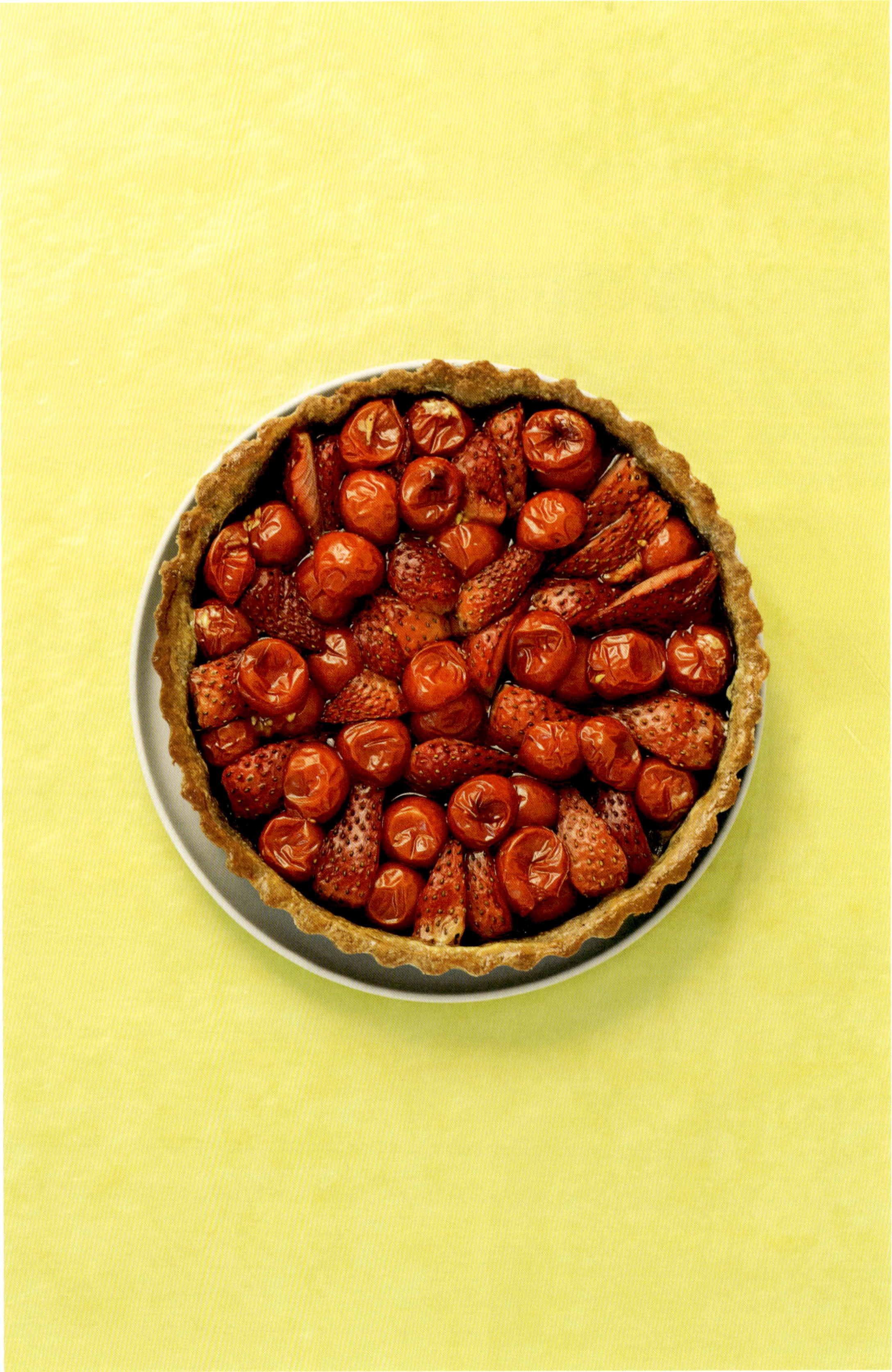

Eine ungewöhnliche Kombination in Symbiose mit einem rustikalen Teig. Süß-scharfe Konfitüre rundet den Geschmack ab.

{8ª} Rotkäppchens Erdbeer-Tomaten-Tarte

Form 20 cm Ø

Hülle
- 140 g **Weizenvollkornmehl**
- 1 Prise **Salz**
- 3 EL **Olivenöl**

Fülle
- 100 g **Erdbeerkonfitüre**
- ½ TL **Chiliflocken**
- 1 EL **Balsamico-Essig**
- **Salz**
- 200 g **Erdbeeren**
- 250 g **Kirschtomaten**

Drumherum
- **Öl** für die Form
- **Mehl** zum Arbeiten

Form dünn einölen. Mehl mit Salz, Olivenöl und Wasser (Menge nach Bedarf) rasch zu einem glatten Teig verarbeiten. Auf einer leicht bemehlten Arbeitsfläche ca. 3 mm dick ausrollen, Form damit auslegen. Mit einer Gabel mehrfach einstechen. In den Kühlschrank stellen. Erdbeerkonfitüre mit Chili, Balsamico und 1 Prise Salz verrühren, in einem Töpfchen langsam erhitzen, einmal aufkochen lassen. Vom Herd nehmen, abkühlen lassen.

Erdbeeren je nach Größe halbieren oder vierteln. Tomaten halbieren. Zusammen in einer flachen Schüssel mit 1 Msp. Salz mischen, 20 Min. ziehen lassen.

Ofen auf 180 °C vorheizen. Tarteboden mit Konfitüre bestreichen. Erdbeeren und Tomaten in einem Sieb abtropfen lassen, auf der Konfitüre verteilen. Im Ofen (Mitte) ca. 20 Min. backen. Auf ein Kuchengitter stellen. Warm oder lauwarm servieren.

Tipp

Mit Balsamico beträufeln, mit Basilikum bestreuen.

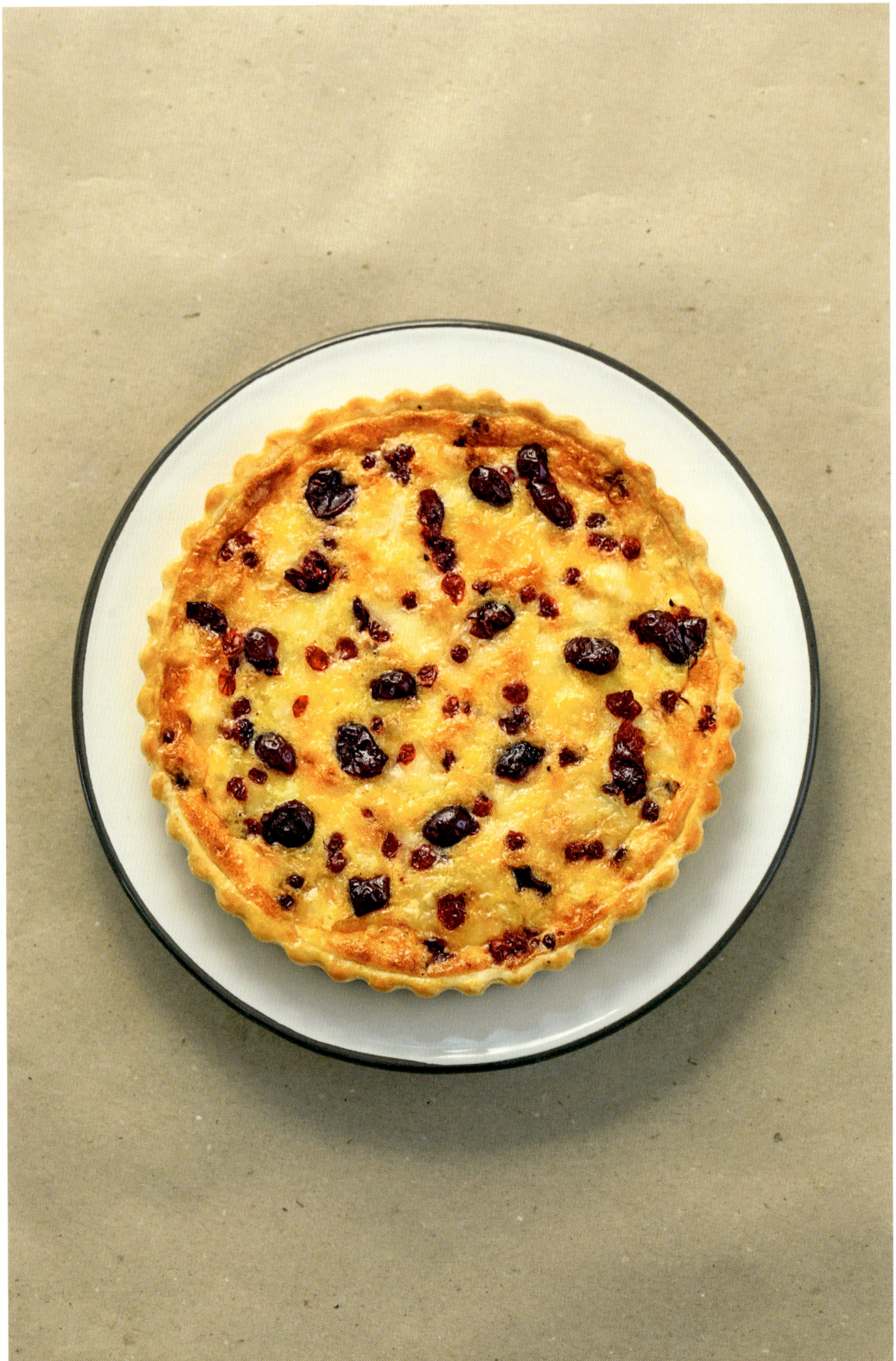

Eine Quiche zum Verlieben. Wunderbar als warme Hauptspeise oder für den kleinen Hunger zwischendurch.

{8a} Blumenkohl-Preiselbeer-Quiche (sooo gut ...)

Mehl, Parmesan, Salz und Pfeffer mischen, mit der in Stückchen geschnittenen Butter und eiskaltem Wasser (Menge nach Bedarf) rasch zu einem glatten Teig verarbeiten (s. S. 196). In Klarsichtfolie wickeln und für 30 Min. in den Kühlschrank legen.

Ofen auf 190 °C vorheizen. Form buttern. Cheddar reiben. Blumenkohl in sehr kleine Röschen teilen. In Salzwasser 3 Min. blanchieren, in ein Sieb abgießen, mit kaltem Wasser abschrecken, gut abtropfen lassen.

Teig auf einer leicht bemehlten Arbeitsfläche ca. 3 mm dick ausrollen. Form damit auslegen. Brie entrinden, in dünne Scheiben schneiden. Blumenkohl auf dem Boden verteilen. Brie darüberlegen. Eier mit Sahne verquirlen, geriebenen Käse unterrühren, mit Muskat, Salz und Pfeffer abschmecken (wenig Salz, wenn der Käse sehr würzig ist). Über den Blumenkohl gießen. Mit Preiselbeeren und Cranberrys toppen. Eigelb mit ½ TL Wasser verquirlen, auf den Teigrand pinseln. Im Ofen (Mitte) 10 Min. bei 190 °C backen, dann Temperatur auf 165 °C reduzieren und ca. 40 Min. backen, bis die Fülle fest ist. Auf ein Kuchengitter stellen. Schmeckt warm und kalt gut.

Tipp

Wenn keine frischen Preiselbeeren oder Cranberrys erhältlich sind, nehmen Sie Kompott und holen sich die Beeren heraus. Keine getrockneten Beeren nehmen.

Form 20 cm Ø

Hülle
- 130 g **Mehl**
- 1 EL geriebener **Parmesan**
- 1 Prise **Salz**
- 1 Prise **Pfeffer**
- 80 g kalte **Butter**
- 1 **Eigelb** (M)

Fülle
- 60 g **Cheddar**
- ca. 200 g **Blumenkohlröschen**
- **Salz**
- 100 g **Brie**
- 2 **Eier** (L)
- 4 EL **Sahne**
- 1 Prise **Muskatnuss**
- **Pfeffer**
- **Preiselbeeren** u. **Cranberrys** zum Toppen (s. Tipp)

Drumherum
- **Butter** für die Form
- **Mehl** zum Arbeiten
- 1 **Eigelb**

Kapitel 4 Südfrüchte

Muntermacher zu allen Zeiten

{sü}

Ananas-Tarte	73
Clementinen-Kuchen	75
Feigen-Himbeer-Shortbread	77
Karibik-Kuchen	79
Orangen-Aprikosen-Tarte	81
Zitronen-Tarte	83
Zitronen-Caprese	86

{sa}

Zitronen-Käse-Törtchen	87
Ananas-Mais-Quiche	89
Feigen-Schinken-Tarte	91

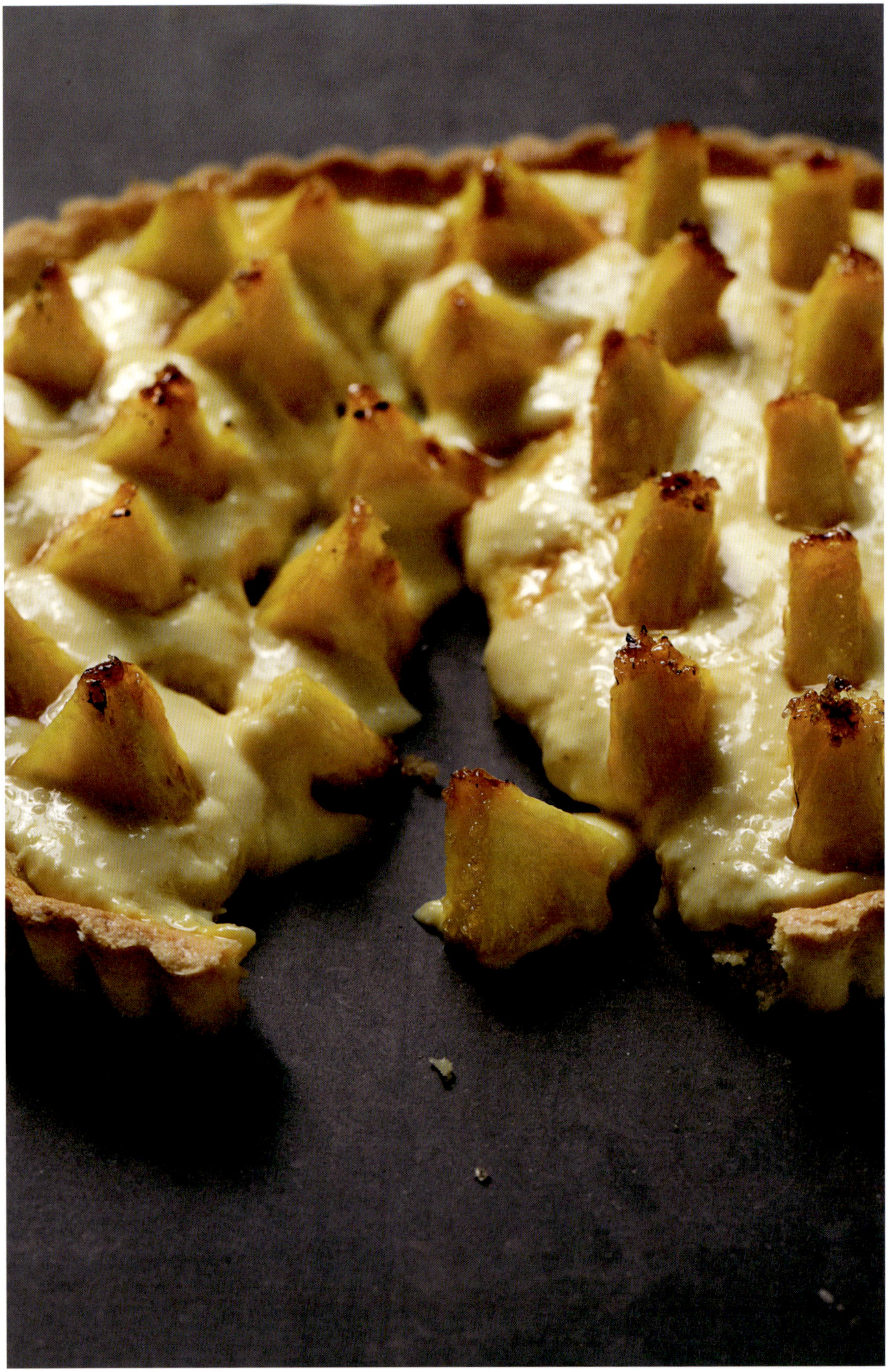

Karamellisierte Ananas auf Vanillecreme – unwiderstehlich! Alles lässt sich vorab zubereiten und kurz vor dem Servieren stressfrei zusammenbasteln.

[Sü] Die Ananas-Tarte lebe hoch! (Oder flach?)

Form buttern. Mehl, Zucker und Salz mischen, mit der in Stückchen geschnittenen Butter, Eigelb und eiskaltem Wasser (Menge nach Bedarf) rasch zu einem glatten Teig verarbeiten (s. S. 196).

Auf einer leicht bemehlten Arbeitsfläche ca. 3 mm dick ausrollen, Form damit auslegen. Boden mit einer Gabel mehrfach einstechen. In Klarsichtfolie wickeln und für mindestens 1 Std. in den Kühlschrank stellen. Ofen auf 190 °C vorheizen. Tarteboden ca. 15 Min. (Mitte) blind backen (s. S. 185), bis er goldbraun ist. Abkühlen lassen. Vanilleschote der Länge nach halbieren, Mark herauskratzen. Milch mit Mark aufkochen. Eigelbe mit Zucker aufschlagen, Stärke glatt einrühren, heiße Milch langsam dazugießen, unterrühren. Zurück in den (gesäuberten) Topf geben, Creme bei mittlerer Hitze sehr dick einkochen. Vom Herd nehmen, Hälfte der Butter in kleinen Stücken einrühren. Durch ein Sieb in eine Schüssel streichen, vollständig auskühlen lassen.

Ananas schälen, Strunk herausschneiden, Ananas in ca. 4 mm dicke Ringe teilen. Ringe in restlicher heißer Butter 2 Min. anbraten, mit Puderzucker bestreuen, Rum zugeben, auf mittlerer Hitze wenige Minuten leicht karamellisieren. Aus der Pfanne nehmen, auf einem Kuchengitter abkühlen lassen (unter das Gitter Alufolie legen). Vor dem Servieren Creme kurz durchschlagen, gleichmäßig auf den Tarteboden streichen. Ananas in kleine Stücke schneiden, auf der Creme verteilen.

Form 20 cm Ø

Hülle
- 140 g **Mehl**
- 50 g **Zucker**
- 1 Prise **Salz**
- 90 g kalte **Butter**
- 1 **Eigelb** (M)

Fülle
- 1 **Vanilleschote**
- 300 ml **Milch**
- 2 **Eigelb** (M)
- 75 g **Zucker**
- 25 **Speisestärke**
- 60 g **Butter**
- 1 reife, aber feste mittelgroße **Ananas**
- 50 g **Puderzucker**
- 2 EL **Rum**

Drumherum
- **Butter** für die Form
- **Mehl** zum Arbeiten

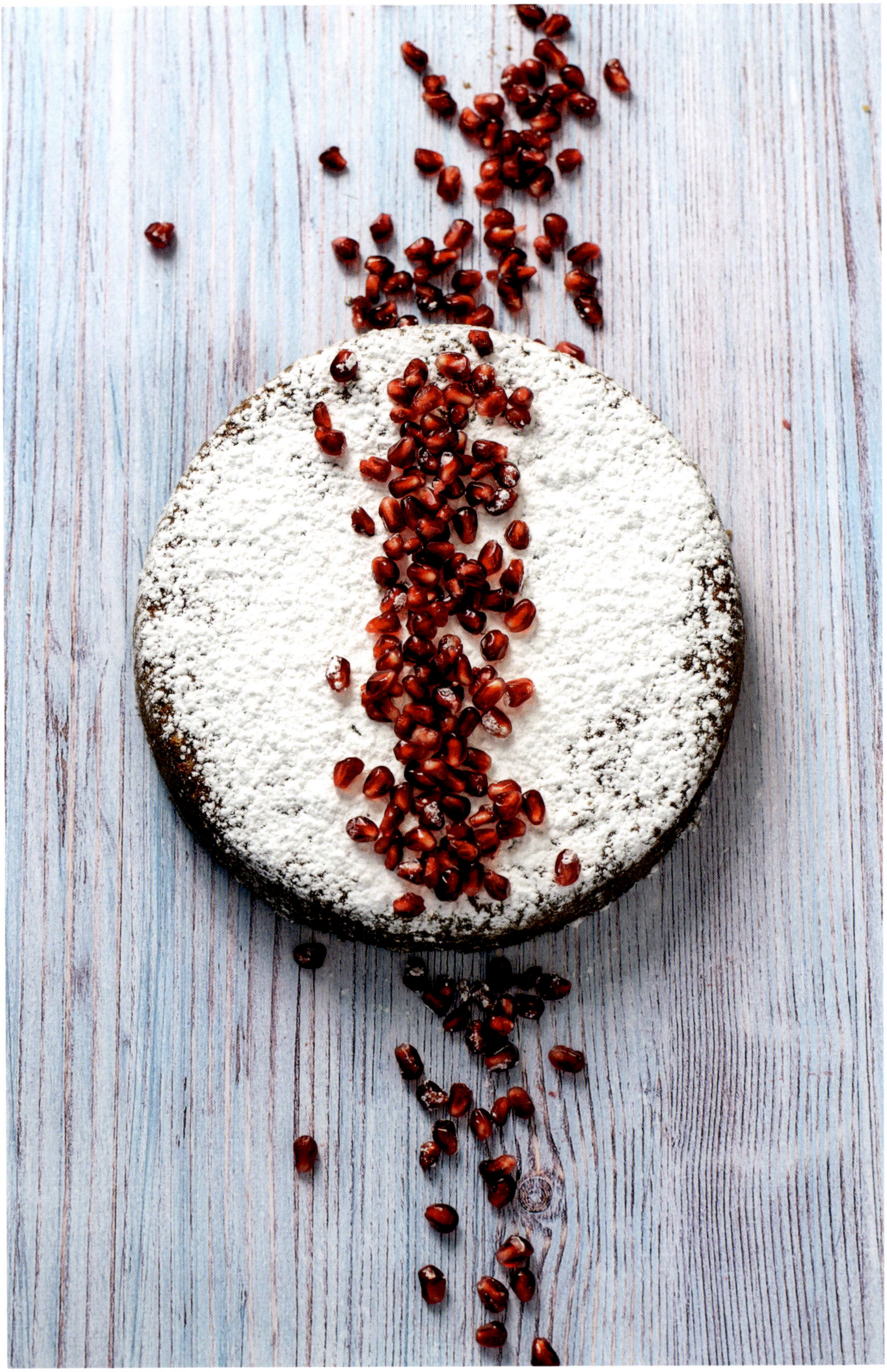

Innen herb-süßes Clementinenpüree, außen eine dicke Puderzuckerschicht und als Krönung säuerliche Granatapfelkerne. Ein Geschmacksereignis. Auch als Dessert geeignet.

[Sü] Nikolaus, bring mir Clementinen-Kuchen

Form 24 cm Ø

- 2–3 **Clementinen** (ca. 250 g)
- 130 g gemahlene **Mandeln**
- 70 g feines **Maismehl**
- 1 TL **Backpulver**
- 130 g **Zucker**
- 3 **Eier** (L)
- abgeriebene Schale von 1 **Zitrone**
- 40 ml **Olivenöl**

Drumherum
- **Puderzucker**
- **Granatapfelkerne**

Ungeschälte Clementinen in einem Topf mit kaltem Wasser bedecken, bei kleiner Hitze 1,5 Std. köcheln. In einem Sieb abtropfen lassen. Abgekühlt halbieren, Kerne entfernen, Clementinen mit Schale in der Küchenmaschine grob pürieren oder mit dem Messer fein hacken. Ofen auf 190 °C vorheizen. Form mit Backpapier auslegen. Mandeln, Maismehl und Backpulver mischen. Zucker mit Eiern und Zitronenschale verrühren, Öl dazugeben, mit dem Handmixer hell aufschlagen (bleibt relativ flüssig). Clementinen-Püree einrühren, Mehl-Mandel-Mischung unterrühren. Teig in die Form füllen, glattstreichen. Im Ofen (Mitte) 35–40 Min. backen. Wenn die Oberfläche zu braun wird, gegen Ende der Backzeit mit Alufolie abdecken (s. S. 184). Garprobe machen (s. S. 185). Für 15 Min. stehen lassen, aus der Form nehmen, auf einem Kuchengitter auskühlen lassen.
Vor dem Servieren mehrere Std. stehen lassen, am besten über Nacht (mit Backpapier abgedeckt), dann wird der Kuchen besonders saftig. Vor dem Servieren dick mit Puderzucker bestreuen. Gut abgetropfte Granatapfelkerne darüberstreuen.

Tipps

Granatäpfel entkernt man am schnellsten, wenn man sie quer teilt, mit der Schnittfläche nach unten über eine Schüssel hält und mit einem Löffelrücken fest auf die Oberfläche klopft.
Das Clementinen-Püree kann schon am Vortag zubereitet werden. Kühl aufbewahren.

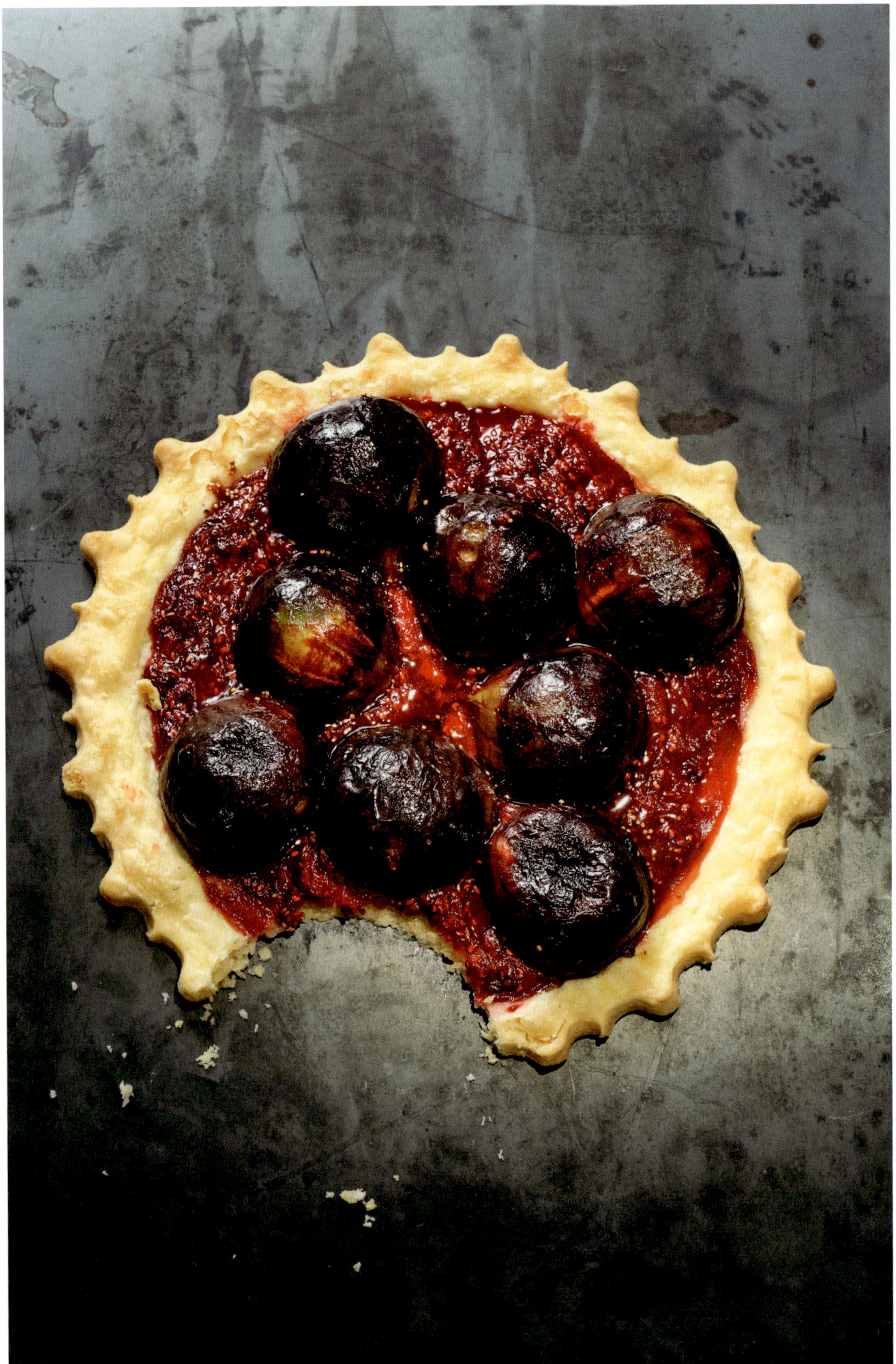

[Sü] Feigen-Himbeer-Shortbread forever

Ein großer Keks mit süß-fruchtigem Topping. Frische, reife Früchte sind ein Muss!

Ohne Form, ca. 26 cm Ø

Hülle
- 180 g **Mehl**
- 1 TL **Zucker**
- ¼ TL **Salz**
- 125 g kalte **Butter**

Fülle
- 250 g **Himbeeren**
- 4 EL **Puderzucker**
- 4 große blaue **Feigen**
- 20 g **Butter**
- 1 EL **Zucker**
- 1 EL **Honig**

Drumherum
- **Mehl** zum Arbeiten

Mehl mit Zucker und Salz mischen, mit der in Stückchen geschnittenen Butter und eiskaltem Wasser (Menge nach Bedarf) rasch zu einem glatten Teig verarbeiten (s. S. 196). In Klarsichtfolie wickeln und für 30 Min. in den Kühlschrank legen.

Ofen auf 180 °C vorheizen.

Teig auf Backpapier ca. 5 mm dick ausrollen, einen Kreis mit 26 cm Ø ausschneiden, aus dem Rand mit einem kleinen Löffel Zacken ausstechen. Eine leicht bemehlte, kleinere Form in den Teig drücken, damit sich eine kleine Vertiefung bildet. Im Ofen (Mitte) ca. 20 Min. blind goldbraun backen (s. S. 185). Abkühlen lassen.

Himbeeren mit einer Gabel zerquetschen, Puderzucker unterrühren, in einem Töpfchen bei mittlerer Hitze zu dickem Püree einkochen. Feigen halbieren. Bei mittlerer Hitze Butter schmelzen, Zucker und Honig einrühren, Feigen darin schwenken und kurz anbraten. Shortbread mit Himbeerpüree bestreichen, mit den Feigenhälften belegen. In der Pfanne übriggebliebenen Saft über die Feigen pinseln. Auf einem Kuchengitter abkühlen lassen.

Tipp

Sie können auch kleinere Feigen nehmen und dichter legen. Oder, wenn die Feigen innen schön rot sind, mit der Schnittfläche nach oben legen.

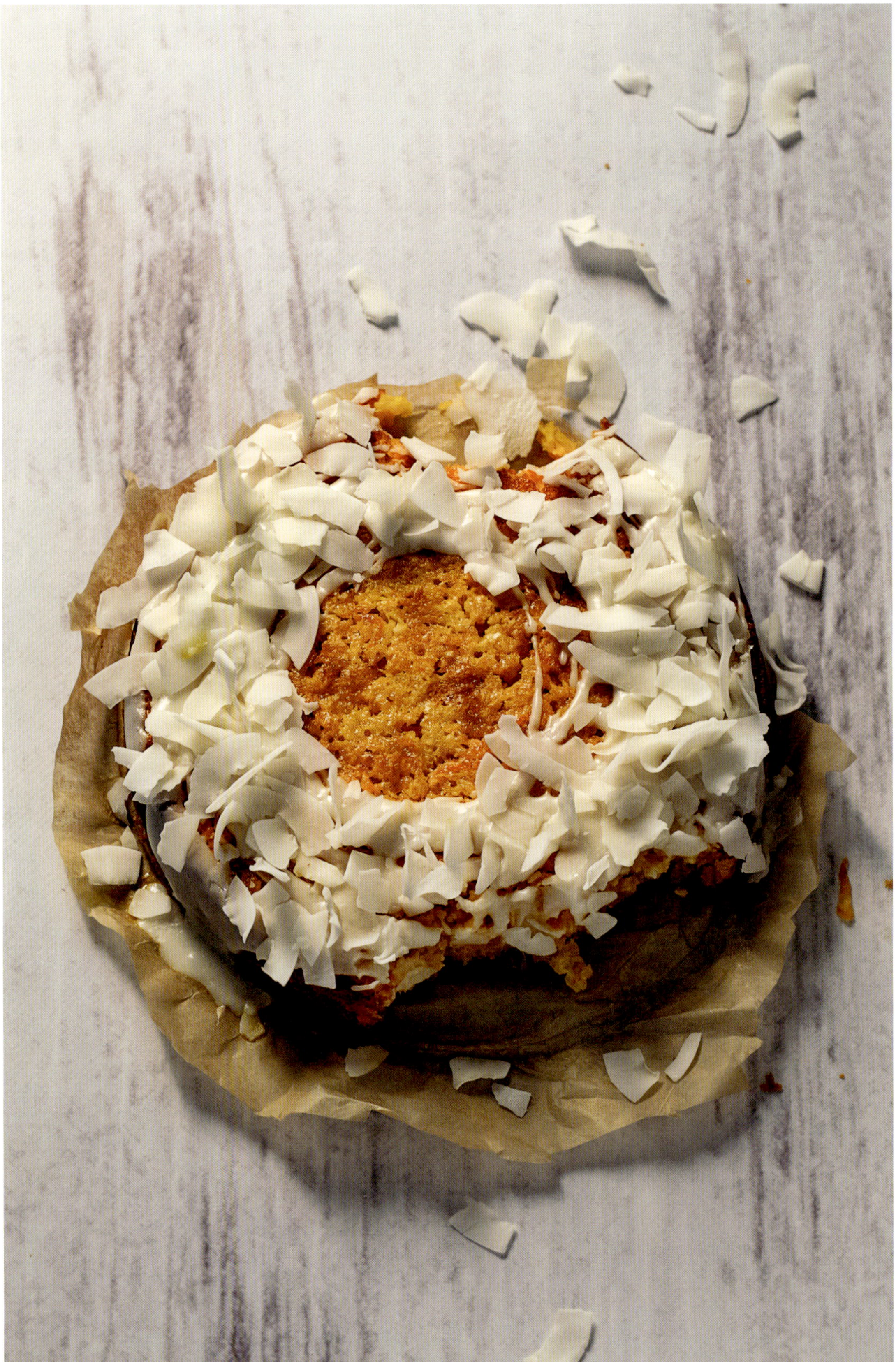

Kokos und Ananas plus süße Karotten zaubern in diesem gehaltvollen Kuchen karibisches Feeling auf den Tisch. Dazu ein Rum-Cocktail und schon ist zu Hause Urlaub.

[Sü] Karibik-Kuchen all inclusive

Alle Zutaten auf Zimmertemperatur aufwärmen lassen.
Ofen auf 180 °C vorheizen. Form buttern. Boden mit Backpapier belegen. Ananas-Fruchtfleisch in einer Küchenmaschine grob zerkleinern, es sollen noch kleine Fruchtstücke enthalten sein. Karotte schälen, grob raspeln. Die Raspeln mit Küchenrolle gut ausdrücken, sie sollen nicht zu feucht sein. Mehl, Backpulver und Piment mischen. Butter mit Zucker flaumig rühren. Ei leicht verquirlen, unter die Masse schlagen. Mehlmischung abwechselnd mit Milch unterrühren. Zerkleinerte Ananas (mit ihrem Saft, 1 EL für Glasur abnehmen), Karotten und Kokosflocken dazugeben. Gut, aber nur kurz miteinander verrühren. Teig in die Form füllen. Im Ofen (Mitte) ca. 40 Min. backen, Garprobe machen (s. S. 185). Gut durchbacken, damit der Kuchen innen nicht zu feucht bleibt. Auf einem Kuchengitter abkühlen lassen.
Puderzucker in den Ananassaft einrühren, Oberfläche damit am Rand dünn bepinseln. Mit Kokos-Chips bestreuen.

Form 20 cm Ø

- 150 g frisches **Ananas-Fruchtfleisch**
- 1 **Karotte** (100 g)
- 160 g **Mehl**
- 1 TL **Backpulver**
- 1 Msp. **Pimentpulver**
- 100 g weiche **Butter**
- 160 g **Zucker**
- 1 **Ei** (L)
- 150 ml **Milch**
- 40 g **Kokosflocken**

Drumherum
- **Butter** für die Form
- 50 g **Puderzucker**
- 1 EL **Ananassaft**
- 50 g **Kokos-Chips** zum Bestreuen

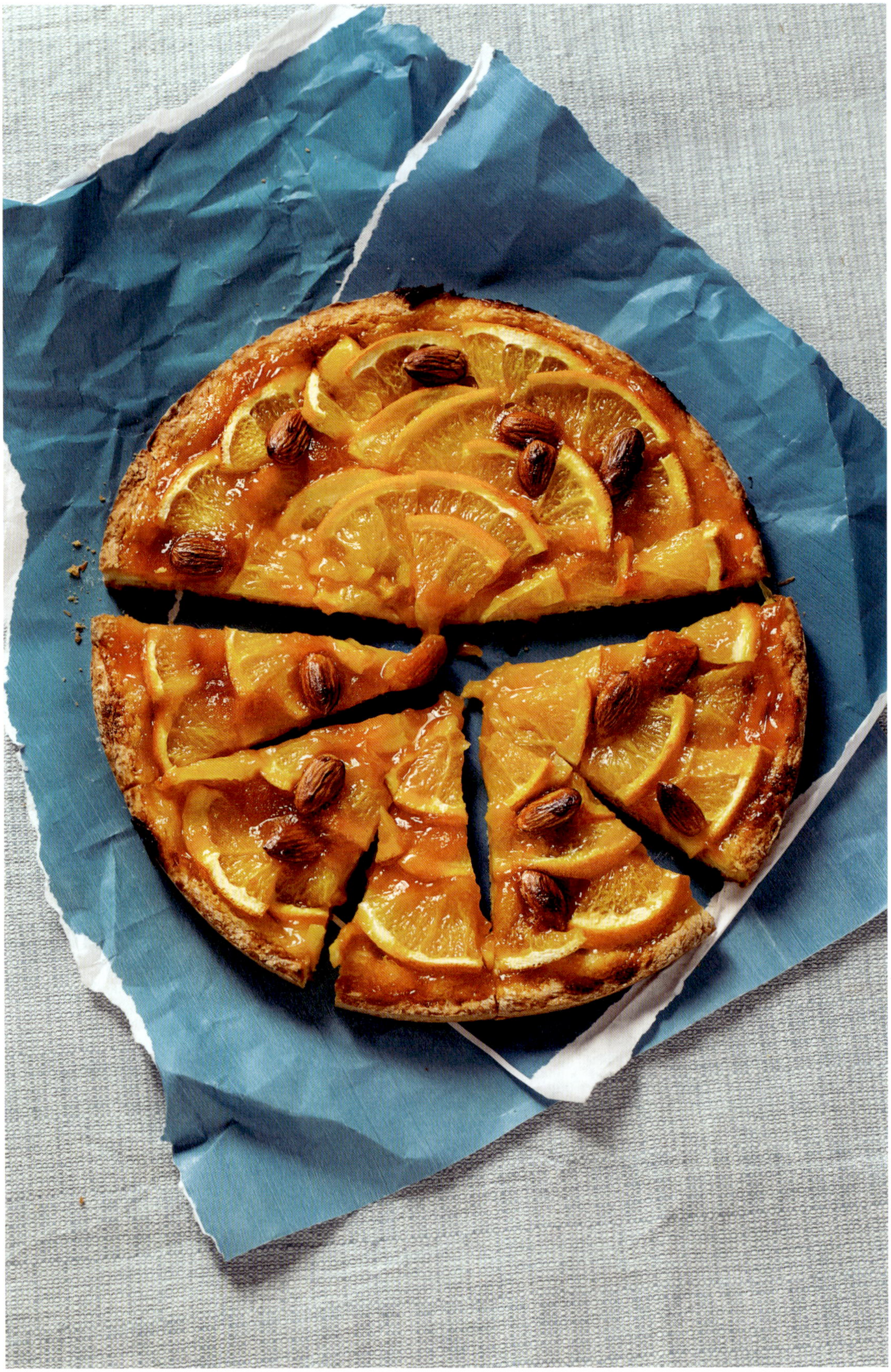

Die Kombination aus Aprikosenkonfitüre, Orangen und Mandeln gibt dieser Tarte ihren außergewöhnlichen Geschmack.

[Sü] Orangen-Aprikosen-Tarte, es geht rund!

Ofen auf 170 °C vorheizen.

Mehl mit Backpulver, Zucker, Pfeffer und Salz mischen. Mit Orangensaft und -schale zu einem glatten Teig verarbeiten. Form mit Backpapier auslegen. Teig mit der Hand formen, hineinlegen, den Teigrand ca. 1 cm breit einschlagen. Hälfte der Konfitüre auf den Teig streichen, einen kleinen Rand freilassen.

Orangen mit der Schale in dünne Scheiben schneiden, Scheiben vierteln. Schuppenförmig auflegen, mit restlicher Konfitüre bestreichen. Mandeln darüberstreuen.

Im Ofen (Mitte) backen, bis der Rand schön braun, die Fülle dick ist und blubbert. Das dauert je nach Saftigkeit der Orangen ca. 30—40 Min. Mit dem Backpapier aus der Form nehmen, auf einem Kuchengitter abkühlen lassen.

Form 24 cm Ø

Hülle
- 150 g **Mehl**
- ½ Pkg. **Backpulver**
- 2 EL **Zucker**
- 1 Prise **Pfeffer**
- 1 Prise **Salz**
- abgeriebene Schale u. Saft von 1 großen **Orange** (ca. 100 ml)

Fülle
- 190 g **Aprikosenkonfitüre**
- 3—4 **Orangen** (je nach Größe)
- 30 g ganze **Mandeln**

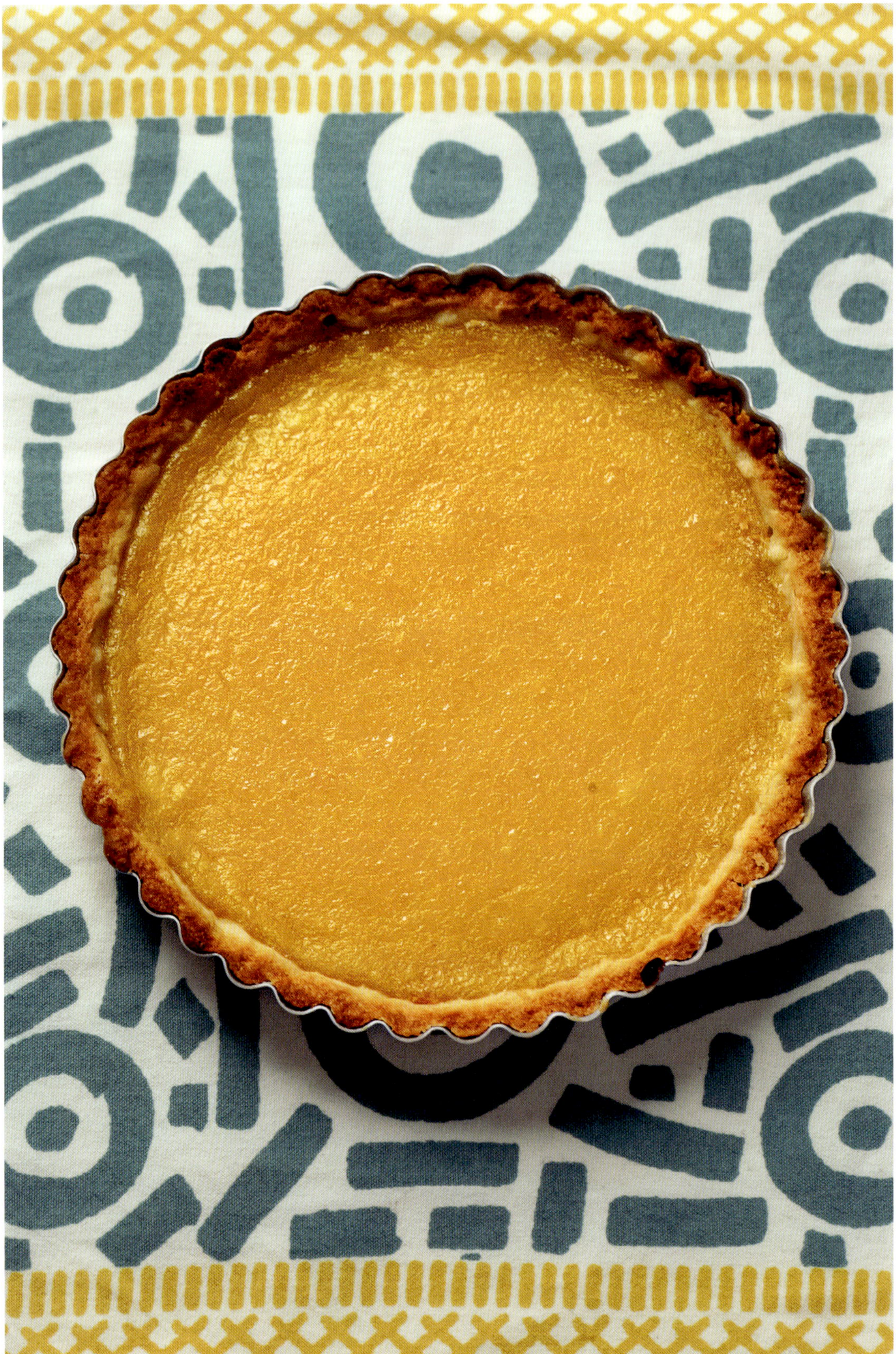

Tarte au citron, die traditionelle französische Zitronentarte, holt zu jeder Jahreszeit den Sommer ins Haus. Eine perfekte Kombination von dünnem Mürbteig und süß-säuerlicher Creme.

[Sü] köstlichste Art Zitronen-Tarte

Form 24 cm Ø

Hülle
- 200 g **Mehl**
- 3 EL **Zucker**
- 1 Prise **Salz**
- 120 g kalte **Butter**
- 1 **Eigelb** (M)

Fülle
- 3 **Eier**
- 130 g **Butter**
- 90 g **Zucker**
- abgeriebene Schale u. Saft von 3 großen **Zitronen** (ca. 180 ml)

Drumherum
- **Butter** für die Form
- **Mehl** für die Arbeitsfläche

Zutaten für die Fülle auf Zimmertemperatur aufwärmen lassen. Mehl mit Zucker und Salz mischen, mit der in Stückchen geschnittenen Butter, Eigelb und eiskaltem Wasser (Menge nach Bedarf) rasch zu einem glatten Teig verarbeiten (s. S. 196). In Klarsichtfolie wickeln und für 30 Min. in den Kühlschrank legen.

Eier, Butter, Zucker, Zitronenschale und -saft in einem Topf verrühren, vorsichtig bei mittlerer Hitze (oder über dem Wasserbad) mit einem Holzlöffel bis knapp vor dem Kochen rühren bzw. bis die Masse dick und cremig ist (nicht kochen, sonst gerinnt sie!). Creme durch ein Sieb streichen, in einer Schüssel abkühlen lassen.

Ofen auf 220 °C vorheizen. Form buttern. Teig auf einer leicht bemehlten Arbeitsfläche ca. 3 mm dick ausrollen, Form damit auslegen. Boden mit einer Gabel mehrfach einstechen. Im Ofen (Mitte) ca. 12 Min. blind backen (s. S. 185), bis der Rand zu bräunen beginnt. Abkühlen lassen. Temperatur auf 200 °C einstellen. Creme umrühren, in den vorgebackenen Tarteboden füllen, glattstreichen. Im Ofen (Mitte, keine Umluft verwenden) ca. 20 Min. backen, bis die Creme gerade eben fest ist. Sie soll nicht bräunen. Auf einem Kuchengitter in der Form abkühlen lassen.

Tipps

Die Zitronencreme erfordert ein wenig Übung. Sicherheitshalber anfänglich über dem Wasserbad zubereiten (dauert gute 10 Min.), erst nach mehreren erfolgreichen Versuchen auf dem Herd. Sie soll dick vom Löffel fallen.

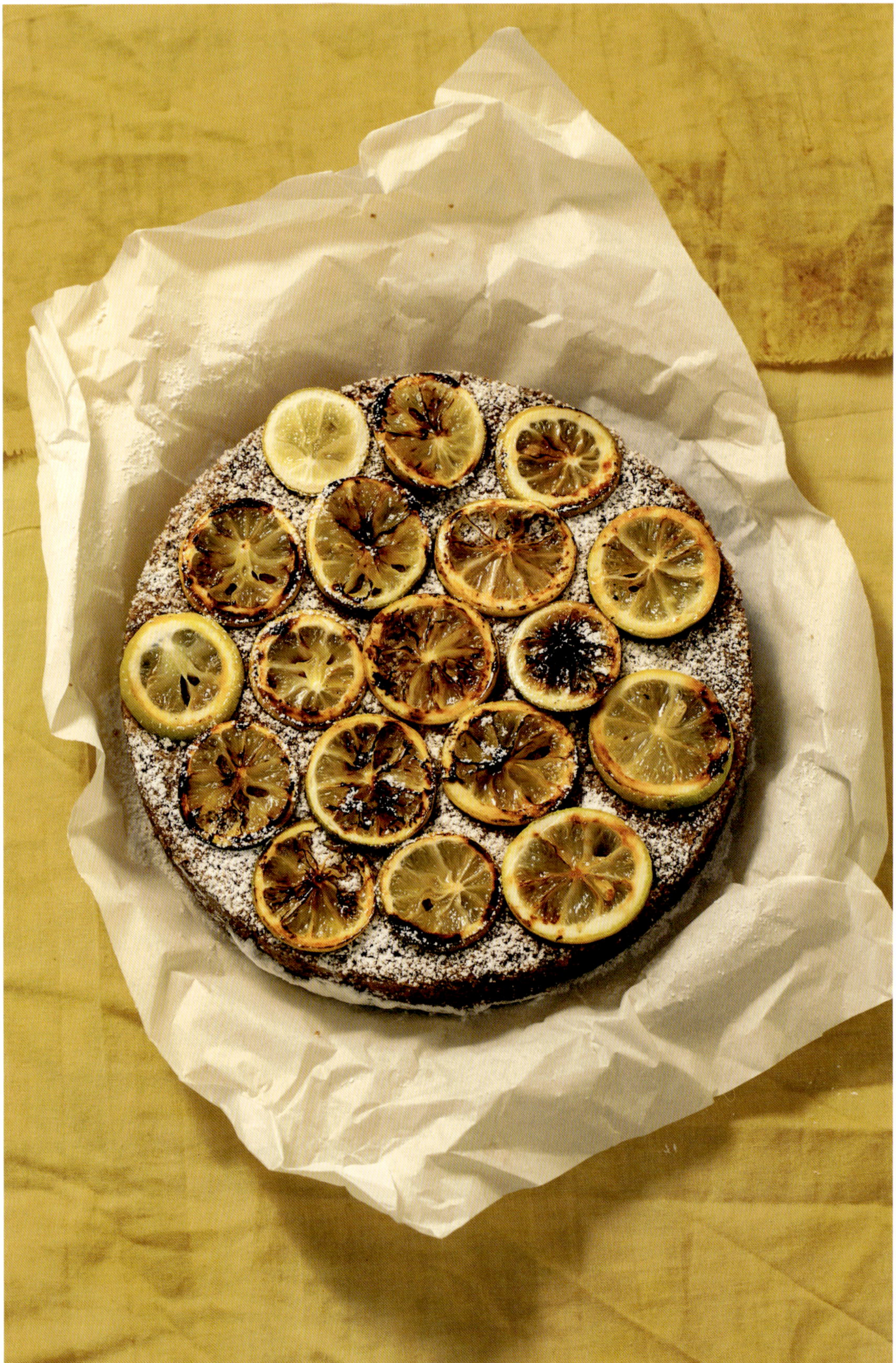

85

Ein Gedicht aus Mandeln, Zitronen und weißer Schokolade. Ohne Mehl, ohne Butter, mit intensivem Zitronen-Aroma. Liebe auf den ersten Bissen.

[Sü] Ganz Capri will Zitronen-Caprese

Form 20 cm Ø

Hülle
- 150 g geschälte Mandeln
- 90 g Puderzucker
- 1 Pkg. Bourbon-Vanillezucker
- 130 g weiße Schokolade
- abgeriebene Schale von 2 Zitronen
- 40 g Speisestärke
- 1 ½ TL Backpulver
- 3 Eier (L)
- 40 g Zucker
- 60 ml Olivenöl
- 1 EL Limoncello (Zitronenlikör)

Drumherum
- Butter u. Speisestärke für die Form
- 2 Zitronen (optional)
- Saft von 2 Zitronen (optional)
- 3 EL Zucker (optional)
- 3 EL Butter (optional)

Form buttern und mit Speisestärke ausstäuben. Boden mit Backpapier belegen.

Ofen auf 200 °C vorheizen. Mandeln mit Puder- und Vanillezucker in der Küchenmaschine fein mahlen. Schokolade fein hacken, mit Mandel-Zucker-Mischung, Zitronenschale, Speisestärke und Backpulver mischen.

Eier mit Zucker weißcremig aufschlagen. Unter die Mandelmischung rühren. Zuletzt Olivenöl und Limoncello langsam unterrühren. Teig in die Form füllen, glattstreichen. Im Ofen (Mitte) 5 Min. bei 200 °C backen, Hitze auf 160 °C reduzieren, weitere ca. 35 Min. backen. Garprobe machen (s. S. 185). Wenn der Kuchen zu braun wird, gegen Ende der Backzeit mit Alufolie abdecken (s. S. 184). Auf einem Kuchengitter in der Form abkühlen lassen.

Für den Belag (optional) 2 Zitronen in dünne Scheiben schneiden. Saft von 2 weiteren Zitronen auspressen, mit 3 EL Wasser und 3 EL Zucker köcheln, bis sich der Zucker aufgelöst hat. Zitronenscheiben in 2 EL Butter anbraten, mit dem Zitronensirup aufgießen, köcheln, bis alles leicht karamellisiert. Kuchen damit belegen.

Tipp

Damit der Kuchen sein volles Aroma entfalten kann, mehrere Stunden, am besten über Nacht, stehen lassen.
(Das Foto zum Rezept findet sich auf der vorangehenden Doppelseite).

{8ᵃ} Zitronen-Käse-Törtchen im Doppelpack

Einfach und ausgefallen zugleich. Eine Handvoll Zutaten, eine gute halbe Stunde Zeit, im Ergebnis leicht und köstlich.

Ofen auf 180 °C vorheizen.

Aus der Zitrone 3 dünne Scheiben schneiden (am besten aus der Mitte), Schale der restlichen Zitrone abreiben und Saft auspressen. Pecorino reiben. Ricotta mit Käse, Zitronensaft und -schale verrühren, mit Salz und Pfeffer abschmecken.

Blätterteig nach Packungsanleitung vorbereiten bzw., wenn selbst gemacht, ca. 2 ½ mm dick ausrollen. 6 Kreise, etwas größer als die Formen, ausschneiden. Formen damit auslegen, rundherum einen kleinen Rand formen. Boden mit einer Gabel mehrfach einstechen. In 3 Formen Ricottacreme einfüllen, glattstreichen. Je 1 Zitronenscheibe drauflegen, mit 1 Prise Salz bestreuen und mit wenig Olivenöl beträufeln.

Teig in den restlichen 3 Formen mit entrindetem, klein geschnittenem Roquefort belegen, mit je 2 entkernten, mit je 1 EL Ziegenfrischkäse gefüllten Datteln toppen. Alle 6 Törtchen gemeinsam im Ofen (Mitte) ca. 25 Min. goldbraun backen. Auf ein Kuchengitter stellen. Schmecken warm oder kalt.

(Das Foto zum Rezept findet sich auf der vorangehenden Doppelseite).

---

3 Formen à 12 cm Ø

Hülle
- 1 Pkg. **Blätterteig** (aus dem Kühlfach o. selbstgemacht, s. S. 196)

Fülle 1
- 1 große **Zitrone**
- 80 g **Pecorino**
- 300 g **Ricotta**
- **Salz**
- **Pfeffer**
- **Olivenöl** zum Beträufeln

Fülle 2
- ca. 90 g **Roquefort**
- 6 entkernte **Datteln**
- 6 EL **Ziegenfrischkäse**

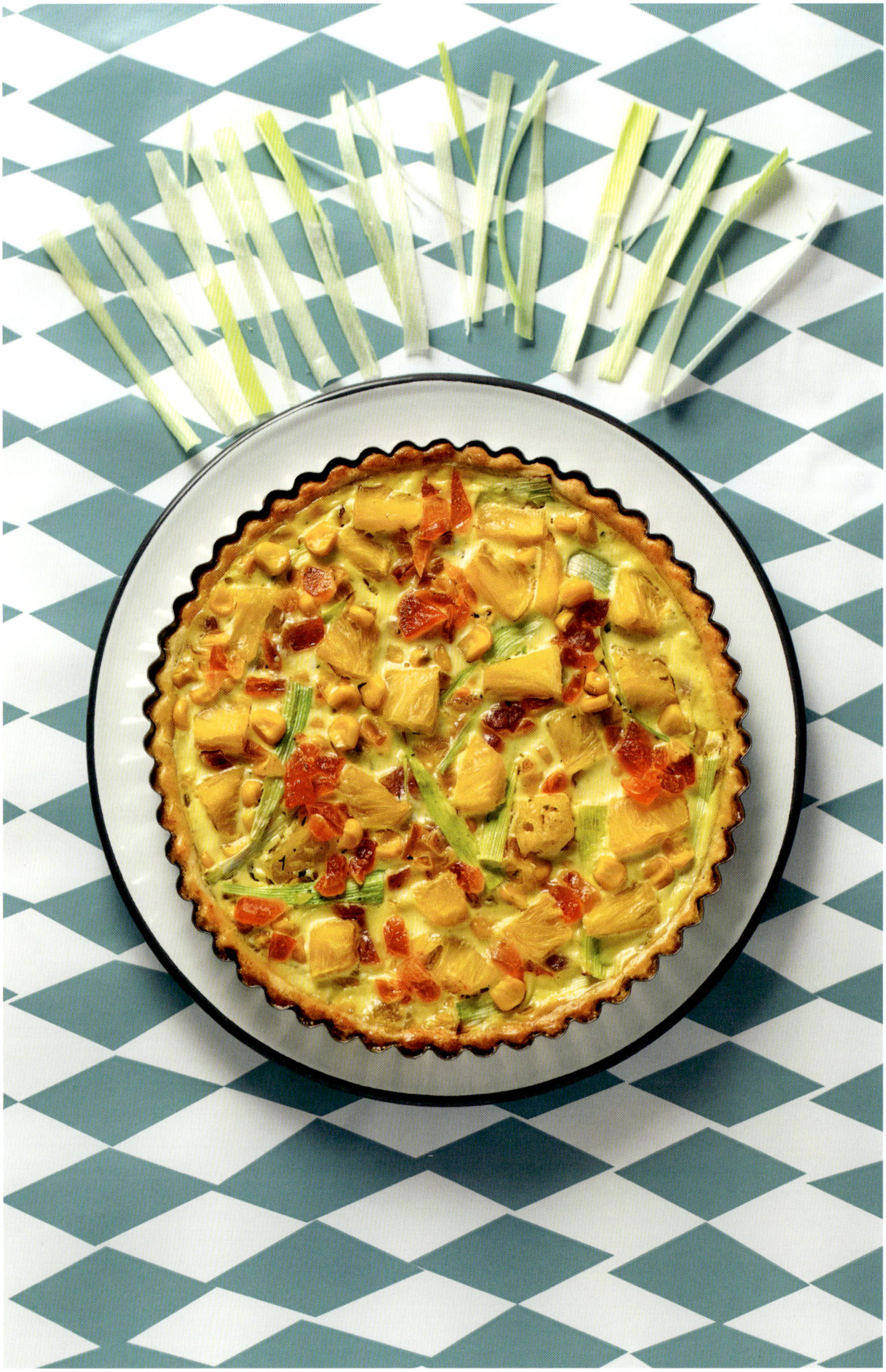

Süß, sauer und lustig. Geschmacklich ein bisschen wie Toast Hawaii, nur ohne Schinken. Der kann natürlich auch noch drauf, wenn man will.

Supersaftig! Ananas-Mais-Quiche

Beide Mehle und Salz mischen, mit der in Stückchen geschnittenen Butter, Eigelb und eiskalter Milch (Menge nach Bedarf) rasch zu einem glatten Teig verarbeiten (s. S. 196). In Klarsichtfolie wickeln und für 1 Std. in den Kühlschrank stellen.
Backofen auf 200 °C vorheizen. Form buttern.
Teig auf einer leicht bemehlten Arbeitsfläche ca. 3 mm dick ausrollen. Form damit auslegen.
Ananas in einem Sieb gut abtropfen lassen. Hälfte der Ananas hacken, die andere Hälfte bleibt in Stücken, je nach Größe der Stücke evtl. kleiner schneiden. Mais abgießen, in einem Sieb kalt abspülen und gut abtropfen lassen. Lauch in 5—6 cm lange, breite Streifen schneiden. Papaya klein schneiden.
Gehackte Ananas auf dem Teigboden verteilen. Zwei Drittel des Lauchs darüberlegen. Frischkäse mit Ei und Milch glattrühren (am besten mit einem Stabmixer). Curry unterrühren. Mit Salz und Pfeffer abschmecken. Der Guss soll gut gewürzt sein, die Salzmenge hängt von der Würzigkeit des Frischkäses ab. Guss in den Quicheboden leeren. Ananas- und Papayastücke sowie restlichen Lauch darauf verteilen.
Im Ofen (unten) ca. 40 Min. backen. Auf ein Kuchengitter stellen und lauwarm oder kalt servieren.

Form 20 cm Ø

Hülle
- 120 g **Mehl**
- 2 EL **Maismehl**
- 1 Prise **Salz**
- 80 g kalte **Butter**
- 1 **Eigelb** (M)
- **Milch** nach Bedarf

Fülle
- 100 g **Ananasstücke** (ungezuckert, aus dem Glas)
- 50 g **Maiskörner** (aus dem Glas)
- ½ Stange **Lauch**
- 40 g getrocknete **Papaya**
- 80 g **Doppelrahm-Frischkäse** mit Kräutern
- 1 **Ei** (M)
- 70 ml **Milch**
- 1 EL **Currypulver**
- **Salz**
- **Pfeffer**

Drumherum
- **Mehl** zum Arbeiten
- **Butter** für die Form

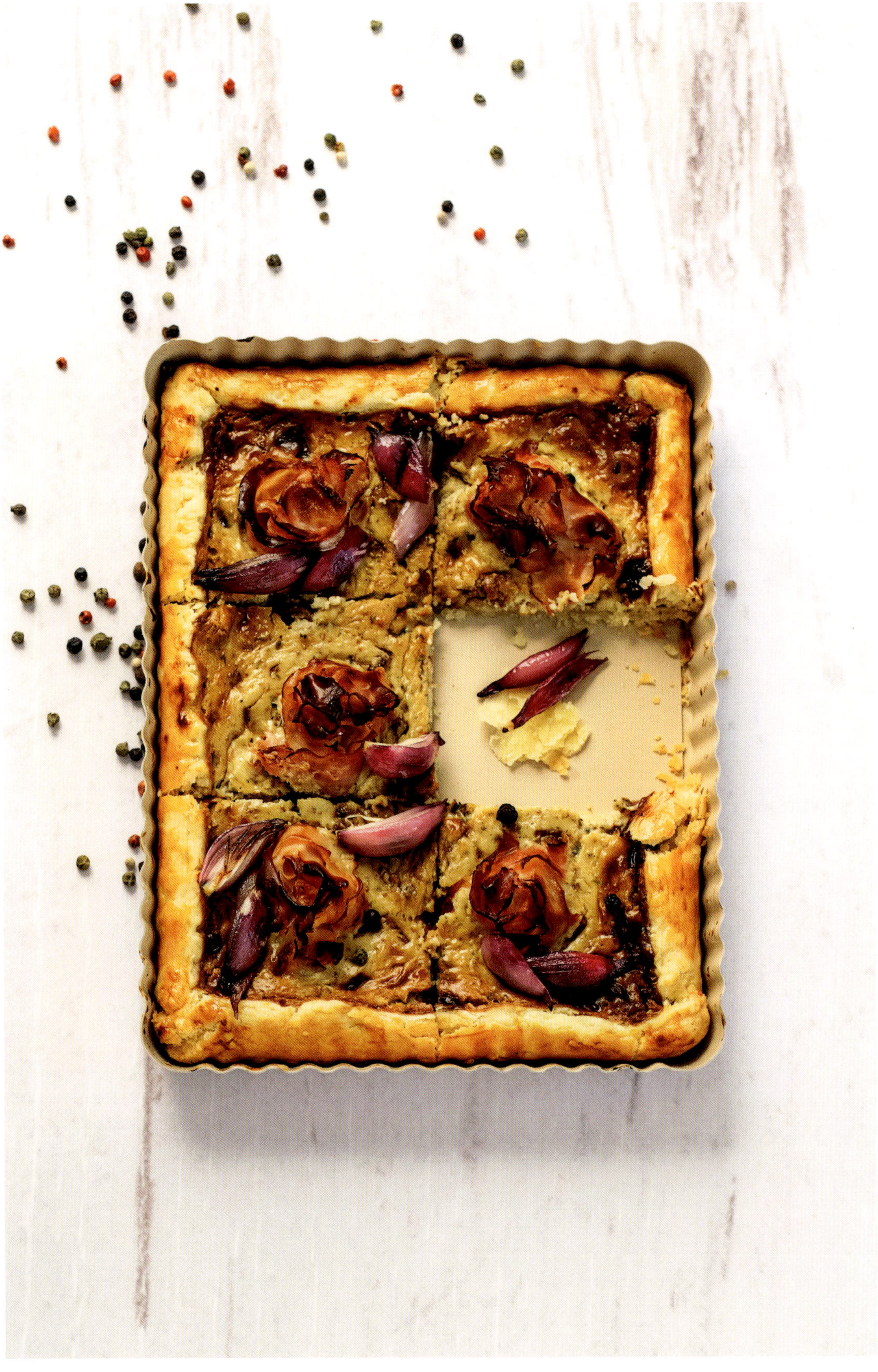

Getrocknete Feigen, Frischkäse, Blaukäse und mild gepökelter Schinken versprechen in Summe Hochgenuss. Komplimente garantiert.

{^a_s} Wer hat von der Feigen-Schinken-Tarte gegessen?

Mehl und Salz mischen, mit der in Stückchen geschnittenen Butter und eiskaltem Wasser (Menge nach Bedarf) rasch zu einem glatten Teig verarbeiten (s. S. 196). In Klarsichtfolie wickeln und für 30 Min. in den Kühlschrank legen.

Feigen klein schneiden. Schalotten in Spalten schneiden, in Olivenöl bei kleiner Hitze ca. 5 Min. dünsten.

Ofen auf 200 °C vorheizen. Form buttern. Teig auf einer leicht bemehlten Arbeitsfläche ca. 3 mm dick ausrollen, Form damit auslegen. Teigrand nach innen rollen. Boden mit einer Gabel mehrfach einstechen.

Ricotta mit Mascarpone und Eigelben glattrühren. Roquefort (ohne Rinde!) zerbröckeln, mit einer Gabel unterrühren. Ebenso die kleingeschnittenen Feigen. Mit Salz, Pfeffer und Thymian abschmecken. Ricottacreme auf dem Teigboden verstreichen. Schinken zu Röschen drehen. Schalotten und Schinken auf der Fülle verteilen. Rand mit Eigelb, verquirlt mi 1 TL Wasser, bepinseln. Im Ofen (Mitte) bei 200 °C 20 Min. backen. Temperatur auf 180 °C reduzieren, 5—10 Min. weiterbacken, bis der Rand goldbraun ist. Falls der Schinken zu stark bräunt, Alufolie drüberlegen. Auf ein Kuchengitter stellen. Warm oder kalt servieren. Evtl. mit ein paar Pfefferkörnern bestreuen.

Form 25 x 20 cm

Hülle
- 200 g **Mehl**
- 1 Prise **Salz**
- 100 g kalte **Butter**

Fülle
- 120 g **Soft-Feigen**
- 4—5 rote **Schalotten**
- 1 EL **Olivenöl**
- 250 g **Ricotta**
- 80 g **Mascarpone**
- 2 **Eigelb**
- 80 g **Roquefort**
- **Salz**
- weißer **Pfeffer**
- getrockneter **Thymian**
- 6 dünne Scheiben **Kochschinken**

Drumherum
- **Butter** für die Form
- **Mehl** zum Arbeiten
- 1 **Eigelb**
- bunte **Pfefferkörner** zum Bestreuen (optional)

Kapitel 5 Nüsse und Schalenobst

Maronen, Nuss und Mandelkern

[Sü]

Amaretti-Crostata	95
Kastanienmehl-Kuchen	97
Maronen-Mousse-Torte	99
Pistazien-Kuchen	101
Walnuss-Crostata	103
Pekan-Pie	106

{Sa}

Maronen-Pilz-Tarte	107
Cashew-Tartelettes	109
Nuss-Käse-Galette	111
Steinpilz-Walnuss-Galette	113

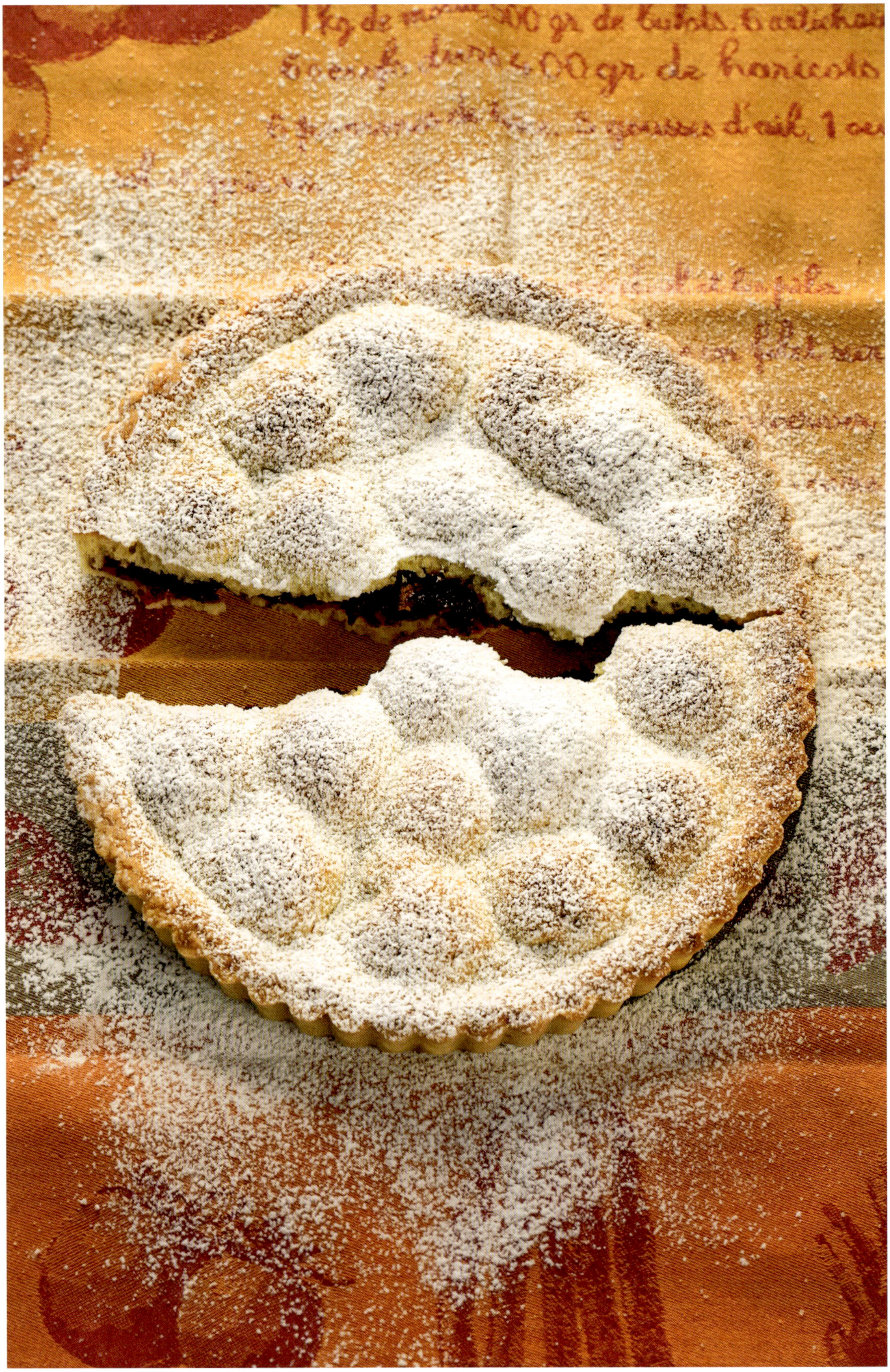

Form 20 cm Ø

Bittermandelaroma pur. Außen bildschön, innen voller Überraschung. Auch Anfänger können mit dieser Crostata punkten.

[Sü] Auf die Amaretti-Crostata, hicks!

Hülle
- 200 g **Mehl**
- 1 Msp. **Backpulver**
- 50 g **Zucker**
- 1 Prise **Salz**
- 100 g kalte **Butter**
- 1 **Eigelb** (M)

Fülle
- 100 g **Sauerkirschenkonfitüre**
- 50 ml **Kirschlikör**
- ca. 20 harte **Amaretti** (je nach Größe)

Drumherum
- **Butter** für die Form
- **Mehl** zum Arbeiten
- **Puderzucker** zum Bestreuen

Mehl, Backpulver, Zucker und Salz mischen, mit der in Stückchen geschnittenen Butter, Eigelb und eiskaltem Wasser (Menge nach Bedarf) rasch zu einem glatten Teig verarbeiten (s. S. 196). In Klarsichtfolie wickeln und für 1 Std. in den Kühlschrank legen.

Ofen auf 180 °C vorheizen. Form buttern.

Zwei Drittel des Teiges auf einer leicht bemehlten Arbeitsfläche ca. 3 mm dick ausrollen, Form damit auslegen. In den Kühlschrank stellen. Restlichen Teig auf Backpapier ausrollen. Kühl stellen. Sauerkirschenkonfitüre auf den Teigboden streichen. Kirschlikör in ein Schälchen geben, Amaretti einzeln ganz kurz darin eintunken, sofort auf die Konfitüre legen. Teigdeckel locker daraufleben, rund um die Amaretti leicht andrücken, damit kleine Hügel entstehen.

Im Ofen (Mitte) ca. 40 Min. backen, bis die Hügel goldbraun sind. Mit einem Küchentuch zudecken, über Nacht stehen lassen.

Vor dem Servieren mit Puderzucker bestreuen.

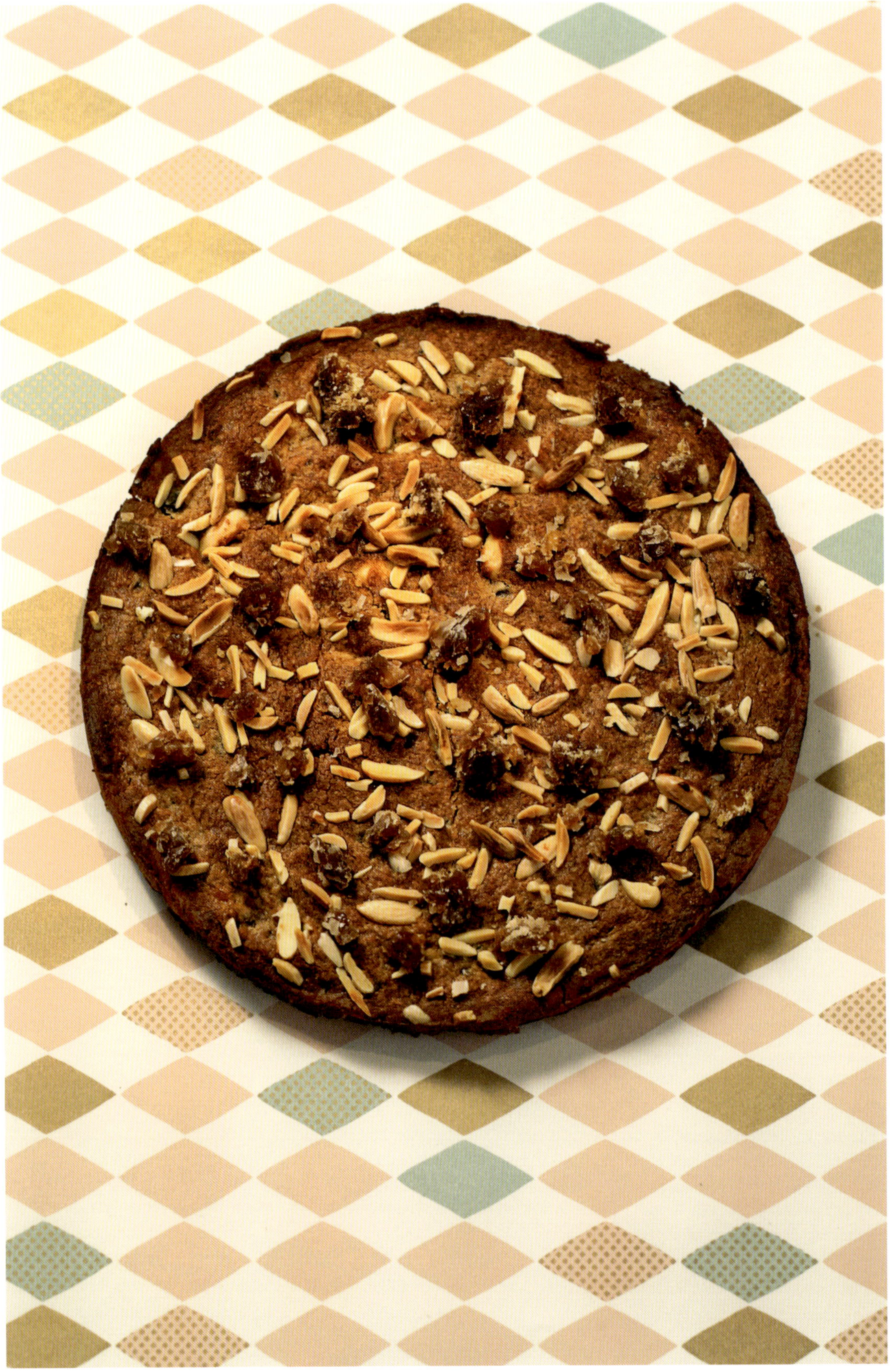

Alle Zutaten in einer Schüssel verrühren, recht viel mehr ist nicht zu tun. Das Ergebnis ist ein weicher, saftiger Kuchen mit unvergleichlichem Aroma.

[Sü] Kastanienmehl-Kuchen
molto italiano

Form 24 cm Ø

- 5—6 gekochte **Maronen**
- 170 g **Butter**
- 200 g **Zucker**
- 1 Pkg. **Bourbon-Vanillezucker**
- 125 ml **Milch**
- 1 EL **Kaffeelikör** (oder starker Espresso)
- 1 TL **Salz**
- abgeriebene Schale von 1 großen **Orange**
- 180 g **Kastanienmehl**
- 80 g ganze, geschälte **Mandeln**
- 30 g **Mandelstifte**

Drumherum
- **Butter** für die Form
- glasierte **Maronen** (marrons glacés) zum Bestreuen (optional)

Ofen auf 190 °C vorheizen. Form buttern.

Maronen in kleine Stücke schneiden. Butter bei kleiner Temperatur schmelzen, lauwarm abkühlen lassen. In einer Schüssel mit Zucker, Vanillezucker, Milch, Likör oder Kaffee, Salz und Orangenschale mit dem Schneebesen gut verrühren. Mit Mehl zu einem glatten Teig rühren, ganze Mandeln und Maronenstücke unter den Teig heben. In die Form füllen, glattstreichen. Mandelstifte auf der Oberfläche verteilen (ich verwende zusätzlich einige etwas größer geschnittene geschälte Mandeln, das sieht schön aus). Im Ofen (Mitte) ca. 35 Min. backen, nach 25 Min. mit Alufolie abdecken (s. S. 184). Der Kuchen soll oben goldbraun, am Rand dunkel sein. Garprobe machen (s. S. 185). Der Kuchen wird nur ca. 3 cm hoch. In der Form auf einem Kuchengitter abkühlen lassen.

Nach Belieben mit zerkleinerten, glasierten Maronen bestreuen.

Tipp

Marrons glacés gibt es nicht das ganze Jahr, sie sind teuer, aber köstlich, und geben dem Kuchen einen zusätzlichen Pep. Der Kuchen schmeckt auch ohne hervorragend. Obwohl … na ja.

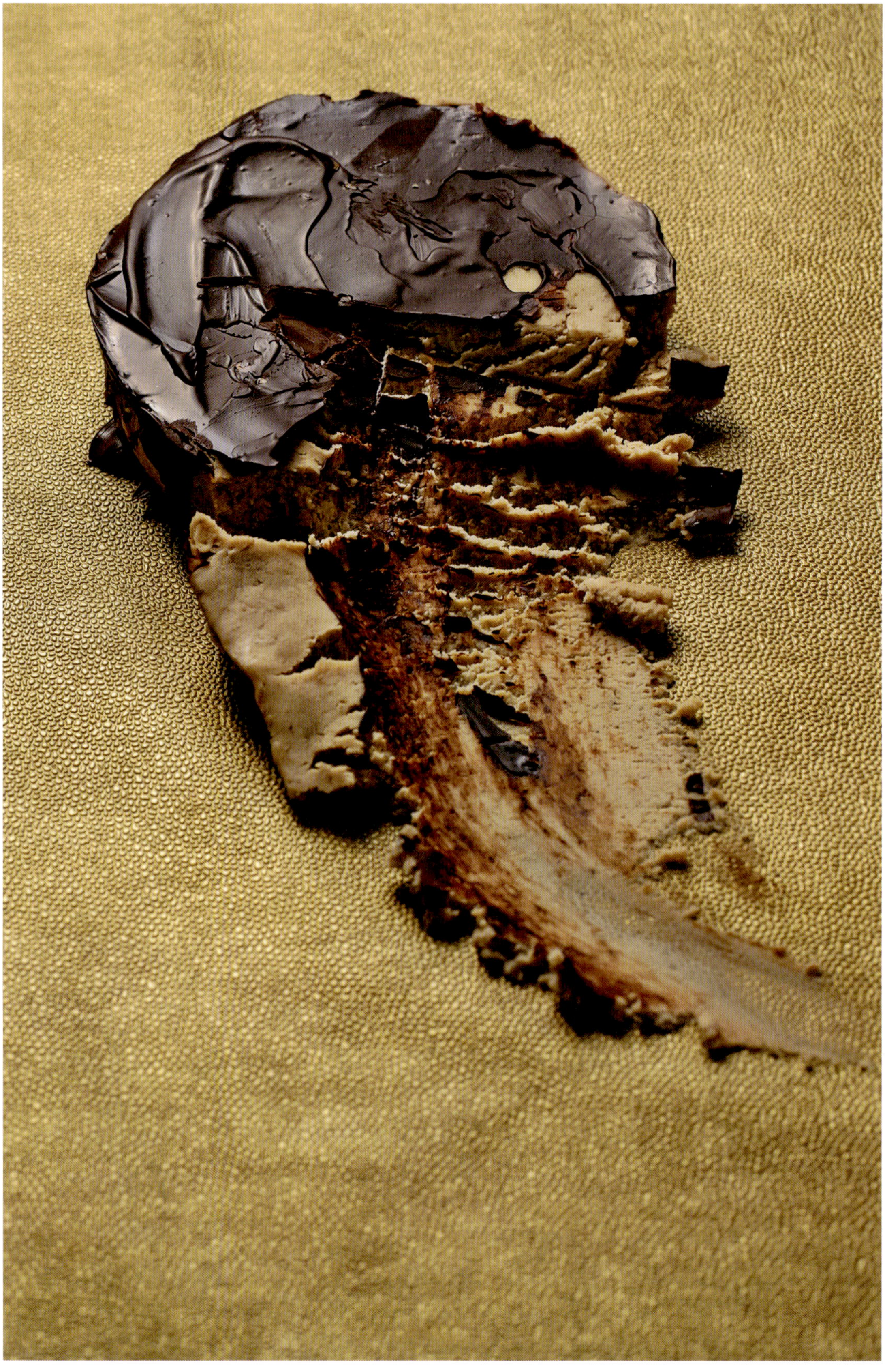

Ganz ohne Backen kommt die flaumige Maronen-Torte aus dem Kühlschrank. Ein feines, zartschmelzendes Dessert, das sich auch gut auf Vorrat einfrieren lässt.

Maronen-Mousse-Torte

Form 20 cm Ø

- 500 g gegarte, pürierte **Maronen** (TK, s. S. 186)
- 160 g weiche **Butter**
- 100 g **Puderzucker**
- 1 Pkg. Bourbon-**Vanillezucker**
- 3 EL **Rum**
- 100 g dunkle **Kuvertüre**
- 50 ml **Sahne**

Maronenpüree nach Packungsanleitung auftauen (dauert bis zu 2 Std.). Form mit Klarsichtfolie auskleiden, Folie am Rand überhängen lassen. Butter mit Puderzucker und Vanillezucker flaumig rühren. Maronenpüree und Rum löffelweise kräftig unterrühren. Am besten geht das mit einer Küchenmaschine, ein Handmixer oder Schneebesen tun es aber auch. Darauf achten, dass keine Butterklümpchen bleiben.

Ein Drittel der Creme in die Form füllen, gleichmäßig und fest auf dem Boden verstreichen. Rest einfüllen, glattstreichen. Folie darüberschlagen, mit den Händen fest andrücken, damit in der Mousse keine Luftblasen bleiben. Für 24 Std. in den Kühlschrank stellen.

Kuvertüre hacken, mit Sahne über dem Wasserbad schmelzen, dabei glänzend rühren, leicht abkühlen lassen. Torte aus dem Kühlschrank nehmen, Klarsichtfolie entfernen, wenn nötig Oberfläche und Ränder glätten (z.B. mit dem Rücken eines erwärmten Löffels, dafür Löffel unter heißes Wasser halten und abtrocknen). Torte auf ein Kuchengitter stellen, Kuvertüre drübergießen (Alufolie unter das Kuchengitter legen!). Glasur bei Raumtemperatur erkalten lassen. Torte im Kühlschrank aufbewahren. Etwa 10 Min. vor dem Servieren herausnehmen.

Tipp

Wenn Sie die Glasur lieber an der Oberfläche und am Rand der Torte schön verstreichen wollen: Torte für ca. 10 Min. ins Tiefkühlfach stellen, dann rasch arbeiten, die Kuvertüre wird durch die Kälte schnell hart.

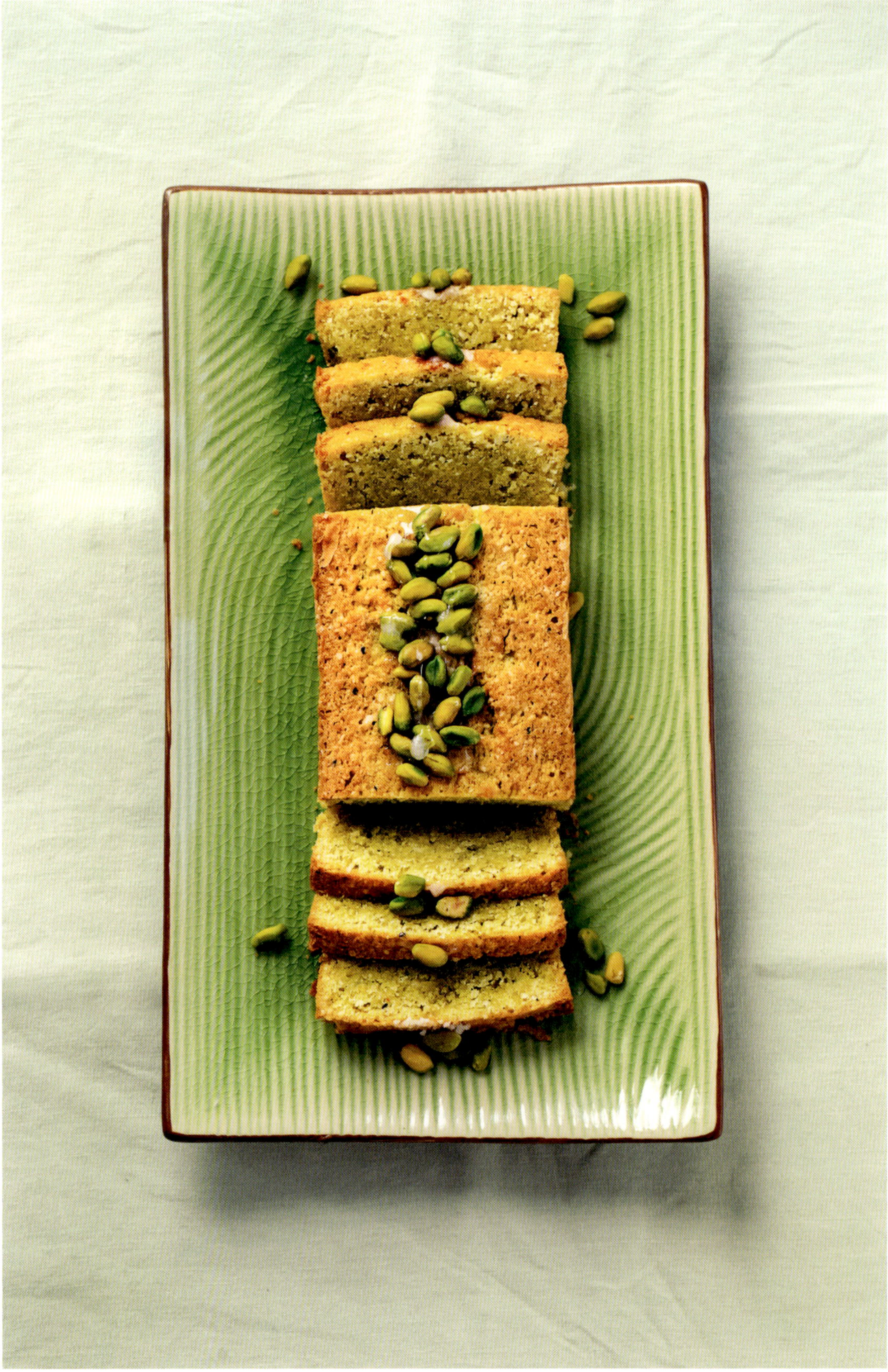

Ein hellgrüner, wohlduftender Hingucker, saftig, nussig, mit einem Hauch Orient. Schmeckt zum Frühstück, zum Nachmittagstee, als Dessert und zwischendurch einfach so.

[Sü] Nimm ein bisschen Pistazien-Kuchen

Kastenform 22 x 12 x 6 cm

- 80 g **Pistazienkerne**, ungesalzen
- 80 g geschälte **Mandeln**
- 150 g weiche **Butter**
- 120 g **Zucker** (am besten feiner Backzucker)
- 2 **Eier** (L)
- abgeriebene Schale u. Saft von 1 **Limette**
- ½ TL **Dukkah** (grün, s. Tipp)
- 3 EL **Mehl**

Drumherum
- 50 g **Puderzucker**
- 1 TL **Limettensaft**
- **Pistazien** zum Bestreuen

Alle Zutaten auf Zimmertemperatur aufwärmen lassen. Ofen auf 150 °C vorheizen. Form mit Backpapier auslegen. Pistazien und Mandeln gemeinsam fein mahlen. Weiche Butter mit Zucker flaumig rühren, Eier leicht verquirlen, nach und nach unter die Masse schlagen. Limettenschale und -saft, Mandeln, Pistazien, Dukkah und Mehl unterrühren.

Teig in die Form füllen. Im Ofen (Mitte) ca. 1 Std. backen. Garprobe machen (s. S. 185). In der Form auf einem Kuchengitter abkühlen lassen. Puderzucker in den Limettensaft einrühren, Mischung dünn auf die Oberfläche pinseln. Mit Pistazien bestreuen.

Tipp

Dukkah ist eine afrikanisch-orientalische Nuss-Gewürz-Mischung. Ich nehme eine Mischung, die Pistazien enthält.

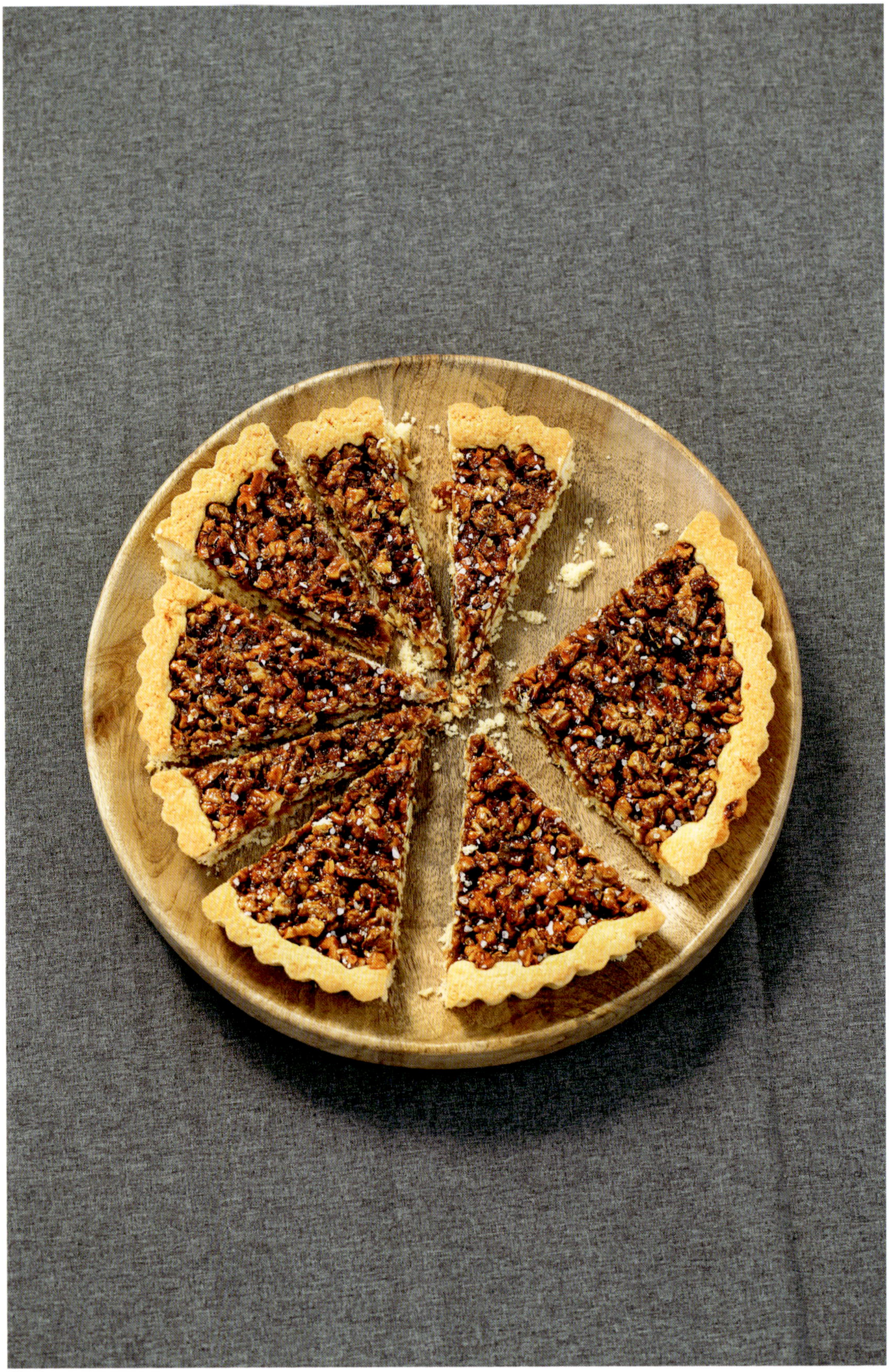

Walnüsse in Salzkaramell bestimmen den Geschmack. Das leichte Zitronenaroma der knusprigen Fülle setzt einen schönen Kontrapunkt.

[Sü] leute, es gibt Walnuss-Crostata!

Ofen auf 200 °C vorheizen. Form buttern.

Mehl, Backpulver, Zucker und Zitronenschale mischen, mit der in Stückchen geschnittenen Butter, Eigelb und eiskaltem Wasser (Menge nach Bedarf) rasch zu einem glatten Teig verarbeiten (s. S. 196). In Klarsichtfolie wickeln und für 1 Std. in den Kühlschrank legen.

Ofen auf 180 °C vorheizen. Walnüsse grob hacken, auf ein Backblech geben. Im Ofen (Mitte) 4 Min. rösten. Abkühlen lassen.

Teig auf einer leicht bemehlten Arbeitsfläche ca. 5 mm dick ausrollen, Form damit auslegen. Boden mit einer Gabel mehrfach einstechen. In den Kühlschrank stellen.

In einer Pfanne bei mittlerer Hitze Zucker hell karamellisieren, mit Cognac ablöschen (Achtung, spritzt!), Temperatur auf niedrigste Stufe stellen. Honig und Sahne einrühren, Nüsse dazugeben, salzen, unter Rühren ganz leicht köcheln lassen, bis sie mit dem Karamell überzogen sind.

Teigboden sehr dünn mit Konfitüre bepinseln, Nuss-Karamell darauf verteilen, es muss noch warm sein, damit es nicht klumpt. Im Ofen (Mitte) ca. 20 Min. backen, bis der Rand goldbraun ist. Die Fülle darf nicht zu dunkel werden, evtl. mit Alufolie abdecken (s. S. 184). Auf einem Kuchengitter in der Form abkühlen lassen.

Tipp

Wer mag, streut nach dem Backen zusätzlich ein wenig grobes Salz über die Fülle.

Form 24 cm Ø

Hülle
- 200 g **Mehl**
- ¼ Pkg. **Backpulver**
- 50 g **Zucker**
- abgeriebene Schale von ½ **Zitrone**
- 100 kalte **Butter**
- 1 **Eigelb** (M)

Fülle
- 200 g **Walnusshälften**
- 3 EL **Rohzucker**
- 1 Spritzer **Cognac**
- 1 EL **Honig**
- 2–3 EL **Sahne**
- 1 Msp. **Salz**
- 2 EL erwärmte, passierte **Aprikosenkonfitüre**

Drumherum
- **Butter** für die Form
- **Mehl** zum Arbeiten

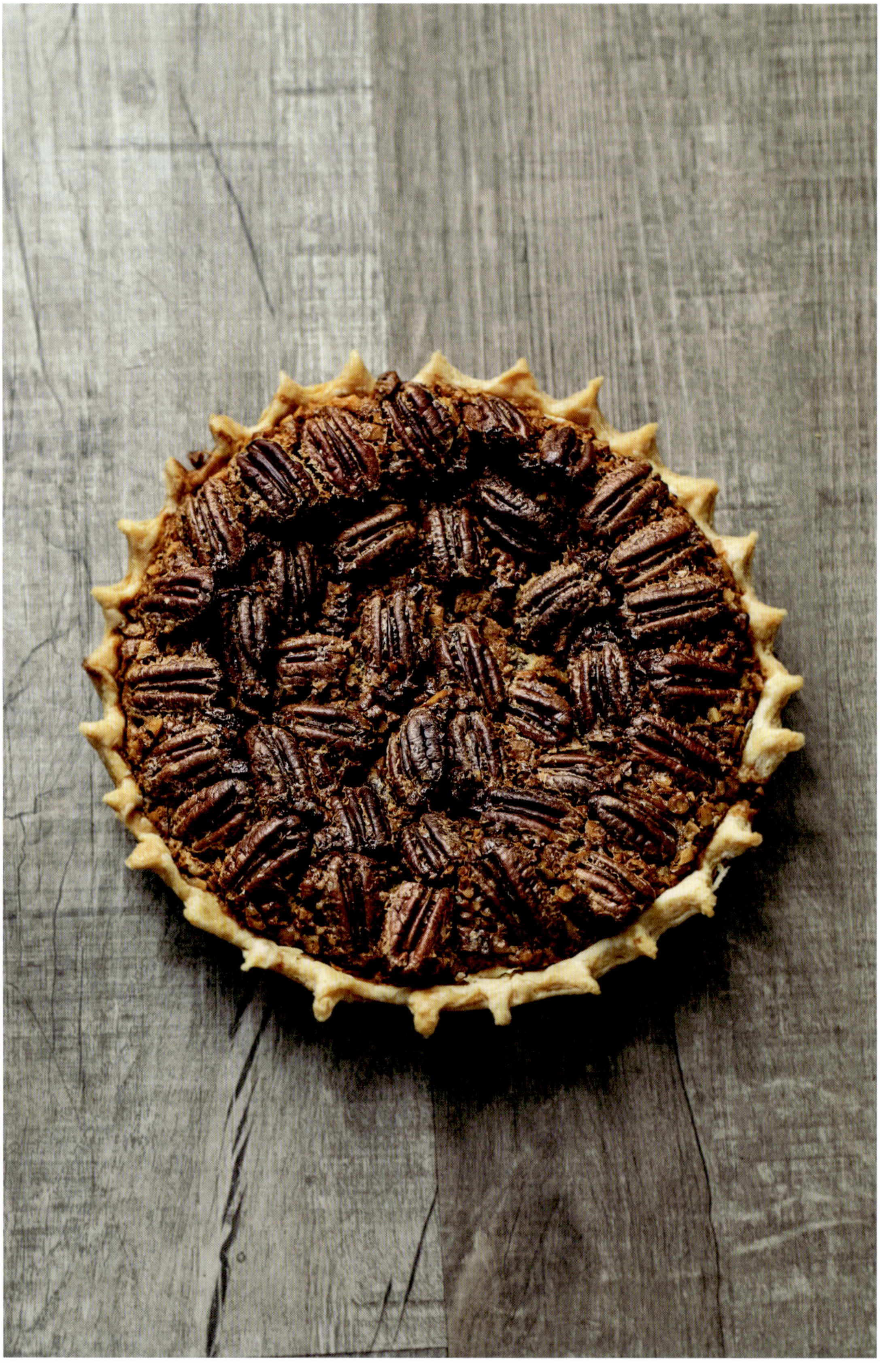

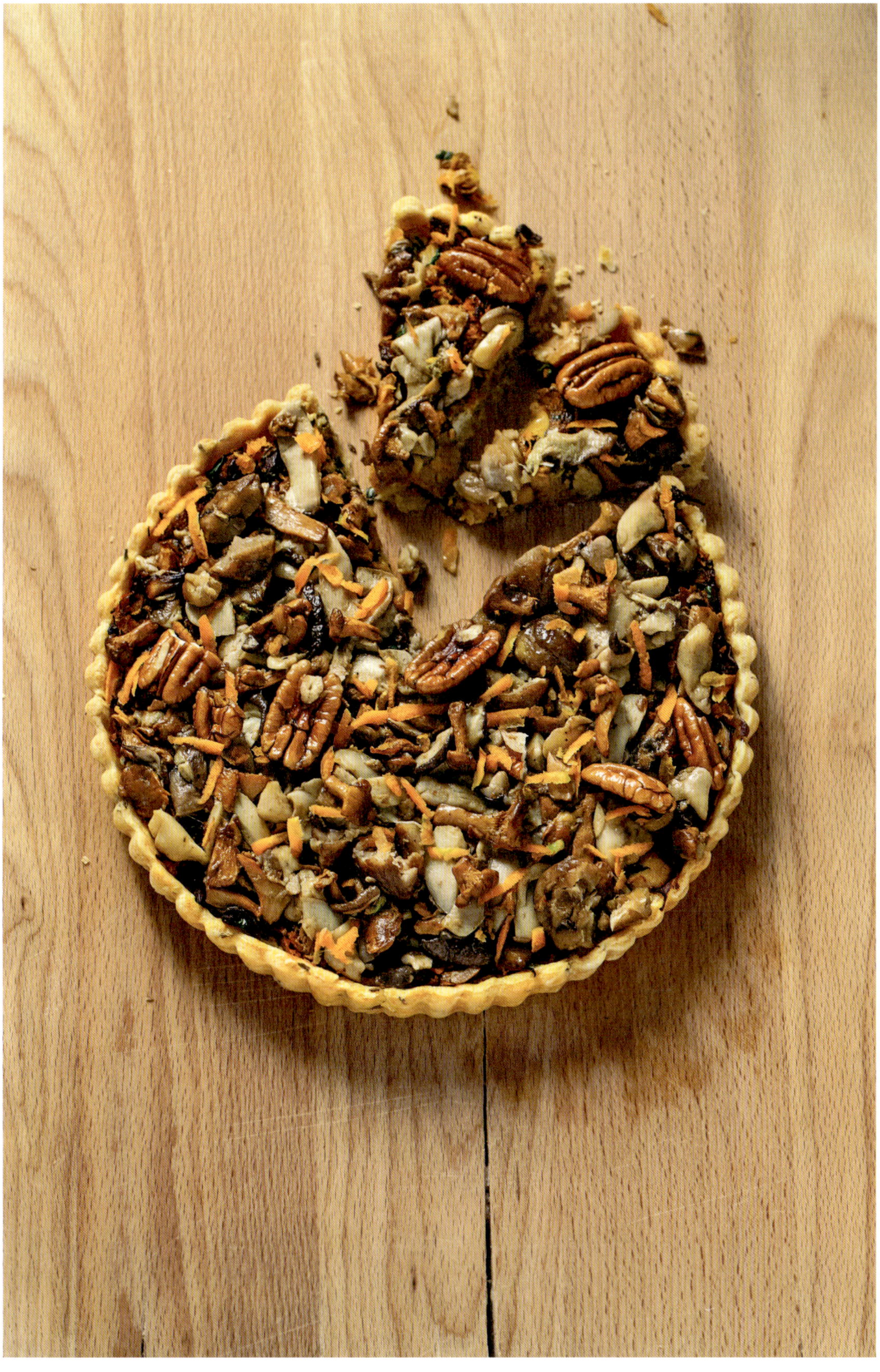

Bourbon-Whiskey in der Pekanfülle ist der Clou dieser Pie. Ihr knusprig-karamelliger Geschmack ist unwiderstehlich.

[Sü] Schafft Pekan-Pie herbei!

Mehl mit Salz mischen, mit der in Stückchen geschnittenen Butter und eiskaltem Wasser (Menge nach Bedarf) rasch zu einem glatten Teig verarbeiten (s. S. 196). In Klarsichtfolie wickeln und für mindestens 1 Std. in den Kühlschrank legen.
Ofen auf 180 °C vorheizen. Form buttern. Teig auf einer leicht bemehlten Arbeitsfläche ca. 3 mm dick ausrollen. Form damit auslegen, am Rand 2 cm überstehen lassen. Boden mit einer Gabel mehrfach einstechen. Rand schön formen (z.B. kleine Zacken). In den Kühlschrank stellen.
50 g Pekannüsse mit dem Messer grob hacken. Butter bei kleiner Hitze schmelzen, lauwarm abkühlen lassen. Eier mit Zucker und Vanille-Extrakt verquirlen, Bourbon, Butter und Salz einrühren. Gehackte Nüsse dazugeben, alles gut verrühren. In den Teig füllen. Mit halben Pekannüssen belegen. Teigrand mit Milch bepinseln. Im Ofen (Mitte) ca. 1–1 ¼ Std. goldbraun backen. Garprobe machen (s. S. 185). Wenn der Rand zu braun wird, mit einem Folienring (s. S. 184) abdecken.
Die Fülle bläht sich beim Backen auf, setzt sich dann aber wieder. Vor dem Servieren mehrere Std. ruhen lassen.
(Das Foto zum Rezept findet sich auf der vorangehenden Doppelseite).

Pie-Form 24 cm Ø

Hülle
- 200 g **Mehl**
- ¼ TL **Salz**
- 100 g kalte **Butter**

Fülle
- 150 g **Pekannuss-Hälften**
- 50 g **Butter**
- 3 **Eier**
- 180 g **Rohzucker**
- 1 TL **Vanille-Extrakt**
- 2 EL **Bourbon-Whiskey**
- 1 Msp. **Salz**

Drumherum
- **Butter** für die Form
- **Mehl** zum Arbeiten
- **Milch** zum Bepinseln

Ein herbstlicher Duft zieht durchs Haus, wenn Sie diese köstliche Tarte backen. Eine sonntägliche Mahlzeit für die ganze Familie oder ein Hit fürs Picknick.

{a} Smarte Maronen-Pilz-Tarte

Form 24 cm Ø

Hülle
- 50 g würziger Gouda
- 200 g Mehl
- 1 EL Kreuzkümmel (ganz)
- 1 Prise Salz
- 120 g kalte Butter

Fülle
- 400 g gemischte Pilze
- 1 Zwiebel
- 200 g Maronen
- 200 g Karotten
- 2 Knoblauchzehen
- 1 Bund Petersilie
- 3 EL Olivenöl
- Salz
- Pfeffer
- 200 g Doppelrahmfrischkäse
- Chiliflocken
- ca. 30 g Pekannusshälften

Drumherum
- Butter für die Form
- Mehl zum Arbeiten

Käse reiben. Form buttern. Mehl, Kreuzkümmel und Salz mischen, mit der in Stückchen geschnittenen Butter, Käse und eiskaltem Wasser (Menge nach Bedarf) rasch zu einem glatten Teig verarbeiten (s. S. 196). Auf einer leicht bemehlten Arbeitsfläche ca. 3 mm dick ausrollen. Form damit auslegen. Boden mit einer Gabel mehrfach einstechen. In Klarsichtfolie wickeln und für 2 Std. in den Kühlschrank stellen.
Ofen auf 180 °C vorheizen. Im Ofen (Mitte) 15 Min. blind backen (s. S. 185). Abkühlen lassen.
Pilze putzen, Hälfte beiseitestellen. Pilze je nach Größe halbieren, vierteln oder blättrig schneiden. Zwiebel hacken. Hälfte der Maronen klein hacken. Karotten schälen, grob raspeln. Knoblauch und Petersilie klein hacken. Zwiebel in 1 EL Öl goldgelb braten, geschnittene Pilze dazugeben, braten, bis sie Farbe annehmen und die Flüssigkeit verdunstet ist. Karotten, Knoblauch, und halbe Menge Petersilie unterrühren. Salzen, pfeffern, 2—3 Min. weiter braten. Frischkäse mit gehackten Maronen, Salz, Pfeffer und Chiliflocken verrühren, auf den vorgebackenen Teig streichen. Pilzmischung darauf verteilen. Im Ofen (Mitte) ca. 30 Min. goldbraun backen. Aus dem Ofen nehmen. Restliche Pilze grob schneiden, mit den ganzen Maronen in 2 EL Olivenöl bei mittlerer Hitze leicht anbraten, salzen, pfeffern, übrige Petersilie beigeben. Auf der Tarte verteilen, mit Pekannüssen belegen. Warm servieren.

Tipp

Lässt sich im vorgeheizten Ofen bei 160 °C sehr gut aufbacken.
(Das Foto zum Rezept findet sich auf der vorangehenden Doppelseite).

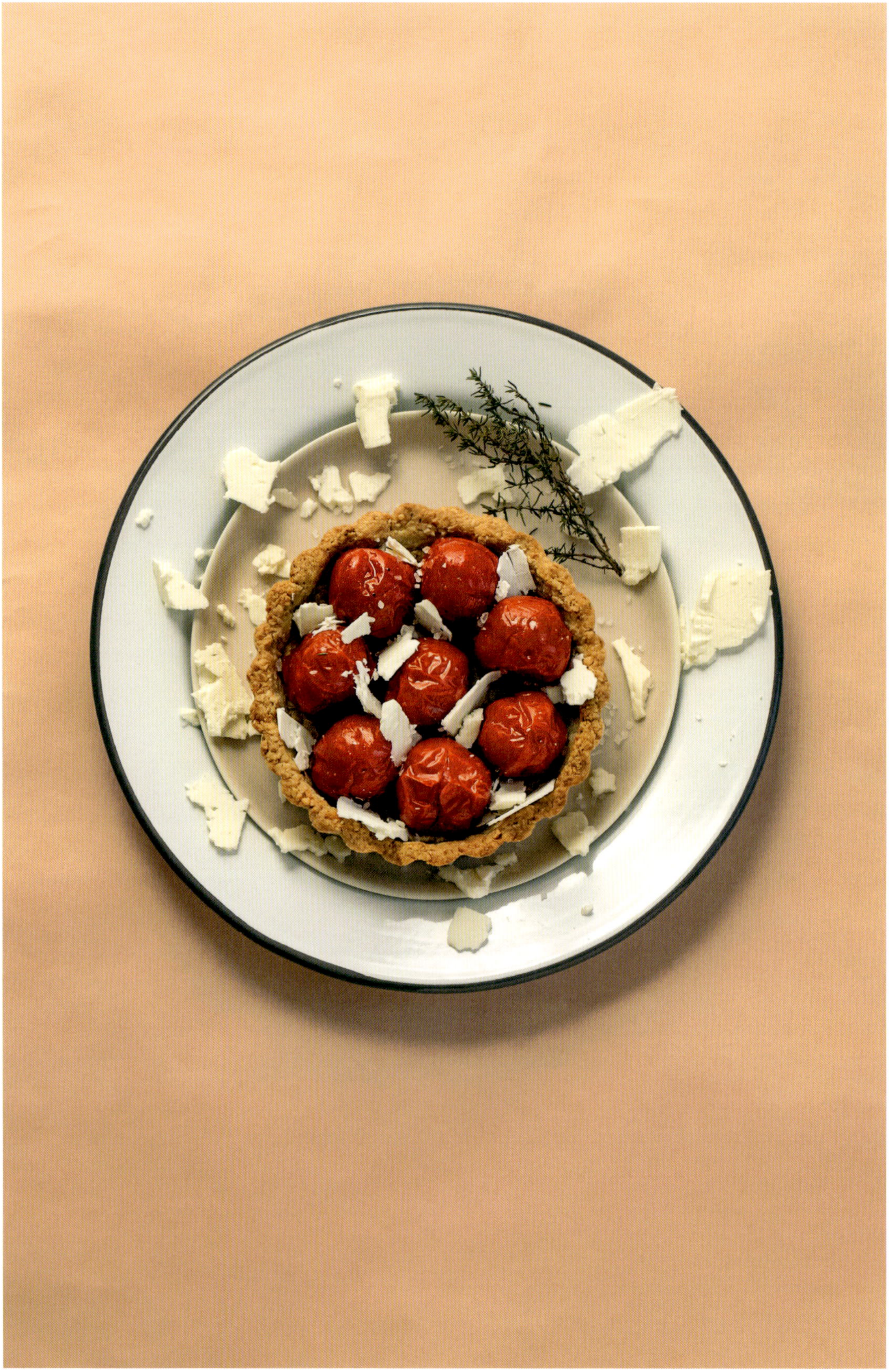

Im Ofen geröstete Tomaten in einer sehr knusprigen Nusshülle. Ein feiner, kleiner Snack, süß und salzig zugleich.

Cashew-Tartelettes
für den harten Kern

Ofen auf 180 °C vorheizen.

Cashewkerne im Blitzhacker zu grobem Mehl mahlen, es dürfen noch winzige Stückchen drinnen sein. Öl, Salz und nach und nach Wasser (Menge nach Bedarf) zugeben, bis die Masse zusammenhält. Auf den Boden und an den Rand der Tarteletteform pressen.

Im Ofen (Mitte) ca. 25 Min. backen, bis die Teighülle fest und goldbraun ist. Abkühlen lassen.

Tomaten in einer Schüssel mit Olivenöl, 1 Prise Salz, 1 Msp. Pfeffer, gehacktem Knoblauch und Thymianblättern mischen. Auf dem Backblech oder in einer ofenfesten Form backen, bis die Haut zu runzeln beginnt. Das dauert ca. 30 Min. Auf einen Teller legen. Ausgetretenen Saft für später beiseitestellen.

Frischkäse mit Zitronensaft und gehackten Cashews verrühren, salzen, pfeffern. Auf dem Tarteletteboden verstreichen. Tomaten darauf verteilen. Mit ihrem Saft beträufeln. Mit kleinen Stücken Feta toppen.

Tipp

Gleich ein ganzes Blech voll Tomaten machen, im Kühlschrank für eine Pasta aufbewahren – schmeckt toll!

---

1 Tartelette 12 cm Ø

Hülle
- 120 g **Cashewkerne**
- 3 EL **Olivenöl**
- 1 Prise **Salz**

Fülle
- 8 größere **Kirschtomaten**
- 1 EL **Olivenöl**
- 1 **Salz**
- 1 **Pfeffer**
- 1 **Knoblauchzehe**
- 1 Zweiglein **Thymian**
- 4 EL **Doppelrahmfrischkäse**
- 1 EL **Zitronensaft**
- 50 g **Cashewkerne**

Drumherum
- **Feta** zum Toppen

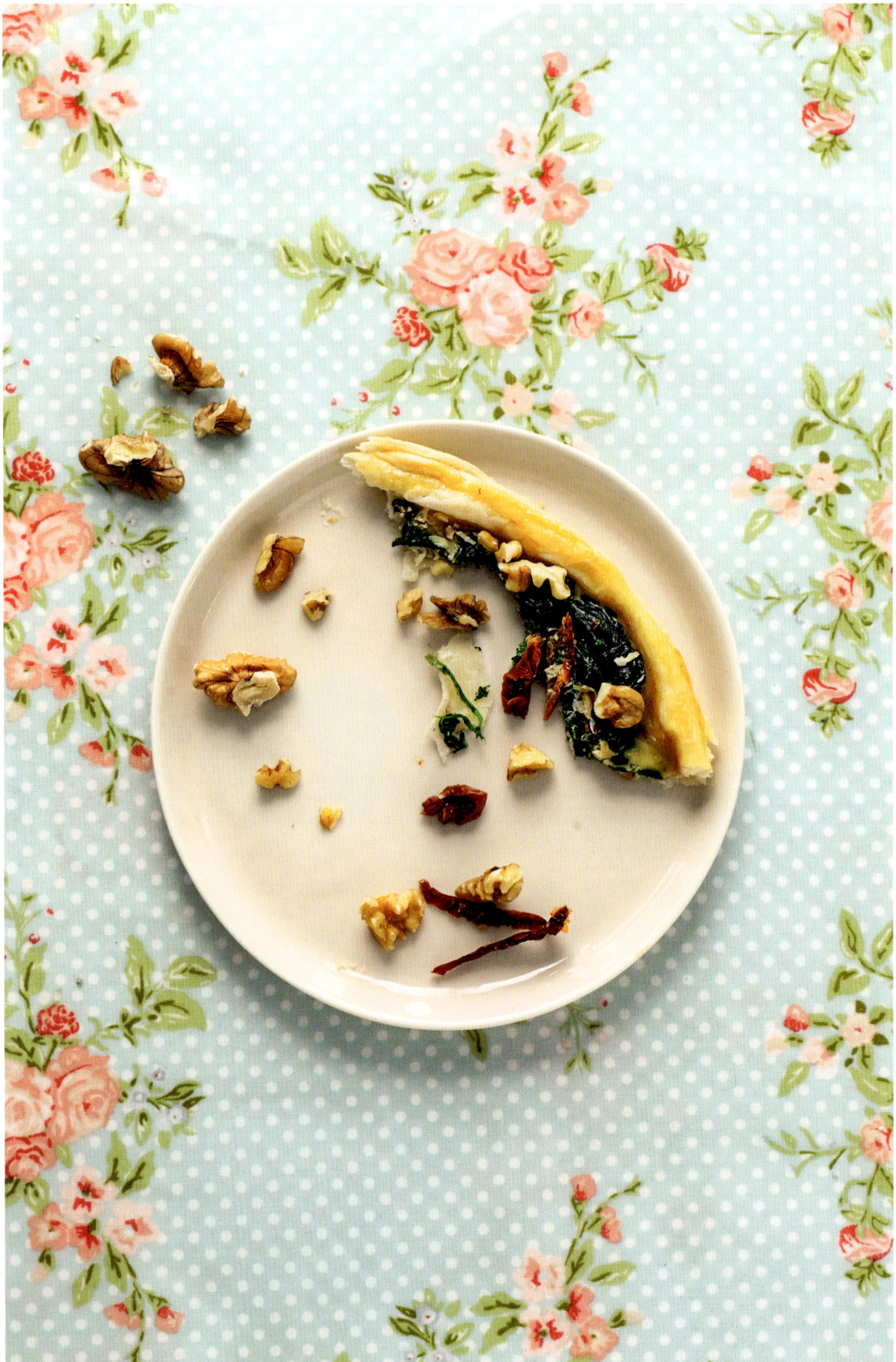

Geröstete Walnüsse auf einer pikanten Galette mit Spinat, getrockneten Tomaten und zartem, buttrigem Bel Paese. Einfach und einfach wohlschmeckend.

{§ª} Wenn ich nur mehr Nuss-Käse-Galette hätt!

Spinat waschen, dicke Stiele entfernen. In einem großen Topf 2 EL Wasser erhitzen, den noch nassen Spinat und 1 Prise Salz dazugeben, zugedeckt bei mittlerer Hitze zusammenfallen lassen. In einem Sieb abtropfen. Sobald der Spinat kühl ist, gut ausdrücken.

Käse in ca. 3 cm große Würfel, Tomaten in schmale Streifen, Nüsse in grobe Stücke schneiden. Knoblauch hacken.

Ofen auf 190 °C vorheizen. Gehackte Nüsse auf einem Blech im Ofen (Mitte) 4 Min. rösten.

Form mit Backpapier auslegen. Blätterteig nach Packungsanleitung vorbereiten bzw., wenn selbst gemacht, ca. 2 ½ mm dick ausrollen. Einen Kreis mit 26 cm Ø ausstechen. In die Form legen, rundherum einen kleinen Rand formen. Boden mit einer Gabel mehrfach einstechen. Spinat zerpflücken, mit leicht verquirlten Eiern, Knoblauch, Tomaten, Salz und Muskat gut vermengen. Teigboden mit Fülle belegen, Käsewürfel darauf verteilen. Eigelb mit 1 TL Wasser verquirlen, auf den Teigrand pinseln. Im Ofen (Mitte) ca. 30 Min. backen bis die Galette goldbraun und der Käse geschmolzen ist. Mit gehackten Nüssen bestreuen. Auf ein Kuchengitter stellen. Warm oder kalt servieren.

Form 24 cm Ø
oder auf dem Blech

Hülle
- 1 Pkg. **Blätterteig** (aus dem Kühlfach oder selbstgemacht, s. S. 196)

Fülle
- ca. 600 g **Spinat** (200 g gekochter Spinat)
- **Salz**
- 100 g **Bel Paese**
- 80 g **getrocknete Tomaten**
- 1 **Knoblauchzehe**
- 2 **Eier** (M)
- 10 **Walnusskerne**
- **Muskatnuss**

Drumherum
- 1 **Eigelb**

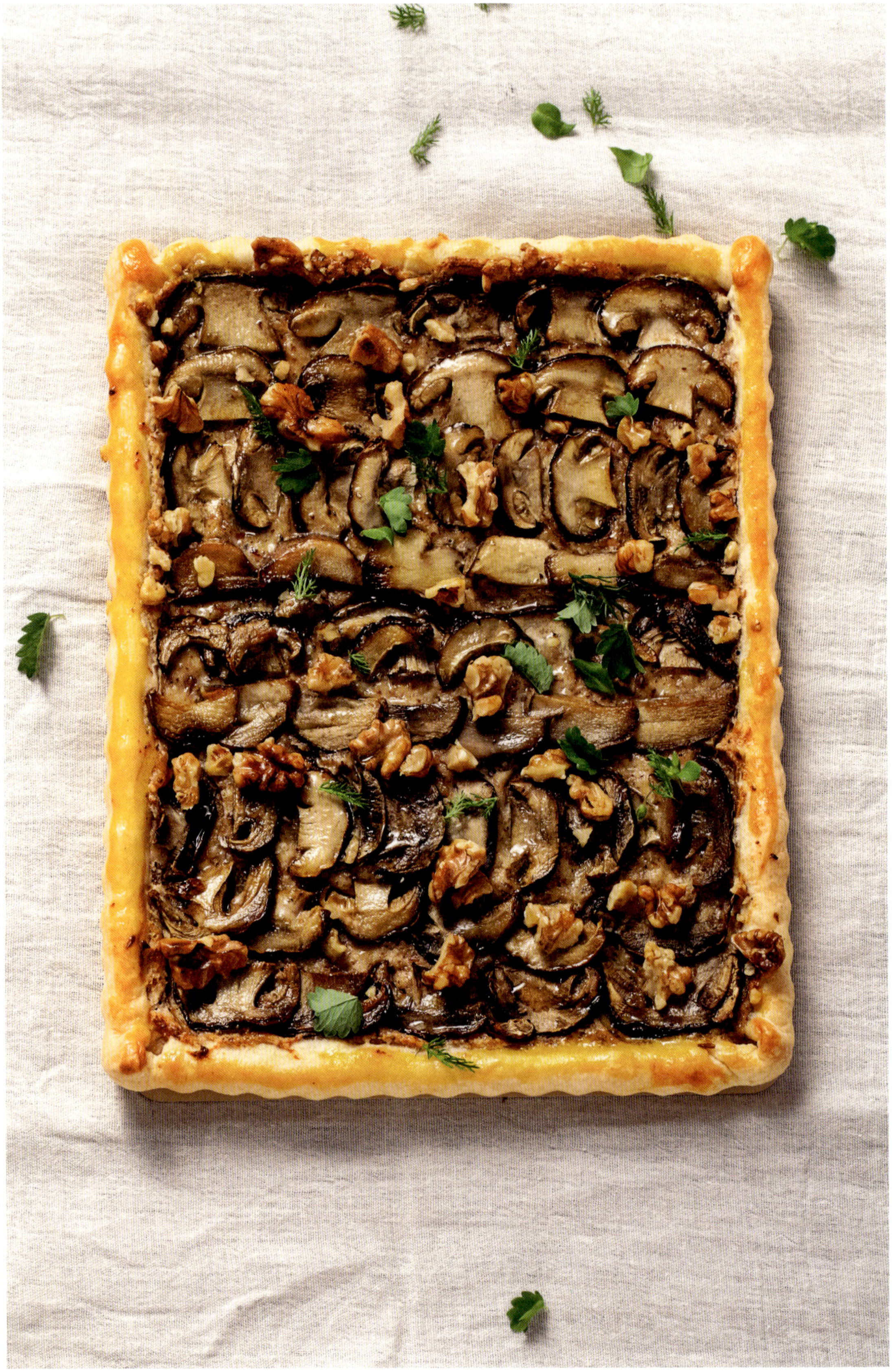

Saisonale Köstlichkeit voller Duft und Geschmack. Wenig Aufwand, große Wirkung. Lediglich das Putzen der Steinpilze erfordert seine Zeit.

{Sa} Nicht ohne meine Steinpilz-Walnuss-Galette

Ofen auf 180 °C vorheizen. Form mit Backpapier auslegen.
Pilze putzen, in dünne Scheiben schneiden. Weißbrot zerpflücken, einige Min. in Wasser einweichen, gut ausdrücken. Knoblauchzehe hacken. Im Blitzhacker Brot, kleingeschnittenen Schinken und Schalotten fein hacken. Nüsse, Ei und Crème fraîche gut einrühren. Mit Salz und Pfeffer abschmecken. Die Masse soll streichfähig sein. Bei Bedarf noch etwas Crème fraîche hinzufügen. Kühl stellen.
Blätterteig nach Packungsanleitung vorbereiten bzw., wenn selbst gemacht, ca. 2 ½ mm dick ausrollen. Auf das Backpapier legen, rundherum einen kleinen Rand formen. Boden mit einer Gabel mehrfach einstechen. Mit der Schinken-Nuss-Creme bestreichen, Pilze darauf verteilen. Butter erhitzen, Knoblauch darin kurz anbraten. Auf die Tarte pinseln. Im Ofen (Mitte) ca. 20 Min. backen. Mit Walnusshälften belegen. Auf ein Kuchengitter stellen. Vor dem Servieren mit gehackter Petersilie bestreuen. Schmeckt warm oder kalt gut.

Tipp

Am allerbesten mit frischen Steinpilzen. Wer es gar nicht erwarten kann: zur Überbrückung braune Champignons nehmen.

Form 25 x 20 cm
oder auf dem Blech

Hülle
- 1 Pkg. **Blätterteig** (aus dem Kühlfach oder selbstgemacht, s. S. 196)

Fülle
- 500 g **Steinpilze**, am besten gleich groß
- 40 g altbackenes **Weißbrot**
- 1 **Knoblauchzehe**
- 50 g **Rohschinken**
- 50 g **Schalotten**
- 40 g geriebene **Walnüsse**
- 1 **Ei**
- 80 g **Crème fraîche**
- **Salz**
- **Pfeffer**
- 30 g **Butter**

Drumherum
- **Walnüsse** zum Belegen
- **Petersilie** zum Bestreuen

Kapitel 6 Milch und Schokolade

Ein Fest für Schleckermäuler

[sü]

Ruth's Cheesecake	117
Mascarpone-Tarte	119
Ricotta-Crostata	121
Schokolade-Cheescake	123
Schokolade-Kuchen	125
Schoko-Orangen-Tarte	127
Mojito-Cheesecake	130

{sa}

Gemüse-Ricotta-Crostata	131
Feta-Bete-Quiche	133
Quiche Lorraine	135

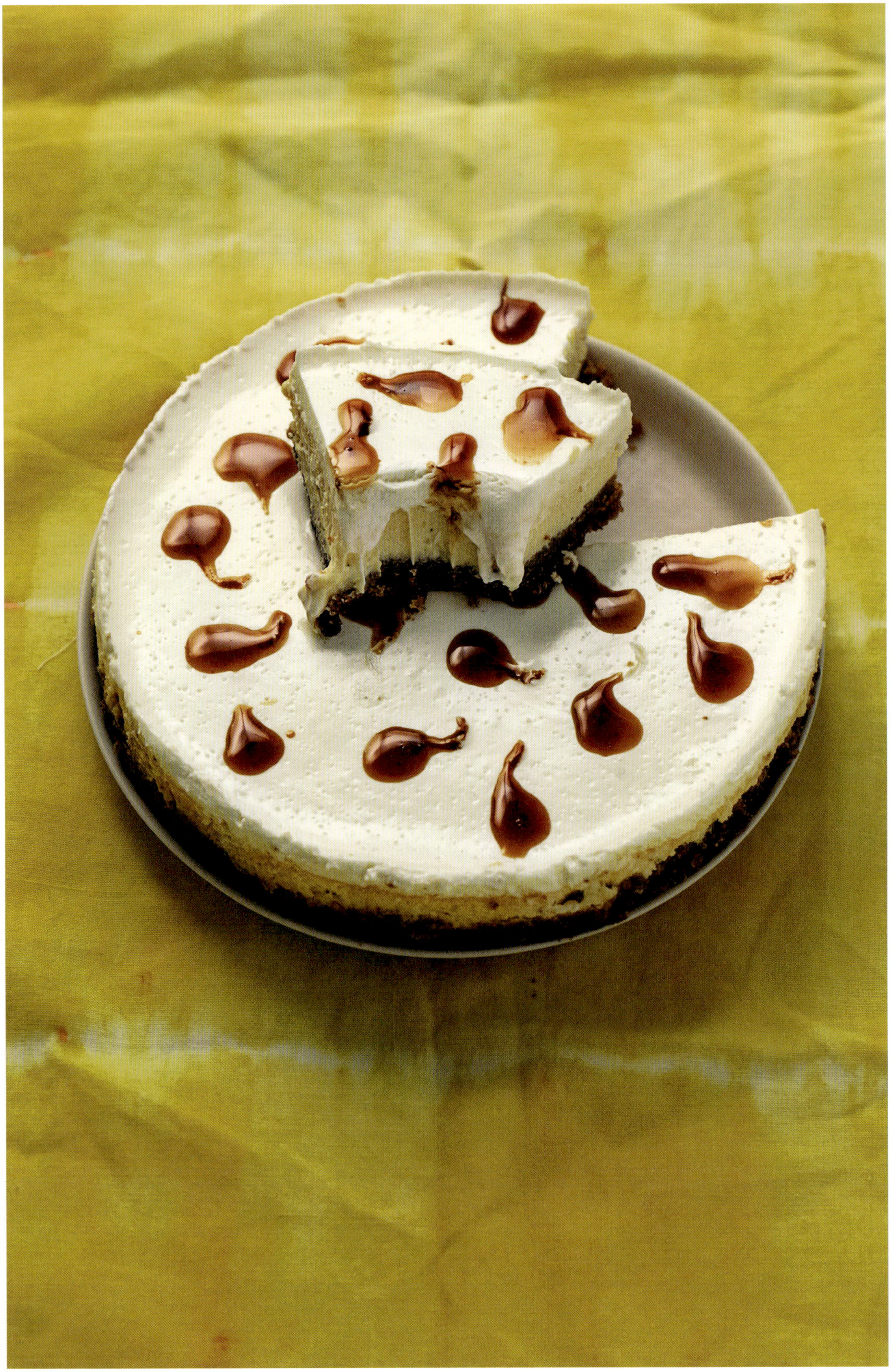

„Geheimrezept" der Mutter einer amerikanischen Freundin. Ganz klassisch, ganz einfach, ganz große Liebe.

[Sü] Ruth's Cheesecake Fake

Butter in einem Töpfchen bei kleiner Hitze schmelzen, lauwarm abkühlen lassen. Kekse zu Krümeln reiben (s. S. 186), mit Zucker, Salz und der flüssigen Butter mischen. Masse mit den Fingern oder einem geölten Löffelrücken fest auf den Boden der Form pressen. Ofen auf 180 °C vorheizen.

Krümelteig für ca. 15 Min. kühl stellen, dann im Ofen (Mitte) ca. 8 Min. backen. Abkühlen lassen. Ofentemperatur auf 160 °C reduzieren. Frischkäse mit Eiern, Eigelb, 3 EL Zucker und Vanillezucker cremig rühren. Creme in den Teigboden füllen, glattstreichen. Im Ofen (Mitte, keine Umluft verwenden) ca. 30 Min. backen. Der Kuchen darf in der Mitte noch etwas wabbelig sein. Im geöffneten Ofen ca. 15 Min. abkühlen lassen, dann kühl stellen, bis die Creme erkaltet ist.

Sour Cream mit den restlichen 2 EL Zucker verrühren, vorsichtig über die Käsecreme streichen. Bei 160 °C 15 Min. backen. Vor dem Servieren einige Std., am besten über Nacht, abgedeckt in den Kühlschrank stellen.

Form 18 cm Ø

Hülle
- 40 g **Butter**
- 70 g **Vollkorn-Butterkekse**
- 1 EL **Zucker**
- 1 Prise **Salz**

Fülle
- 250 g **Doppelrahm-Frischkäse**
- 3 **Eier**
- 1 **Eigelb**
- 5 EL **Zucker**
- 1 Pkg. **Bourbon-Vanillezucker**
- 250 g **Sour Cream** (ersatzweise 125 g saure Sahne u. 125 g Crème fraîche)

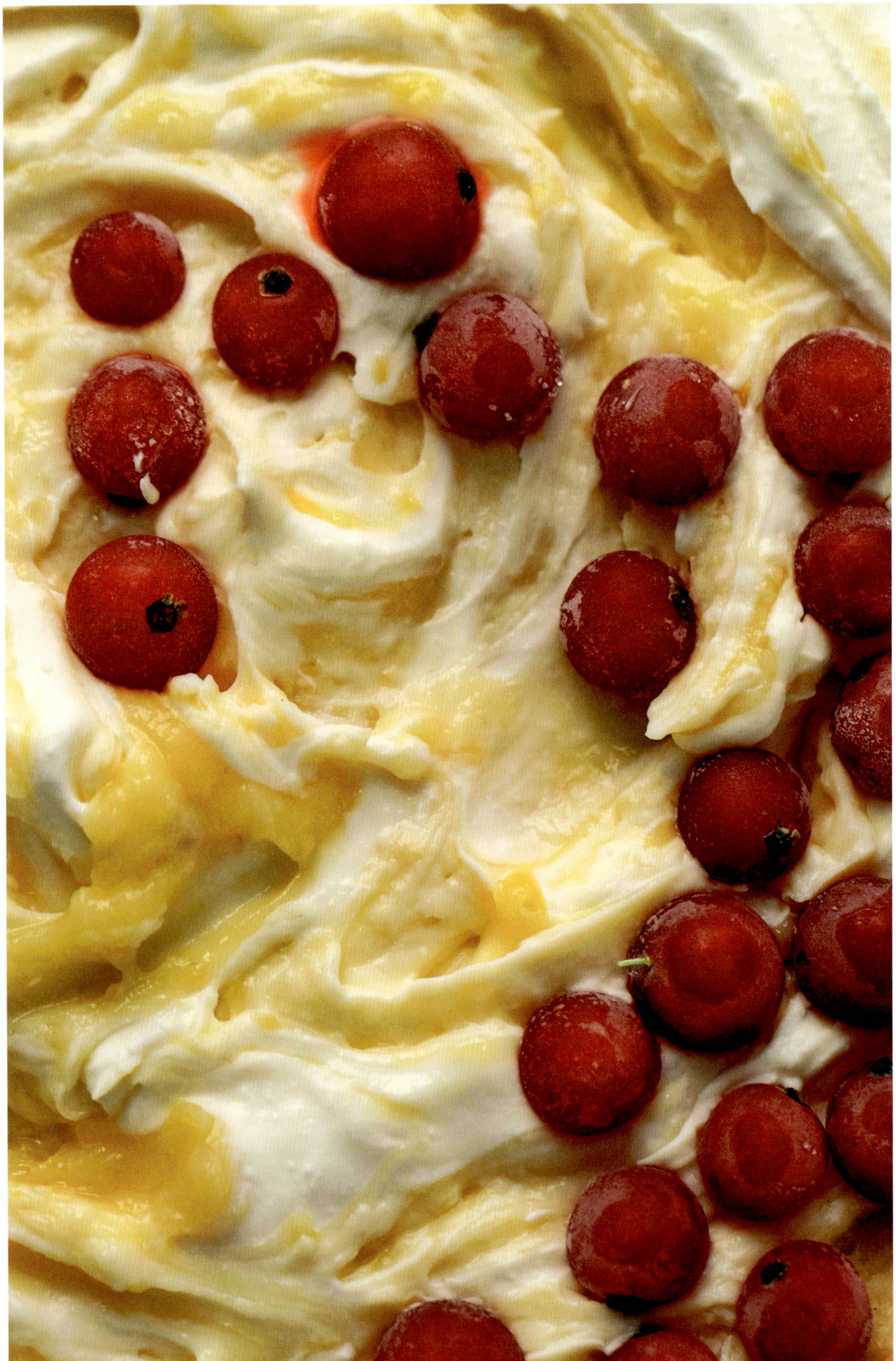

[Sü] Mascarpone-Tarte zum Verlieben

Zitronencreme und Mascarpone in einer knusprigen Mürbteighülle. Braucht es mehr zum Kuchenglück?

Form 24 cm Ø

Hülle
- 160 g **Mehl**
- 50 g geschälte, gemahlene **Mandeln**
- 50 g **Zucker**
- 1 TL abgeriebene **Zitronenschale**
- 100 g kalte **Butter**
- 1 **Eigelb** (M)

Fülle
- 3 **Eier**
- 1 **Eigelb**
- 150 g **Butter**
- 90 g **Puderzucker**
- 1 TL **Speisestärke**
- abgeriebene Schale von 2 **Zitronen**
- 130 ml frisch gepresster **Zitronensaft**
- 150 g weiche **Butter**
- 200 g **Mascarpone**
- 1 EL **Puderzucker**

Drumherum
- **Beeren** zum Verzieren

Eier, Eigelb und Butter für die Fülle auf Zimmertemperatur aufwärmen lassen.

Mehl mit Mandeln, Zucker und Zitronenschale mischen, mit der in Stückchen geschnittenen Butter, Eigelb und eiskaltem Wasser (Menge nach Bedarf) rasch zu einem glatten Teig verarbeiten (s. S. 196). In Klarsichtfolie wickeln, für mindestens 1 Std. in den Kühlschrank legen.

Puderzucker, Speisestärke, Eier, Eigelb, Zitronenschale und -saft in einem Topf verquirlen. Bei mittlerer Hitze unter Rühren erwärmen, bis sich der Zucker aufgelöst hat. Butter in kleinen Stücken unterrühren, bei niedriger Hitze weiterrühren, bis die Masse dick und cremig ist. Nicht kochen, sonst gerinnt sie. Abkühlen lassen.

Ofen auf 180 °C vorheizen. Teig auf Backpapier rund ausrollen (bricht leicht, evtl. vorher kurz durchkneten). Einen 26 cm großen Kreis ausschneiden. Mit dem Backpapier in die Form legen, Teig am Rand hochziehen, rundum 1 cm breit einschlagen und andrücken. Mehrfach einstechen. Im Ofen (Mitte) ca. 25 Min. backen, bis der Boden fest und der Rand goldbraun ist. Abkühlen lassen.

Mascarpone mit Puderzucker verrühren, in den Tarteboden füllen. Zitronencreme locker in Spiralen unterziehen. Mit Beeren verzieren. Bis zum Servieren kühl stellen.

Tipp

Mascarpone nur leicht rühren, sonst wird er zu weich. Wer es fluffiger mag, rührt noch geschlagene Sahne unter.

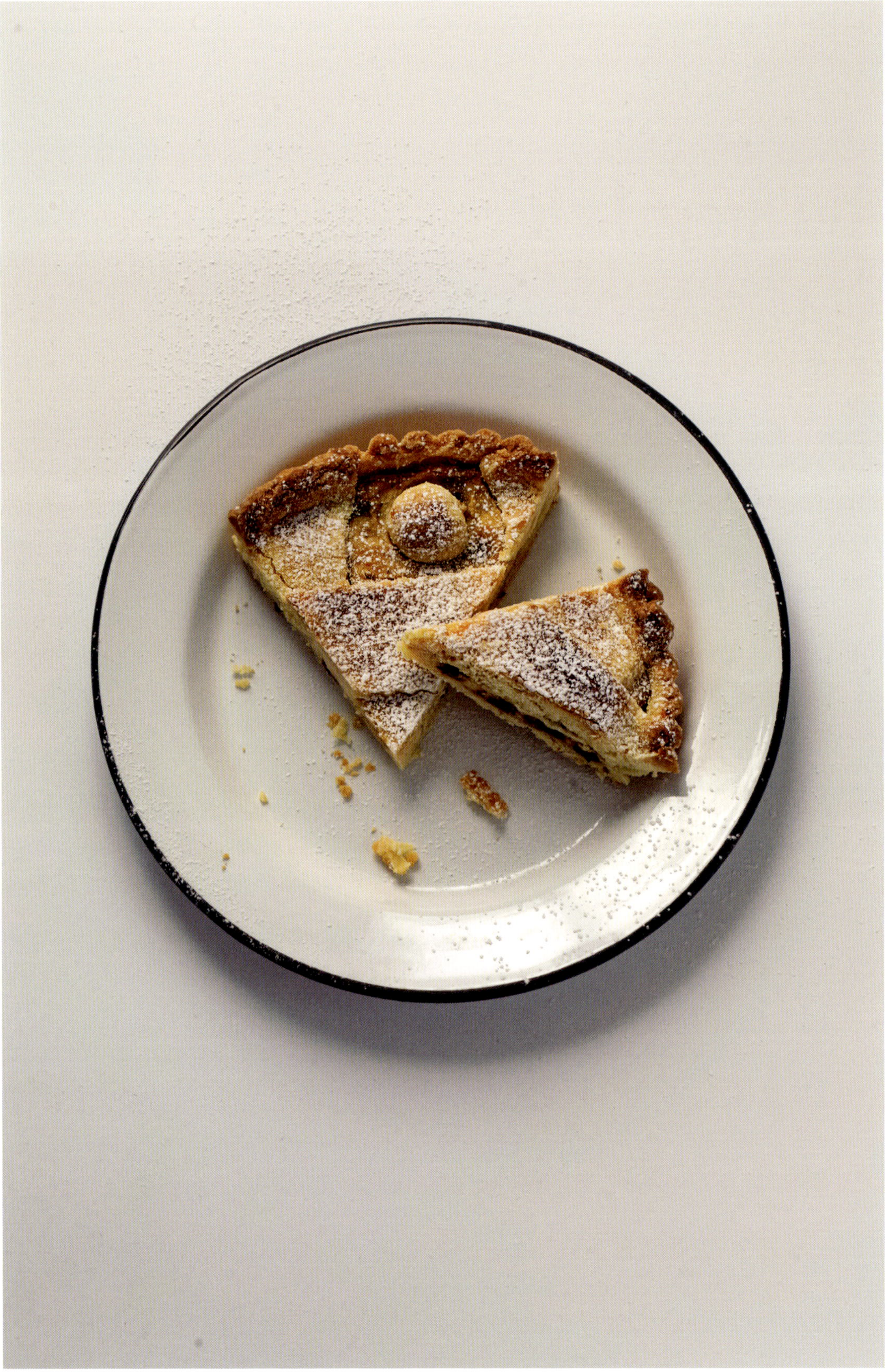

Ein einfaches, schnelles Rezept für eine traditionelle italienische Spezialität. Schmeckt rund um die Uhr zu jeder Gelegenheit.

[Sü] All-time favorite Ricotta-Crostata

Form 24 cm Ø

Hülle
- 220 g **Mehl**
- 50 g **Zucker**
- abgeriebene **Schale** von ½ **Zitrone**
- 150 g kalte **Butter**
- 1 **Eigelb** (L)

Fülle
- 2 EL **Sultaninen**
- 50 ml **Marsala**
- 250 g **Ricotta**
- 2 EL **Zucker**
- 1 **Eigelb** (L)
- abgeriebene Schale von ½ **Zitrone**
- 2 EL **Kekskrümel** (s. S. 186)
- 1 EL **Pinienkerne**
- 1 EL gehacktes **Zitronat**

Drumherum
- **Butter** für die Form
- **Mehl** zum Arbeiten
- 1 **Eigelb**
- 1 EL **Milch**

Mehl, Zucker und Zitronenschale mischen, mit der in Stückchen geschnittenen Butter, Eigelb und eiskaltem Wasser (Menge nach Bedarf) zu einem glatten Teig verarbeiten (s. S. 196). In Klarsichtfolie wickeln und für 30 Min. in den Kühlschrank legen. Sultaninen mit Marsala bei kleiner Hitze kochen, bis der Marsala eindickt und sie prall sind. Abkühlen lassen.

Ofen auf 180 °C vorheizen. Form buttern.

Zwei Drittel des Teiges auf einer leicht bemehlten Arbeitsfläche ca. 3 mm dick ausrollen, Form damit auslegen. In den Kühlschrank stellen. Ricotta mit Zucker, Eigelb, Zitronenschale, Kekskrümeln, Pinienkernen und Zitronat verrühren. In die Form füllen. Restlichen Teig ausrollen, in Streifen schneiden, auf die Fülle legen, am Rand andrücken. Crostata mit Teigresten verzieren. Eigelb, verquirlt mit Milch, auf den Teig pinseln. Im Ofen (Mitte) ca. 40 Min. backen, bis der Teig goldbraun, die Fülle fest ist und leicht zu bräunen beginnt. Sie bläht sich während des Backens auf, setzt sich aber wieder. In der Form auf einem Kuchengitter abkühlen lassen.

Tipp

Mit einem Küchentuch zugedeckt über Nacht stehen lassen, dann schmeckt die Crostata noch besser.

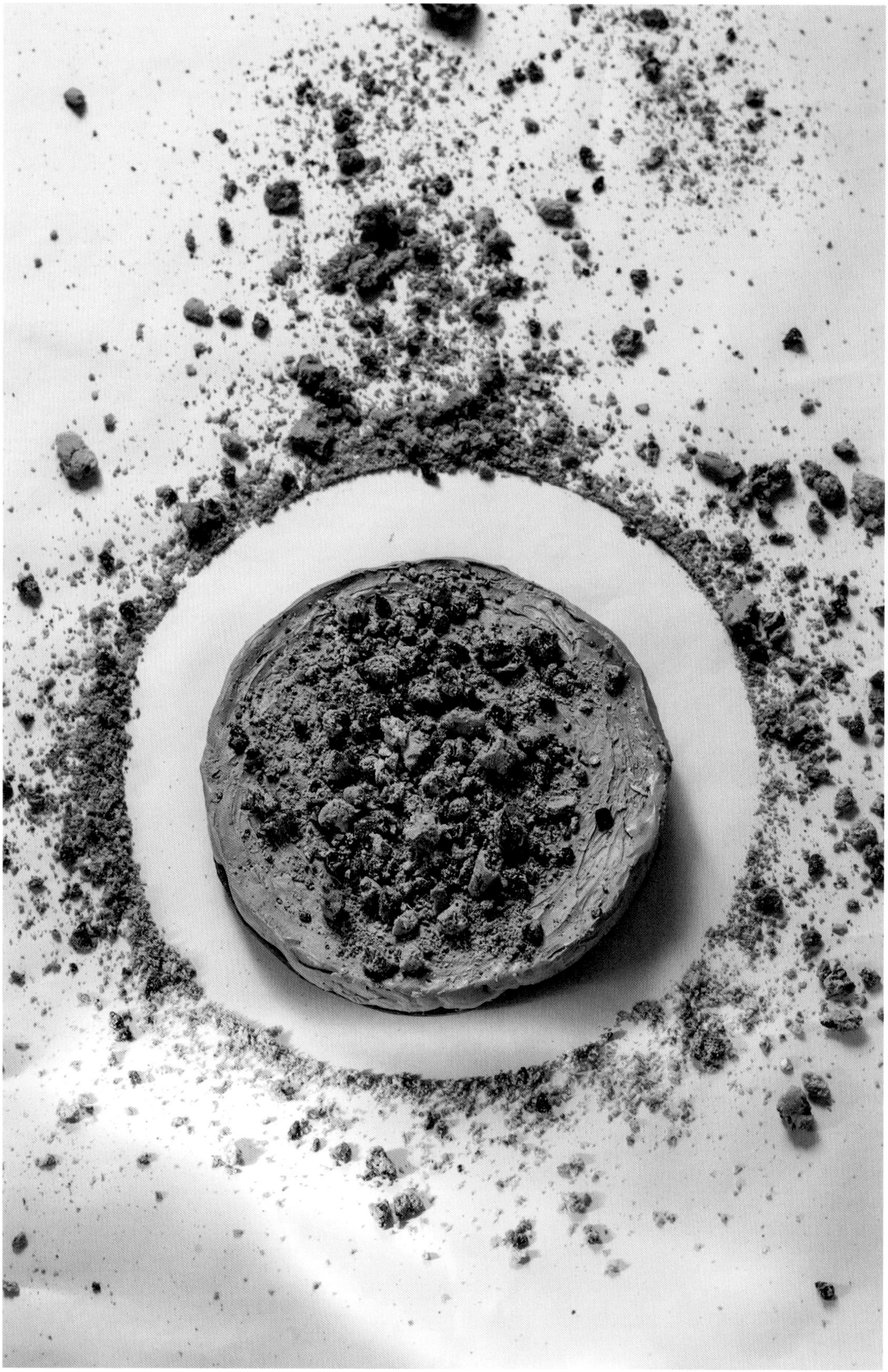

Am besten eiskalt, der milchig-cremige Schokokuchen mit einer Idee Ingwer. Ideal in der heißen Jahreszeit, wenn man so gar keine Lust auf Backen hat.

[Sü] Schokolade-Cheesecake: Ja, ich will.

Form mit 20 cm Ø

Hülle
- 60–70 g **Butter** (s. Tipp)
- 200 g **Schoko-Cookies**
- 1 EL **Puderzucker**

Fülle
- 90 g **dunkle Schokolade** (70 %)
- 300 g **Mascarpone**
- 175 g **Doppelrahm-Frischkäse**
- 60 g **Puderzucker**
- 1 Msp. **gemahlener Ingwer**
- 1 EL **Sahne**

Drumherum
- einige **Schoko-Cookies**

Form möglichst glatt mit Alufolie auskleiden. Zutaten für die Fülle auf Zimmertemperatur aufwärmen lassen.
Butter bei mittlerer Hitze schmelzen, lauwarm abkühlen lassen. Cookies zerkrümeln, mit Puderzucker verrühren. Krümel mit Butter gut mischen. Masse mit den Fingern oder einem geölten Löffelrücken fest auf den Boden der Form pressen. Kühl stellen.
Schokolade hacken, über dem Wasserbad unter Rühren schmelzen lassen. Etwas abkühlen lassen. Mascarpone und Frischkäse nach und nach unterrühren. Mit Puderzucker, Ingwer und Sahne cremig rühren. Auf dem Krümelboden verteilen, glattstreichen. Darauf achten, dass die Fülle auch am Rand glatt (ohne Luftblasen) abschließt. Mindestens 6 Std. oder über Nacht in den Kühlschrank stellen. Etwa 15 Min. vor dem Servieren aus der Form nehmen, Alufolie abziehen. Wenn nötig, Oberfläche und Seiten mit einem leicht angewärmten Löffelrücken glätten (Löffel unter heißes Wasser halten, abtrocknen). Schoko-Cookies mit den Fingern zerkrümeln, auf den Cheesecake streuen. Kuchen im Kühlschrank aufbewahren.

Tipps

Die Menge der Butter hängt von der Konsistenz der Cookies ab. Die Krümel sollten rundum mit Butter bedeckt sein.
Wenn der Kuchen nicht ausreichend fest geworden ist, kurz in das TK-Fach stellen. Halbgefroren schmeckt er auch sehr gut.

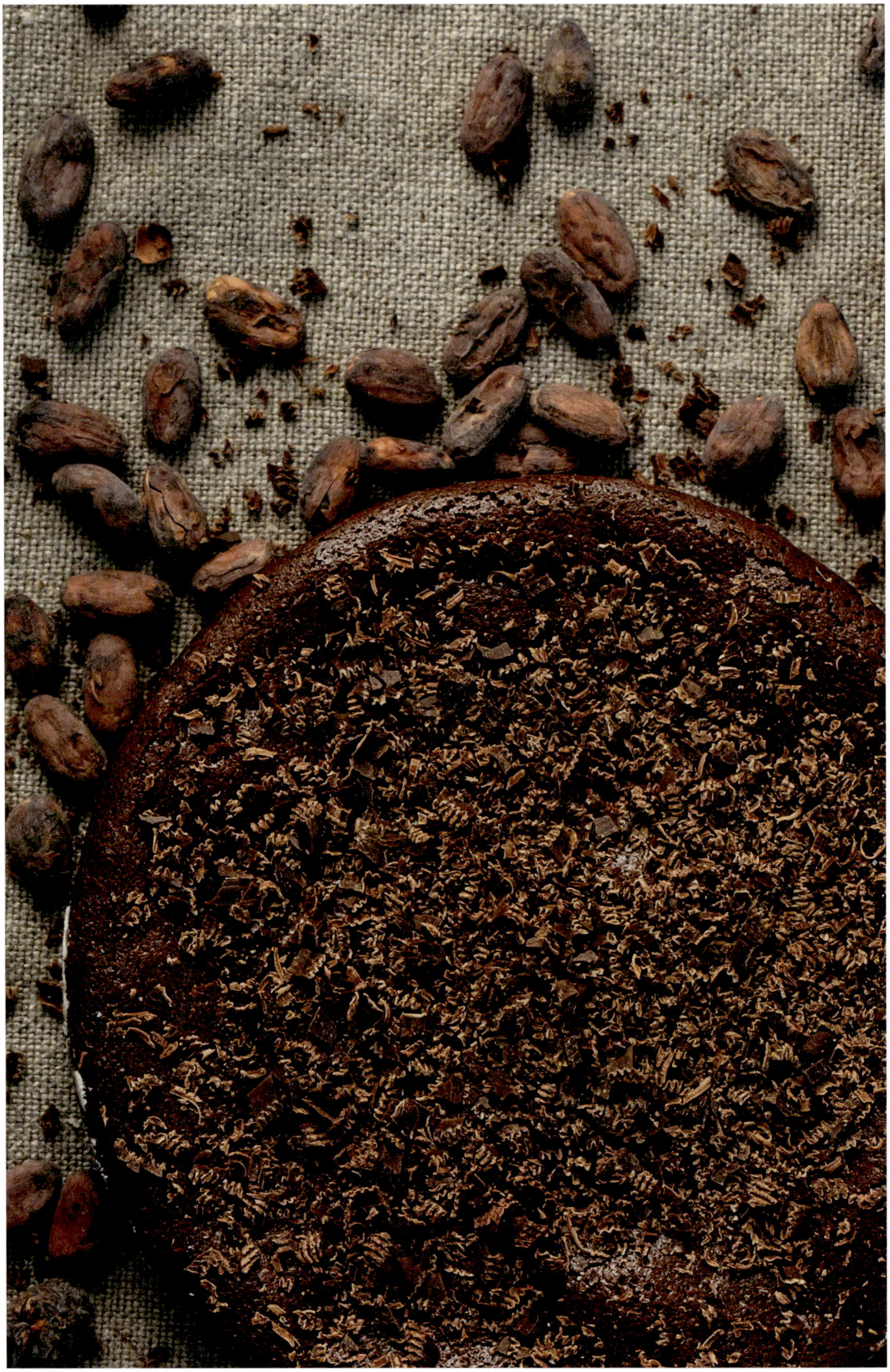

Der „moelleux au chocolat", ein Kuchenklassiker aus Frankreich, ist der Traum aller Schoko-Liebhaber. Blitzschnell fertig, blitzschnell verputzt.

[Sü] Moelleux macht Schokolade-Kuchen, oje

Form 24 cm Ø

- 240 g dunkle Schokolade (mindestens 60 %)
- 190 g **Butter**
- 5 zimmerwarme **Eier** (M)
- 240 g **Puderzucker**
- 1 EL **Mehl**

Drumherum
- **Butter** u. **Mehl** für die Form
- 50 g gekühlte **Schokolade**

Form buttern und mit Mehl ausstäuben. Schokolade in Stücke brechen, mit Butter in einer Schüssel über dem Wasserbad schmelzen. Ofen auf 180 °C vorheizen.

Eier einzeln mit dem Schneebesen (kräftig!) oder Handmixer in die Schokolade rühren, bis alles gut verbunden ist. Puderzucker und Mehl unterrühren.

Teig in die Form füllen. Im Ofen (Mitte) 25—30 Min. backen. Der Kuchen soll in der Mitte noch etwas weich sein. Er darf nicht zu lange gebacken werden, sonst wird er zu kompakt. In der Form auf einem Kuchengitter abkühlen lassen. Zugedeckt mehrere Std., am besten über Nacht, bei Zimmertemperatur stehen lassen. In der Form servieren oder auf eine Tortenplatte heben. Vor dem Servieren mit grob geraspelter Schokolade bestreuen.

Tipp

Wenn Sie den Kuchen nicht in der Form servieren wollen: Boden der Form mit Backpapier auslegen, damit er sich gut lösen lässt.

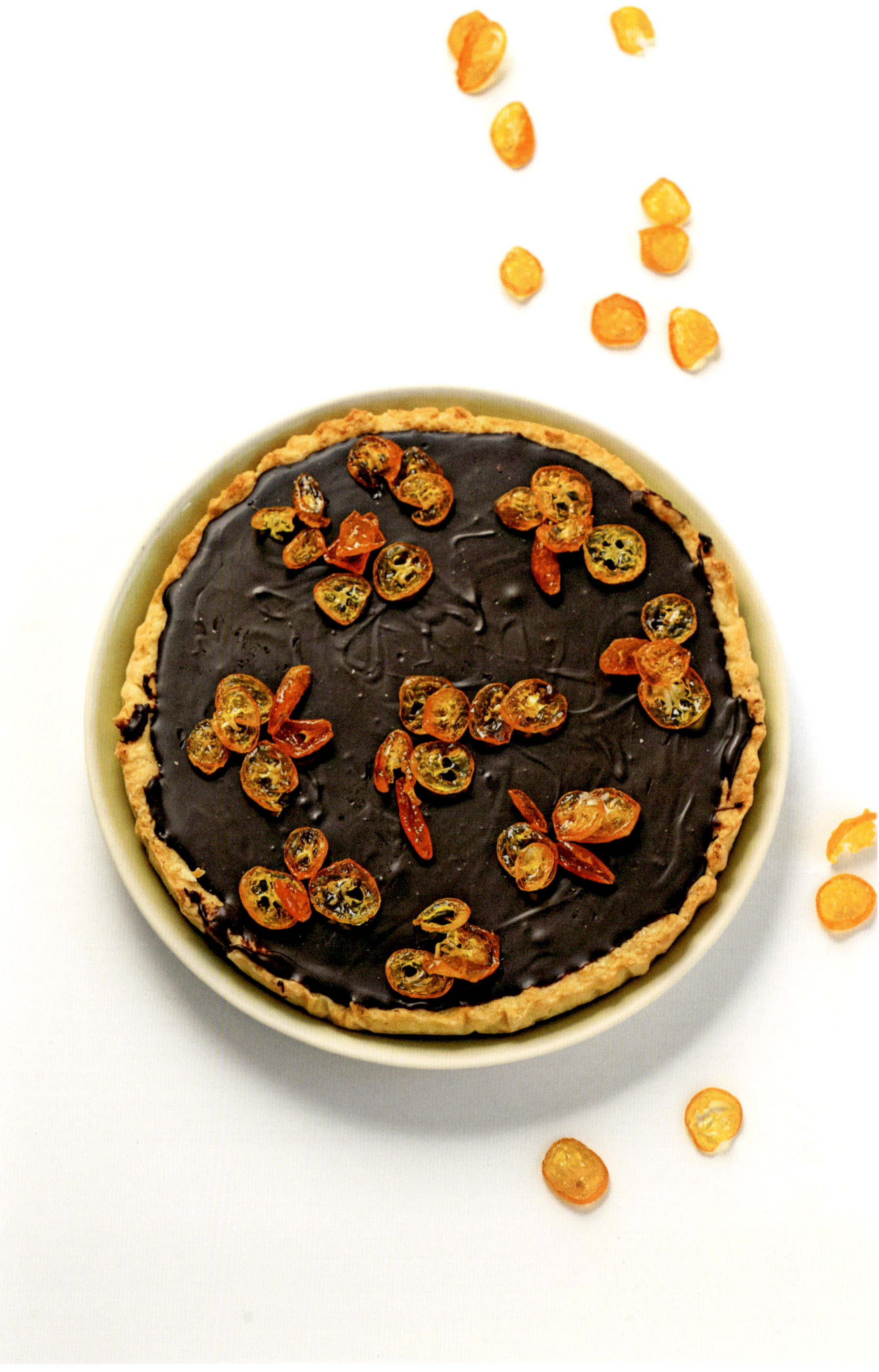

Knuspriger Mürbteig, gefüllt mit Schoko-Sahne-Creme. Zartbitteres Orangenaroma. Mein Favorit für eine schnelle und attraktive Schokotarte.

[Sü] Schoko-Orangen-Tarte *très fine!*

Form 24 cm Ø

Hülle
- 160 g **Mehl**
- 50 g geschälte, gemahlene **Mandeln**
- 50 g **Zucker**
- 1 TL abgeriebene **Orangenschale**
- 100 g gesalzene kalte **Butter**
- 1 **Eigelb** (L)

Fülle
- 2—3 EL erwärmte **Bitterorangenmarmelade**
- abgeriebene Schale von 1 großen **Orange**
- 120 g dunkle **Schokolade** (70 %)
- 120 ml **Sahne**
- 40 g **Butter**

Mehl, Mandeln, Zucker und Orangenschale mischen, mit der in Stückchen geschnittenen Butter, Eigelb und eiskaltem Wasser (Menge nach Bedarf) rasch zu einem glatten Teig verarbeiten (s. S. 196). In Klarsichtfolie wickeln und für mindestens 1 Std. in den Kühlschrank legen. Ofen auf 180 °C vorheizen. Teig auf einem Backpapier ca. 3 mm dick ausrollen (er bricht leicht, evtl. vorher kurz durchkneten). Einen Kreis, etwas größer als die Form, ausschneiden. Mit dem Backpapier in die Form legen, Teig am Rand ca. 1 cm hochziehen und andrücken. Mit einer Gabel mehrfach einstechen.

Im Ofen (Mitte) ca. 25 Min. backen, bis der Boden fest und der Rand goldbraun ist. Leicht abkühlen lassen, mit Marmelade dünn bestreichen. Orangenabrieb auf der Marmelade verteilen.

Schokolade fein hacken, in eine kleine Schüssel geben. Sahne zum Kochen bringen, über die gehackte Schokolade gießen, mit einem Schneebesen glattrühren. Butter in kleinen Stücken unterrühren. Schokoguss vorsichtig auf den Teigboden gießen, etwas rütteln, damit er möglichst glatt wird. Bei Zimmertemperatur (kühler Raum) mindestens 2 Std. fest werden lassen. Nicht in den Kühlschrank stellen, sonst wird der Schokoguss matt.

Tipp

Mit kandierten Kumquats verzieren: 5 Kumquats in dünne Scheiben schneiden, Kerne entfernen. 70 ml Wasser mit 60 g Zucker langsam erhitzen, bis er sich aufgelöst hat. Scheiben zugeben, bei mittlerer Hitze 15—20 Min. kochen, bis sie glasig sind. Auf ein Kuchengitter legen.

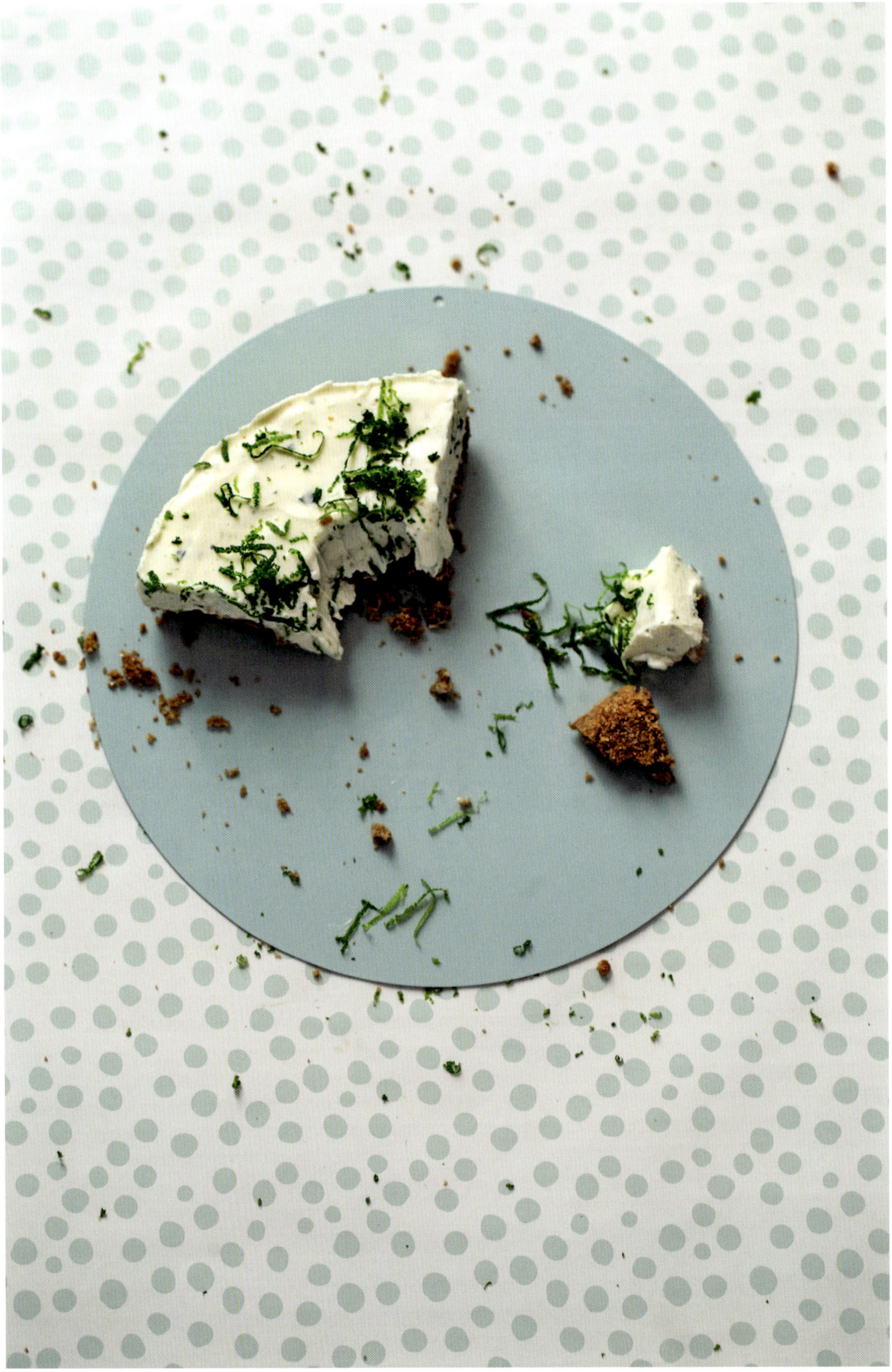

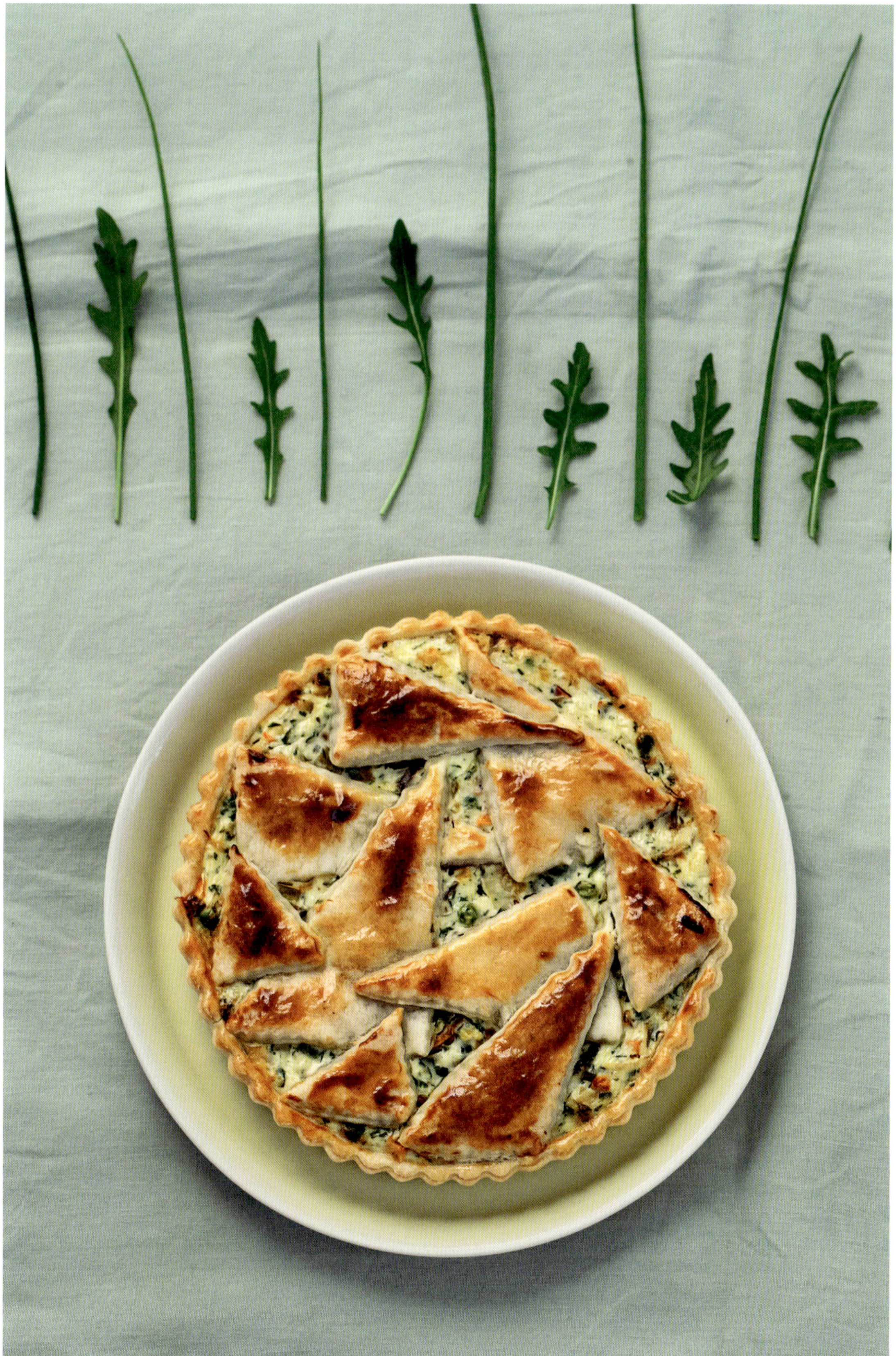

Ein Cheesecake, der nicht gebacken wird, sondern aus dem Kühlschrank kommt. Die milchig-sahnige Creme mit Limetten-Rum-Aroma zergeht auf der Zunge.

[Sü] Cool, der Mojito Cheesecake

Form möglichst glatt mit Alufolie auskleiden. Butter bei kleiner Hitze schmelzen. Kekse zu Krümeln reiben (s. S. 186), mit der geschmolzenen Butter gut mischen. Masse mit den Fingern oder einem geölten Löffelrücken fest auf den Boden der Form pressen. In den Kühlschrank stellen.

Sahne steif schlagen (oder ungeschlagene panna da cucina verwenden). Frischkäse mit Zucker cremig rühren. Kondensmilch, Limettensaft und -schale, Rum einrühren. Geschlagene Sahne unterziehen, glattrühren. Kräftig schlagen, dadurch wird die Käsecreme fester. Creme auf den Keksboden löffeln, glattstreichen. Ohne Zudecken (sonst bildet sich Kondenswasser und verwässert die Creme) mindestens 6 Std. in den Kühlschrank stellen, besser über Nacht.

Aus der Form nehmen, Alufolie ablösen. Mit Limettenzesten bestreuen. Hält im Kühlschrank mehrere Tage und lässt sich auch gut einfrieren.

Tipps

Im Tiefkühlfach ca. 2 Stunden anfrieren, kurz vor dem Servieren herausnehmen. Der Cheesecake lässt sich dann ganz leicht schneiden und schmeckt besonders gut.

Panna da cucina ist eine cremige, dickflüssige Kochsahne, die ich bevorzugt verwende.

(Das Foto zum Rezept findet sich auf der vorangehenden Doppelseite).

Form 18 cm Ø

Hülle
- 70 g **Butter**
- 140 g **Butterkekse**

Fülle
- 70 ml **Sahne** (oder panna da cucina, s. Tipp)
- 130 g **Doppelrahm-Frischkäse**
- 1 EL **Zucker**
- 170 ml gezuckerte **Kondensmilch**
- abgeriebene Schale u. Saft von 4–5 **Limetten** (70 ml)
- 1 Schuss weißer **Rum**

Drumherum
- **Limettenzesten** zum Bestreuen

Ein Frischkäse-Kuchen mit zartem Gemüse und Kräutern. Sehr gut mit dem ersten Gemüse im Frühling, in jeder anderen Jahreszeit saisonal variierbar.

{Sa}liebe ist Gemüse-Ricotta-Crostata

Form 20 cm Ø

Hülle
- 200 g **Mehl**
- 1 Prise **Salz**
- 100 g kalte **Butter**

Fülle
- 150 g **Mischgemüse** (z.B. Karotten, Stangensellerie, Lauch, Zucchini, Blumenkohl)
- 2 EL **Olivenöl**
- **Salz**
- **Pfeffer**
- 1 Handvoll **Rucola**
- 300 g **Ricotta**
- 1 **Ei** (M)
- 2 EL geriebener **Parmesan**
- 3 EL gehackte, frische **Kräuter** (z.B. Petersilie, Oregano, Thymian)

Drumherum
- **Butter** für die Form
- **Mehl** zum Arbeiten
- 1 **Eigelb**

Mehl und Salz mischen, mit der in Stückchen geschnittenen Butter und eiskaltem Wasser (Menge nach Bedarf) rasch zu einem glatten Teig verarbeiten (s. S. 196). In Klarsichtfolie wickeln und für 30 Min. in den Kühlschrank legen.

Ofen auf 200 °C vorheizen. Form buttern.

Teig halbieren. Eine Hälfte auf einer leicht bemehlten Arbeitsfläche ca. 3 mm dick ausrollen, Form damit auslegen. Zweiten Teil auf Backpapier ausrollen. Beide in den Kühlschrank stellen.

Gemüse in kleine Würfel (ca. ½ cm) schneiden. In Olivenöl bei mittlerer Hitze ca. 5 Min. anbraten. Salzen und pfeffern. Rucola in Streifchen schneiden. Ricotta mit verquirltem Ei verrühren, Parmesan, Gemüsemischung und Kräuter einrühren. Mit Salz und Pfeffer würzen. Mischung in die Form füllen. Zweites Teigblatt aus dem Kühlschrank nehmen, in kleine Dreiecke schneiden. Unregelmäßig auf die Fülle legen, an den überlappenden Stellen mit einem Hauch Wasser ankleben. Eigelb mit 1 TL Wasser verquirlen, auf den Teig pinseln. Im Ofen (Mitte) ca. 40 Min. backen, bis der Kuchen braun und die Fülle fest ist. Evtl. gegen Backende mit Alufolie abdecken (s. S. 184), damit die Crostata nicht zu dunkel wird. In der Form auf einem Kuchengitter abkühlen lassen.

Tipps

Crostata vor dem Verzehr 1 Tag stehen lassen, damit sich die Aromen noch besser entfalten können.

Wenn es ganz schnell gehen soll, fertigen Blätterteig nehmen.

(Das Foto zum Rezept findet sich auf der vorangehenden Doppelseite).

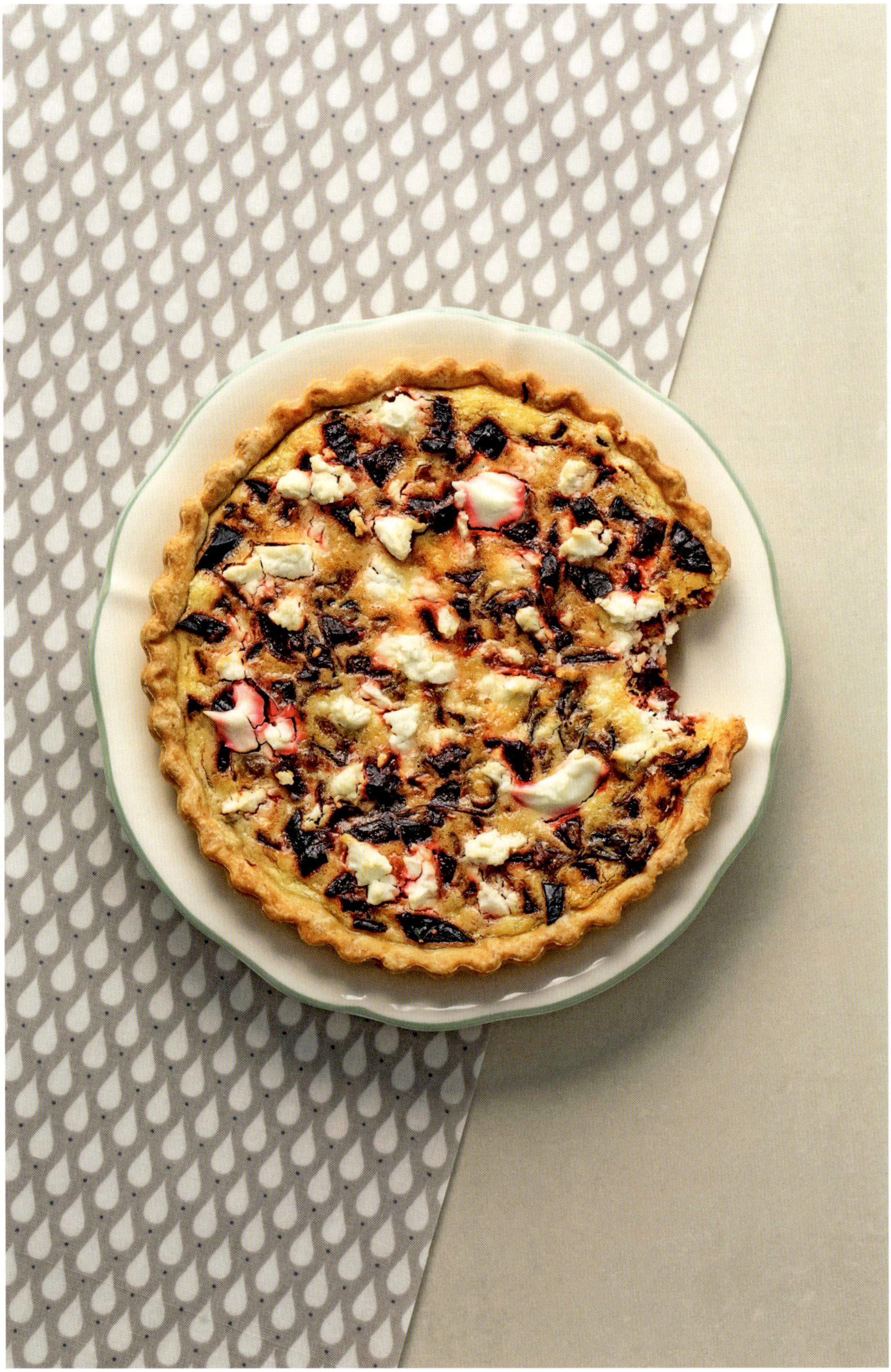

Feta, Rote Bete und Zwiebeln in einem Sahneguss, das gibt nicht nur optisch etwas her, es schmeckt auch großartig.

{S}^a keine Fete ohne Feta-Bete-Quiche

Mehl, Buchweizenmehl und Salz mischen, mit der in Stückchen geschnittenen Butter und eiskaltem Wasser (Menge nach Bedarf) rasch zu einem glatten Teig verarbeiten (s. S. 196). In Klarsichtfolie wickeln und für 30 Min. in den Kühlschrank legen.

Ofen auf 180 °C vorheizen. Form buttern.

Teig auf einer leicht bemehlten Arbeitsfläche ca. 3 mm dick ausrollen. Die Form damit auslegen. Im Ofen (Mitte) 15 Min. blind backen (s. S. 185). Abkühlen lassen.

Bete in kleine Würfel, Zwiebel in dünne Scheiben schneiden. Öl in der Pfanne erhitzen, Zwiebeln bei kleiner Hitze ca. 8 Min. weich braten. Mit ½ TL Salz, Pfeffer und Thymian würzen. Betewürfel unterrühren, kurz mitbraten. Mit Portwein ablöschen. In den Quicheboden füllen. Feta darüberkrümeln. Eier mit Sahne verquirlen, je nach Geschmack des Fetas mit Salz abschmecken und darübergießen.

Darauf achten, dass die Sahnemischung bis zum Boden durchsickert. Ziegenkäse in Klecksen auf der Oberfläche verteilen. Im Ofen (Mitte) ca. 45 Min. backen, bis die Fülle fest und der Rand goldbraun braun ist. Auf ein Kuchengitter stellen. Warm oder kalt servieren.

Form 24 cm Ø

Hülle
- 180 g **Mehl**
- 2 EL **Buchweizenmehl**
- ½ TL **Salz**
- 100 g kalte **Butter**

Fülle
- 300 g gekochte **Rote Bete**
- 1 rote **Zwiebel**
- 2 EL **Olivenöl**
- **Salz**
- 1 Msp. **Pfeffer**
- ½ TL getrockneter **Thymian**
- 2 EL **Portwein** (dry)
- 100 g **Feta**
- 2 **Eier** (M)
- 150 ml **Sahne**
- 50 g **Ziegenfrischkäse**

Drumherum
- **Butter** für die Form
- **Mehl** zum Arbeiten

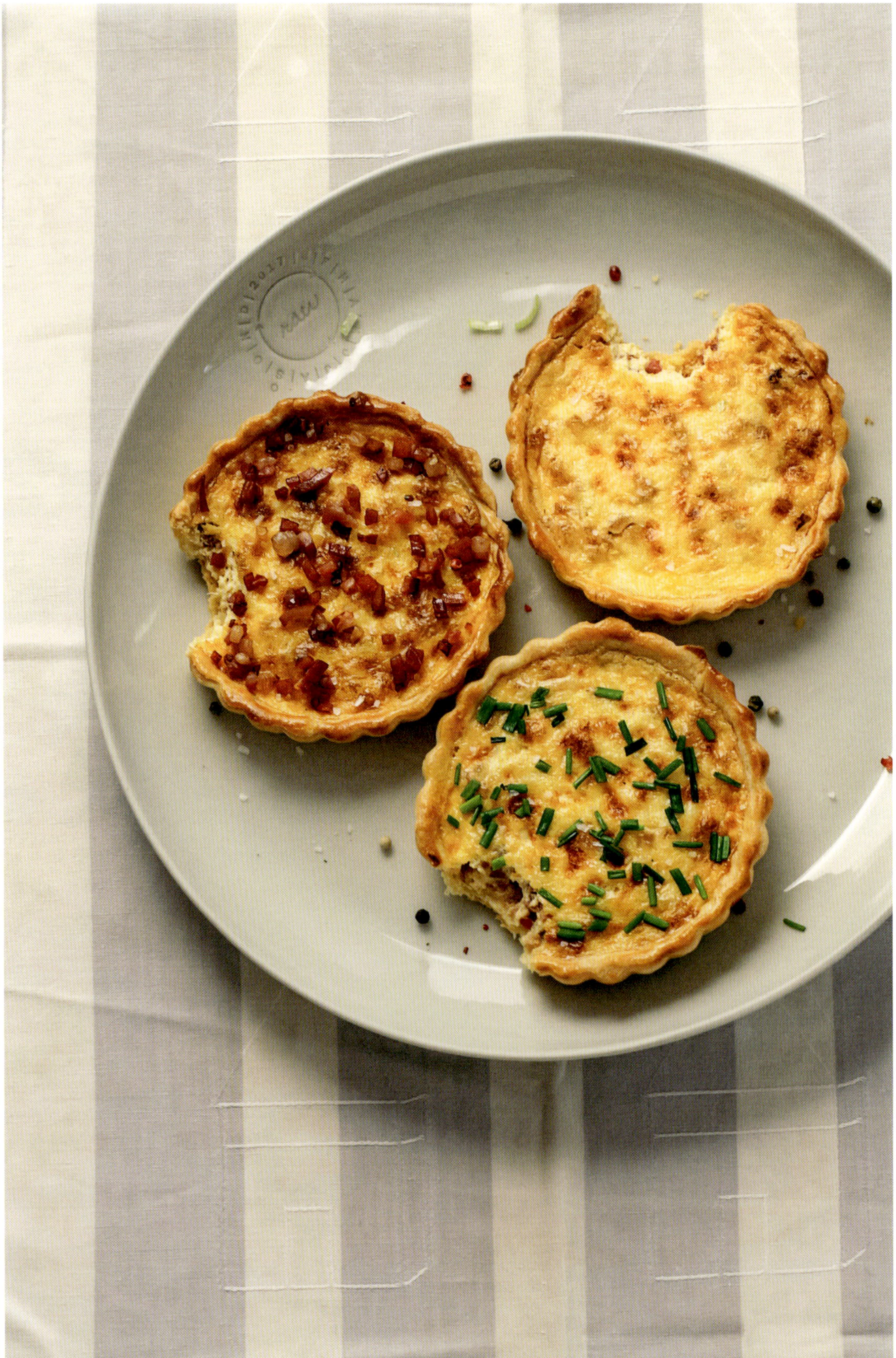

Die Urmutter der salzigen Kuchen. Es gibt so viele Variationen wie Meinungen, welcher nun der richtige Lothringer Speckkuchen ist. Hier mein Favorit.

{S}a Quiche Lorraine für Sofia

Mehl und Salz mischen, mit der in Stückchen geschnittenen Butter und eiskaltem Wasser (Menge nach Bedarf) rasch zu einem glatten Teig verarbeiten (s. S. 196). In Klarsichtfolie wickeln und für 30 Min. in den Kühlschrank legen.

Ofen auf 180 °C vorheizen. Formen buttern.

Speck klein würfeln. In einer Pfanne bei mittlerer Hitze ca. 10 Min. braten, Fett abgießen. 1 EL Speckwürfel abnehmen und beiseitestellen. Milch mit Sahne, Eiern und Eigelb gut verrühren, mit Salz, Pfeffer, Cayenne und Muskat würzen.

Teig auf einer leicht bemehlten Arbeitsfläche ca. 3 mm dick ausrollen. Kreise, etwas größer als die Förmchen, ausstechen. Teig hineinlegen, am Rand gut andrücken. Boden mit einer Gabel mehrfach einstechen. Speckwürfel auf dem Quicheboden verteilen. Käse darüberreiben. Mit Milch-Sahne-Mischung übergießen. Im Ofen (Mitte) ca. 35 Min. backen, bis die Quiche goldbraun ist. Die Fülle bläht sich während des Backens auf, setzt sich aber danach wieder. Mit den beiseitegestellten Speckwürfeln und evtl. Schnittlauch bestreuen. Schmeckt warm und kalt gut.

Tipp

Für eine leichtere Variante ein Drittel des Specks durch gekochten Schinken ersetzen. Ich gebe manchmal auch eine Handvoll dünne Frühlingszwiebel-Ringe in die Fülle.

---

3 Tarteletteformen 12 cm Ø
oder Form 24—26 cm Ø

Hülle
- 220 g **Mehl**
- ½ TL **Salz**
- 110 g kalte **Butter**

Fülle
- 100 g durchwachsener **Speck**
- 125 ml **Milch**
- 125 ml **Sahne**
- 2 **Eier** (M)
- 1 **Eigelb** (M)
- **Salz**
- **Pfeffer**
- **Cayenne**
- **Muskatnuss**
- 50 g **Gruyère** oder Comté

Drumherum
- **Butter** für die Formen
- **Mehl** zum Arbeiten
- **Schnittlauch** zum Bestreuen (optional)

Kapitel 7 Samen, Getreide und Hülsenfrüchte

Körnerfutter für verwöhnte Gaumen

[Sü]

Buchweizen-Kuchen	139
Mohn-Kuchen	141
Pinienkern-Kuchen	143
Power-Kuchen	145
Reis-Torte	148

{Sa}

Ligurischer Reis-Kuchen	149
Grüne Quiche	151
Kichererbsen-Crostata	153
Linsen-Tarte	155

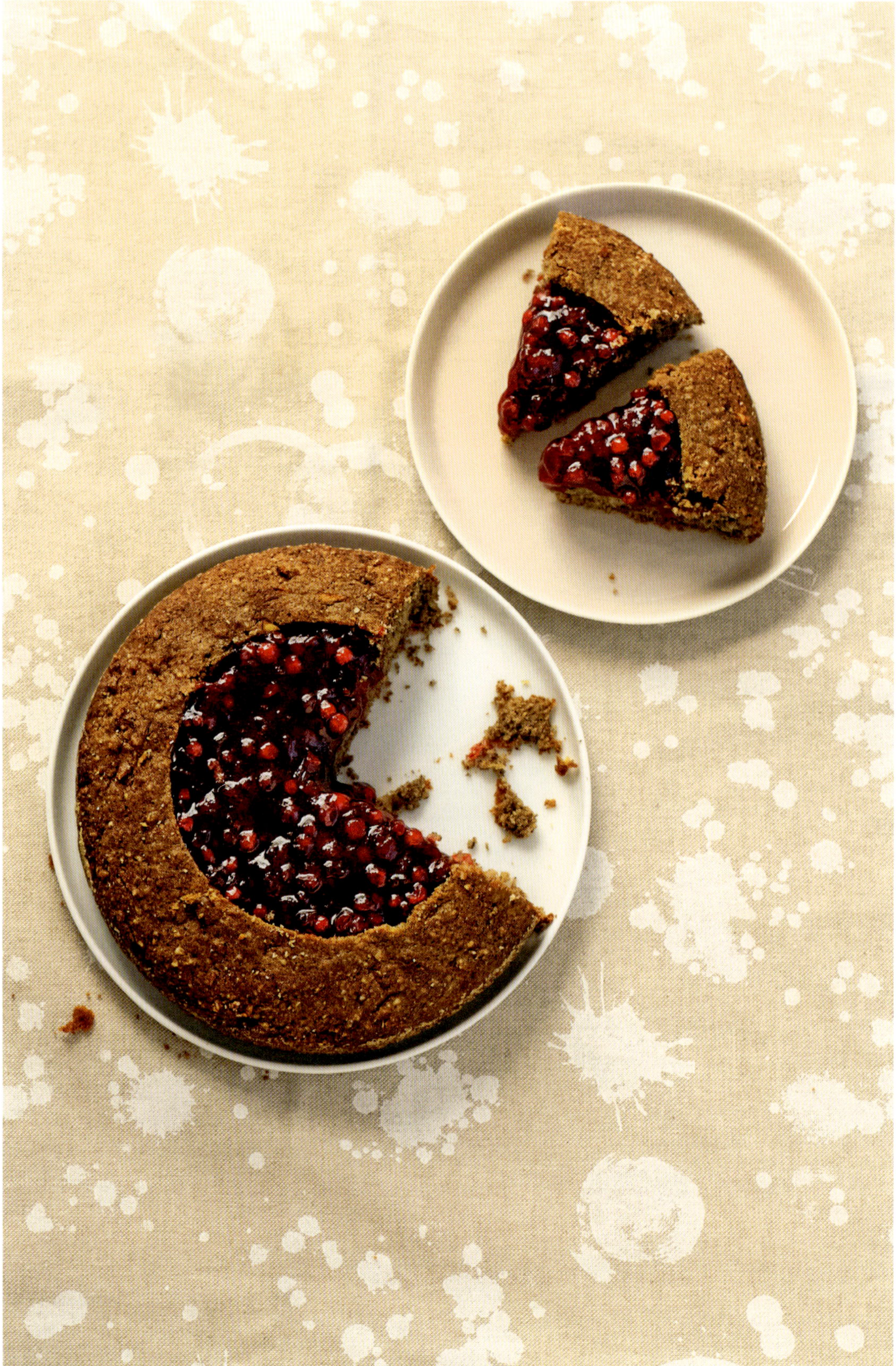

Nussiger, erdiger Kuchen mit einem Kontrapunkt aus säuerlichen Preiselbeeren und Schlagsahne. Ein Kindheits-Kuchen aus der Backstube meiner bäuerlichen Verwandten.

[Sü]wer mag Buchweizen-Kuchen?

Alle Zutaten auf Zimmertemperatur aufwärmen lassen.
Ofen auf 180 °C vorheizen. Form buttern und mit Semmelbröseln ausstreuen.
Eier trennen. Eiweiße beiseitestellen. Butter mit Zucker flaumig rühren, Eier und Eigelbe nach und nach gut unterrühren. Apfel schälen, Kerngehäuse entfernen. Apfel mit der Küchenreibe grob reiben. Unter die Buttermasse rühren. Eiweiße mit Salz steif schlagen. Buchweizenmehl mit Backpulver mischen. Mehl, Haselnüsse und Eischnee abwechselnd unter den Teig ziehen. Teig in die Form füllen, glattstreichen. Im Ofen (Mitte) ca. 30 Min. backen. Garprobe machen (s. S. 185). 10 Min. in der Form, dann auf einem Kuchengitter abkühlen lassen.
Mit Preiselbeerkompott und geschlagener Sahne servieren. Oder aus der Oberfläche des Kuchens eine 3 cm dicke Scheibe ausstechen, Preiselbeeren einfüllen, Sahne dazu reichen. (Die Scheibe kann als kleiner Extrakuchen serviert werden).

Tipps

Ich mische gerne zwei Drittel feines mit einem Drittel grob geschrotetem Buchweizenmehl.
Sie können statt Haselnüssen auch Walnüsse verwenden.

Form 20 cm Ø

- 2 **Eier** (M)
- 1 **Eigelb** (M)
- 90 g weiche **Butter**
- 90 g **Zucker**
- 1 kleiner **Apfel**
- 1 Prise **Salz**
- 100 g feines **Buchweizenmehl**
- ½ TL **Backpulver**
- 90 g gemahlene **Haselnüsse**

Drumherum
- **Butter** u. **Semmelbrösel** für die Form
- **Preiselbeerkompott** u. geschlagene **Sahne** zum Servieren

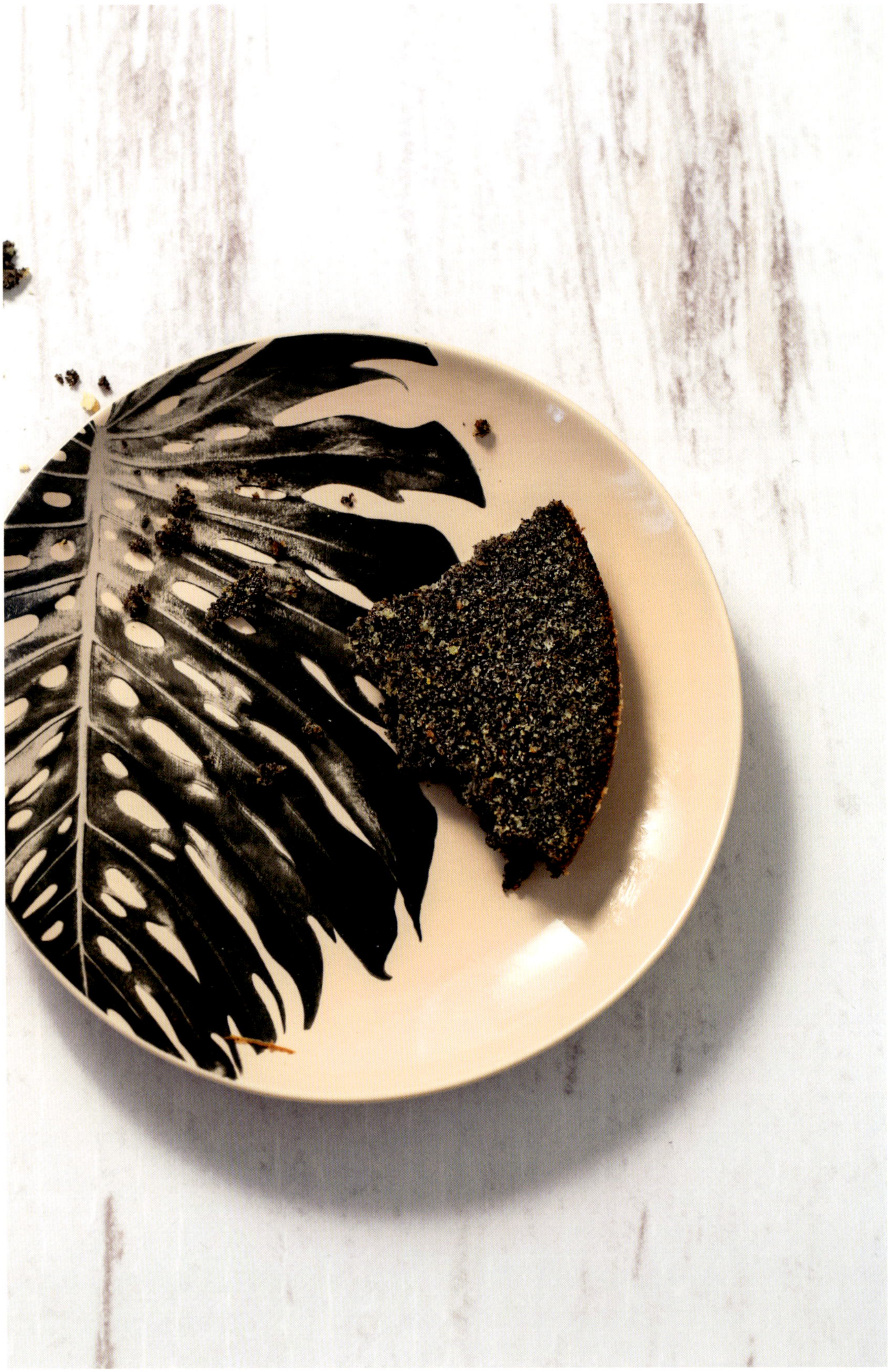

Saftiger Kuchen mit Blaumohn, Schokolade und Mandeln, der auf der Zunge zergeht. Ein absoluter Renner bei männlichen Süßschnäbeln.

[Sü] Mohn-Kuchen *sogleich versuchen!*

Form 24 cm Ø

- 40 g dunkle **Schokolade** (60 % oder 50 u. 70 % gemischt)
- 160 g gemahlener **Mohn**
- 80 g gemahlene **Mandeln**
- 3 **Eier** (M)
- 4 EL **Zucker**
- 200 g weiche **Butter**
- 80 g **Puderzucker**
- 1 Pkg. **Bourbon-Vanillezucker**
- 1 Prise **Salz**
- abgeriebene Schale von je 1 kleinen **Zitrone** u. **Orange**
- 1 EL **Rum**

Drumherum
- **Butter** für die Form
- **Puderzucker** zum Bestreuen (optional)

Alle Zutaten auf Zimmertemperatur aufwärmen lassen. Schokolade reiben, mit Mohn und Mandeln mischen. Eier trennen, Eiweiß mit Zucker zu cremigem Schnee schlagen.

Ofen auf 160 °C vorheizen. Form buttern, Boden mit Backpapier auslegen. Butter mit Puderzucker, Vanillezucker, Salz, Zitronen- und Orangenschale flaumig rühren. Eigelbe eins nach dem anderen zugeben, gut unterrühren. Zuletzt die Mohn-Mandel-Mischung und den Rum unter den Teig rühren. Eischnee unterheben. Teig in die Form füllen, glattstreichen. Im Ofen (Mitte) ca. 30 Min. backen. Garprobe machen (s. S. 185). Wer will, kann den Kuchen mit Puderzucker bestreuen. Auf einem Kuchengitter abkühlen lassen. Schmeckt am nächsten Tag noch besser.

Tipp

Sie können den Kuchen auch auf dem Blech backen: für eine Blechgröße von 42 x 35 cm etwa die dreifache Menge nehmen, 25—30 Min. backen.

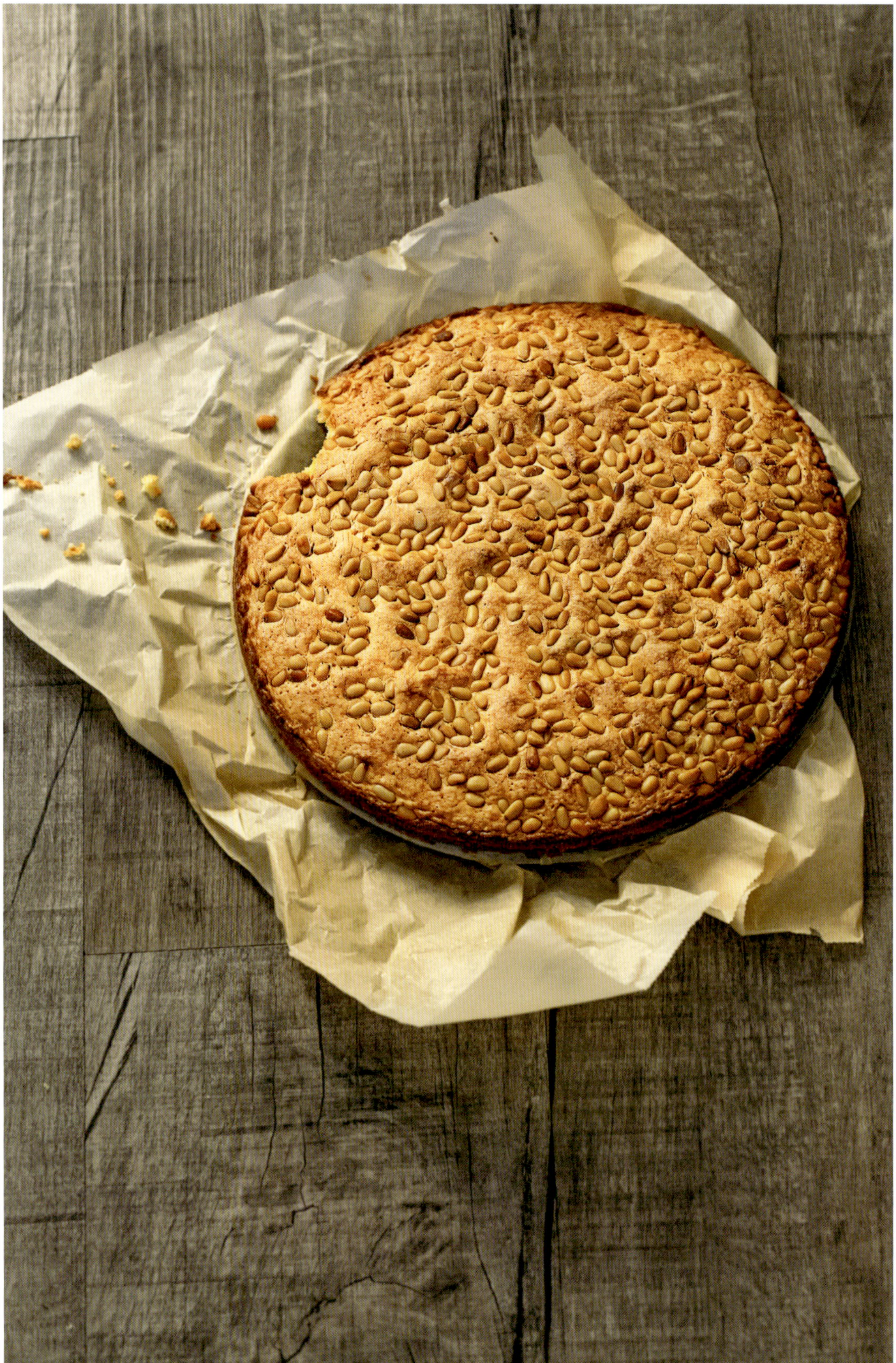

Zart, leicht, nicht mehr als zwei Finger hoch. Ein zarter Kuchen für jeden Tag zu jeder Zeit.

[Sü] Dufte, der Pinienkern-Kuchen

Form 24 cm Ø

- 150 g **Butter**
- 1 **Ei** (M)
- 4 **Eigelb** (M)
- 170 g **Zucker**
- 170 g **Mehl**
- **Salz**
- abgeriebene Schale von 1 **Zitrone**
- 100 g **Pinienkerne**

Drumherum
- **Butter, Mehl** u. **Puderzucker** für die Form

Ofen auf 180 °C vorheizen. Form buttern und mit einer Mischung aus Mehl und Puderzucker ausstreuen.

Butter bei kleiner Hitze schmelzen, lauwarm abkühlen lassen. Ei und Eigelbe mit Zucker weißcremig aufschlagen. Mehl und Salz mischen, nach und nach einrühren, weiterrühren bis der Teig glatt ist. Geschmolzene Butter und Zitronenschale einrühren.

Teig in die Form füllen, glattstreichen, mit Pinienkernen bestreuen. Im Ofen (Mitte) ca. 30 Min. backen, bis der Kuchen goldbraun ist. Garprobe machen (s. S. 185). Wenn der Kuchen zu dunkel wird, gegen Ende der Backzeit mit Alufolie abdecken (s. S. 184). In der Form auf einem Kuchengitter abkühlen lassen. Zum Aufbewahren mit einem Küchentuch bedecken.

Tipp

Zusätzlich mit gehackten Mandeln bestreuen.

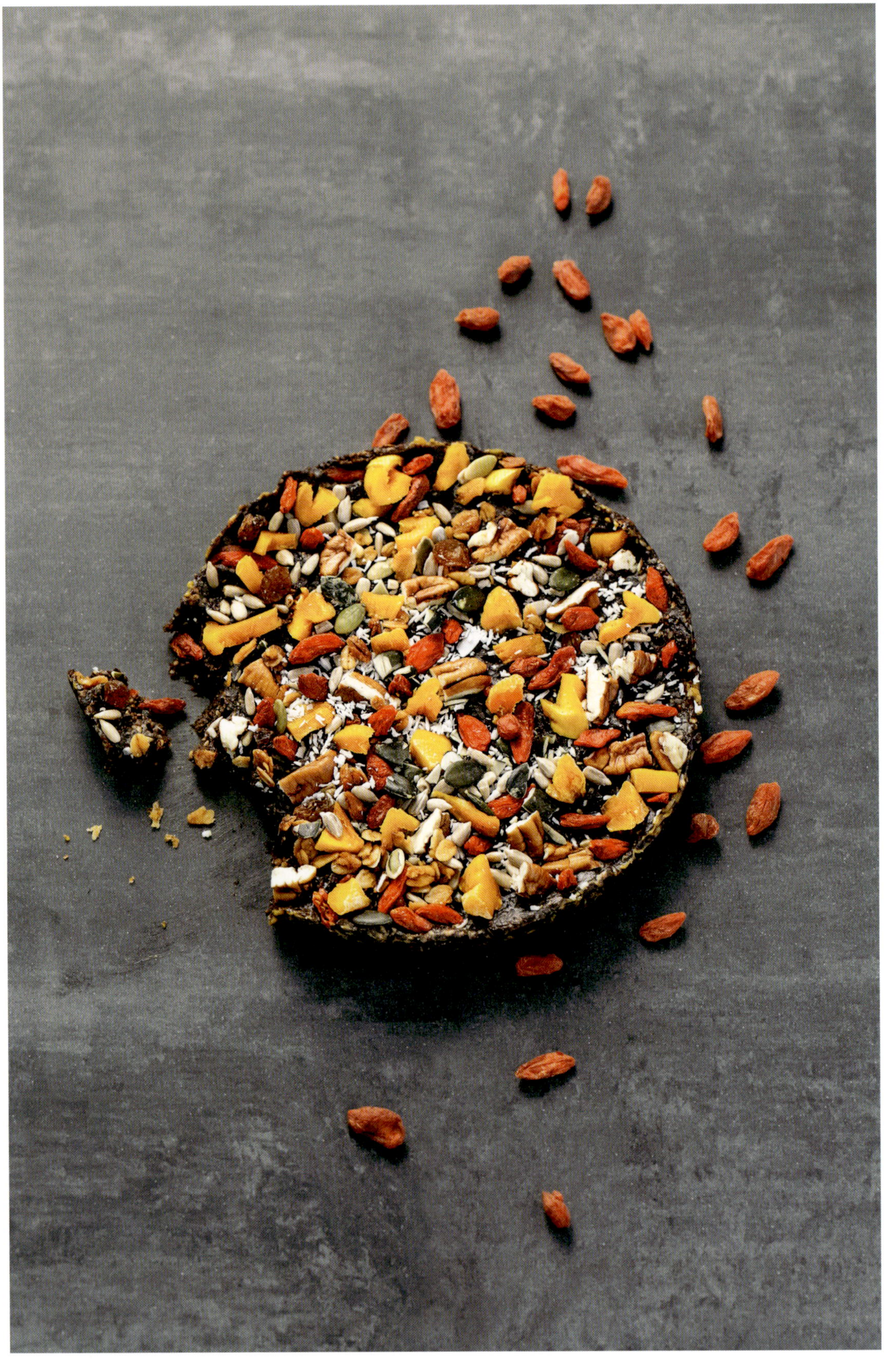

Ein Energiespender aus allerlei Samen, Beeren und sonstigen rohen Zutaten. Backen nicht nötig.

[Sü] Superkräfte? Power-Kuchen!

Form 18 cm Ø

- 4 EL **Samen- u. Kerne-Mix** (Sesam, Leinsamen, Kürbis- u. Sonnenblumenkerne)
- 30 g **Goji-Beeren**
- 6 entkernte **Datteln**
- 4 EL **Kakao**
- ½ TL **Kokosraspeln**
- 3 EL **Kokosöl**
- getrocknete **Papaya, Pekannüsse, Samen, Kerne, Kokosraspeln** zum Belegen

Form mit Alufolie auskleiden.
Samen, Kerne und Goji-Beeren im Blitzhacker kurz hacken. Datteln klein schneiden, dazugeben, hacken. Kakao und Kokosraspeln beifügen, alles zusammen zu einer groben, festen Paste verarbeiten. Kokosöl in einer kleinen Schüssel in heißes Wasser stellen, bis es flüssig ist. Zur Paste geben, bei hoher Geschwindigkeit zu einer glatten, feinen Paste mixen. Gleichmäßig in die Form pressen, glattstreichen. Mit Samen, Kernen, Nüssen, Beeren und Trockenfrüchten nach Belieben belegen. Belag leicht andrücken. In der Form für mindestens 3 Std. in den Kühlschrank stellen. Etwa 15—20 Min. vor dem Verzehr aus der Form nehmen, Alufolie ablösen, bei Zimmertemperatur stehen lassen.

Tipp

Samen und Kerne nach eigenen Vorlieben mischen. Ebenso das Topping.

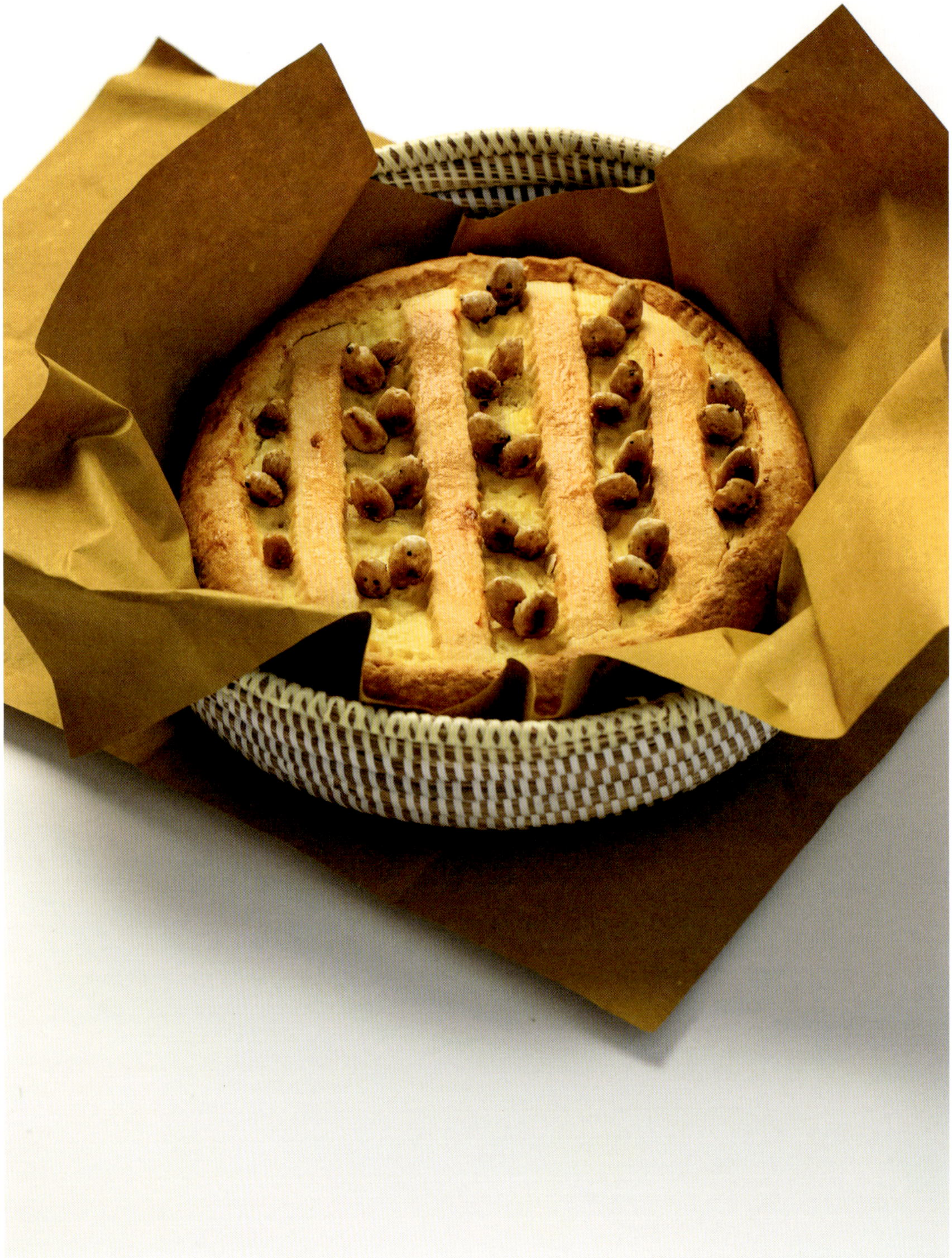

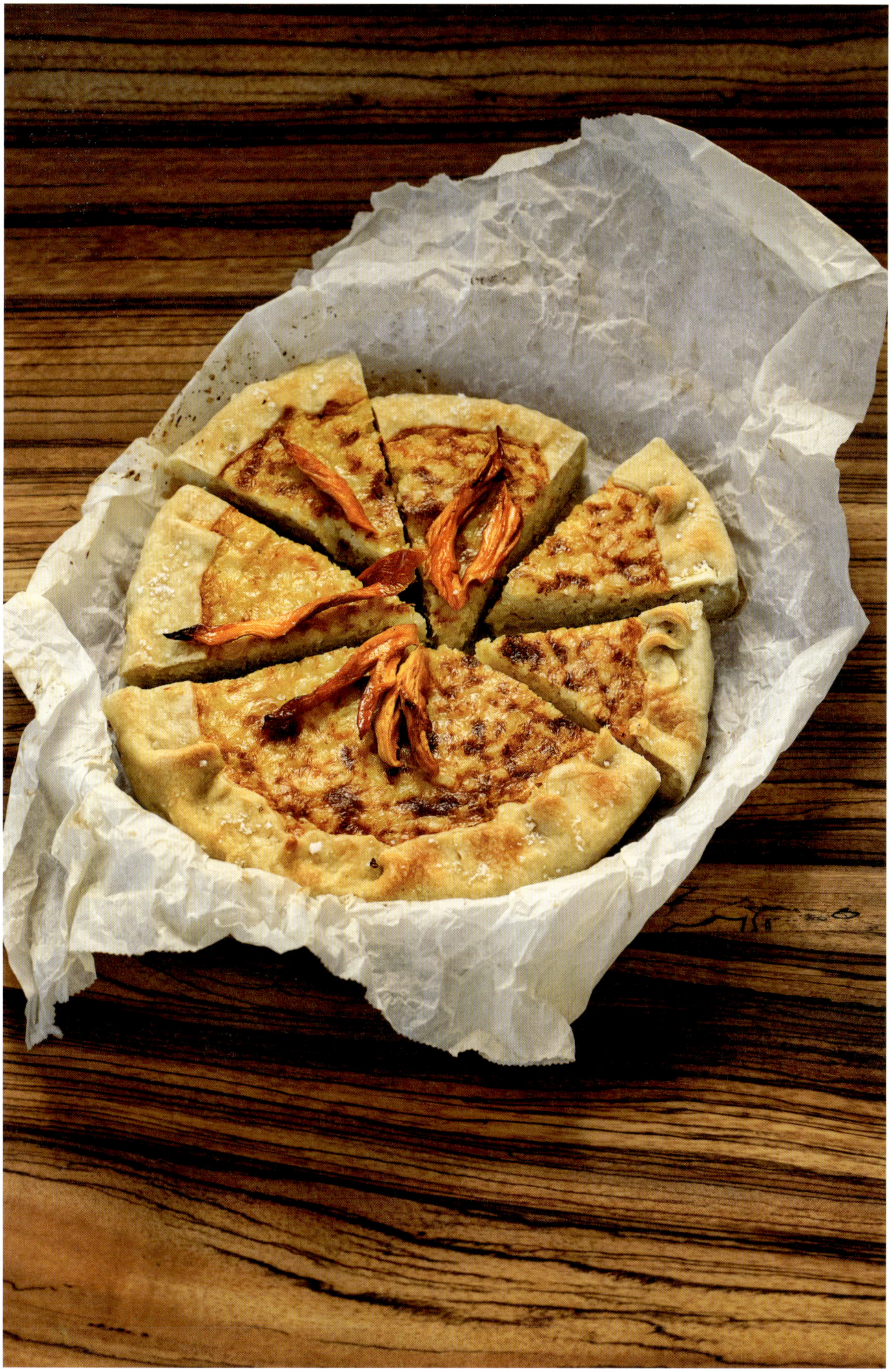

Form 24 cm Ø

Süßer Milchreis und Ricotta in der „torta di riso" erinnern an die Kindheit und sind Seelenfutter auch für Erwachsene. Ein italienischer Klassiker.

[Sü] Reis-Torte verführt die Sinne

Mehl mit Backpulver, Zucker und Orangenschale mischen, mit der in Stückchen geschnittenen Butter, Eigelb und eiskaltem Wasser (Menge nach Bedarf) rasch zu einem glatten Teig verarbeiten (s. S. 196). In Klarsichtfolie wickeln und für 1 Std. in den Kühlschrank legen. Reis in einen Topf geben, 170 ml Wasser zugießen, umrühren, ca. 5 Min. kochen, bis das Wasser eingekocht ist. Stetig rühren. Milch, Zucker, Vanillezucker und Orangenschale einrühren, bei kleiner Hitze ca. 20 Min. kochen. Häufig umrühren, damit nichts anlegt. Orangenschale entfernen, Butter unterrühren. Weitere 10—12 Min. kochen, bis die Masse dick ist und blubbert. In eine flache Schüssel füllen, mit Klarsichtfolie bedecken, vollständig auskühlen lassen.

Ofen auf 170 °C vorheizen. Form buttern. Zwei Drittel des Teiges auf einer leicht bemehlten Arbeitsfläche ca. 3 mm dick ausrollen, Form damit auslegen, am Rand 2 cm überhängen lassen. Restlichen Teig auf Backpapier ausrollen, in Streifen schneiden, in den Kühlschrank legen.

Ei, Eigelb und Rum schaumig rühren, in den Ricotta einrühren. Ricottacreme nach und nach glatt unter den abgekühlten Milchreis ziehen. In die Form füllen, glattstreichen. Mit Teigstreifen belegen, Teigrand darüberschlagen. Eigelb mit 1 TL Wasser verquirlen, auf den Teig pinseln. Im Ofen (Mitte) ca. 40 Min. backen, bis die Crostata goldbraun und die Fülle fest ist. Auf ein Kuchengitter stellen.

Mandeln in einer kleinen Pfanne mit Butter bei mittlerer Hitze golden anrösten, unter Rühren nach und nach Zucker darüberrieseln lassen, bis sie glänzen. Crostata damit verzieren.

Hülle
- 220 g **Mehl**
- 1 Msp. **Backpulver**
- 70 g **Zucker**
- abgeriebene **Schale** von ½ **Orange**
- 110 g kalte **Butter**
- 1 **Eigelb** (M)

Fülle
- 100 g **Rundkornreis**
- 280 ml **Milch**
- 110 g **Zucker**
- ½ Pkg. **Bourbon-Vanillezucker**
- 1 Streifen **Orangenschale**
- 20 g **Butter**
- 1 **Ei** u. 1 **Eigelb** (M)
- 1 EL **Rum**
- 250 g **Ricotta**

Drumherum
- **Butter** für die Form
- **Mehl** zum Arbeiten
- 1 **Eigelb**
- 40 g geschälte **Mandeln**
- je 1 EL **Butter** u. **Zucker**

Form 20 cm Ø

Eigentlich ein Arme-Leute-Gericht aus Italien mit Reis und Käse. Wie so oft schmeckt das Einfache besonders gut. Köstlicher Snack für jede Gelegenheit.

{8ᵃ} Ligurischer Reis-Kuchen o sole mio

Mehl mit Olivenöl, Salz und Wasser rasch zu einem glatten, elastischen Teig verarbeiten. Mit einem leicht angefeuchteten Küchentuch bedecken und mindestens 1 Std. bei Raumtemperatur ruhen lassen.
Wasser und Salz aufkochen. Reis einrühren, Topf zudecken, Reis bei kleiner Hitze bissfest („al dente") kochen. Im Topf abkühlen lassen.
Ofen auf 220 °C vorheizen. Form mit Backpapier auslegen.
Parmesan reiben. Teig auf einer leicht bemehlten Arbeitsfläche ca. 3 mm dick ausrollen, Form damit auslegen, Teig ca. 5 cm überhängen lassen. Milch mit Ei, Parmesan und Muskatnuss verrühren, mit dem abgekühlten Reis vermengen. Olivenöl unterrühren. In die Form füllen. Rand locker über die Fülle schlagen. Im Ofen (Mitte) ca. 30 Min. goldbraun backen. Auf ein Kuchengitter stellen. Mit Mangostücken verzieren. Heiß oder kalt servieren.

Tipp

Statt Milch für die Reisfülle Stracchino, einen italienischen Frischkäse, verwenden.

Hülle
- 130 g **Mehl**
- 3 EL **Olivenöl**
- 1 TL **Salz**
- ca. 100 ml **Wasser**

Fülle
- 200 ml **Wasser**
- ½ TL **Salz**
- 150 g **Arborio-Reis**
- 150 ml **Milch**
- 1 **Ei** (L)
- 50 g **Parmesan**
- ½ TL **Muskatnuss**
- 2 EL **Olivenöl**

Drumherum
- getrocknete **Mango** zum Verzieren (optional)

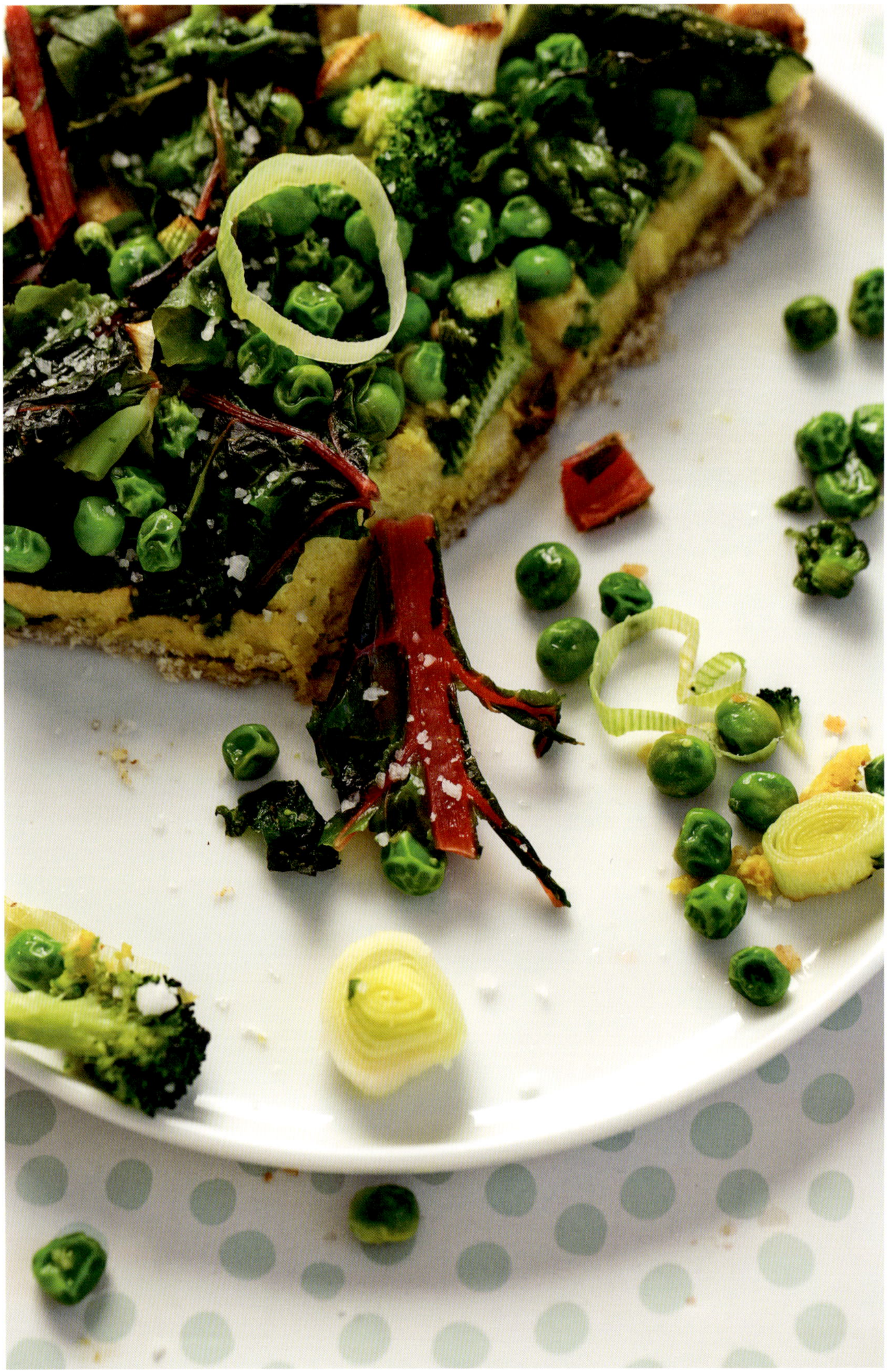

Ganz in Grün und sehr gesund präsentiert sich diese Quiche. Sie schmeckt hervorragend, braucht ein wenig Zeit, die sich aber mehr als lohnt.

{8ᵃ} Grüne Quiche. Ein Naturtalent!

Backofen auf 180 °C vorheizen. Form dünn einölen.
Mehle und Salz mischen, mit Öl und Milch zu einem glatten Teig kneten. Auf einer leicht bemehlten Arbeitsfläche ca. 3 mm dick ausrollen. Form damit auslegen (falls der Teig bricht, in die Form pressen). Im Ofen (Mitte) 15 Min. blind backen, Blindfüllung herausnehmen, Teig weitere 5 Min. backen. Abkühlen lassen.
Cashewnüsse und Bohnen mit Öl, Zitronensaft, Senf und Knoblauch im Blitzhacker pürieren. Hefeflocken und Speisestärke einrühren, Milch unterrühren (je nach Konsistenz etwas mehr, die Füllung soll glatt und streichfähig sein). Mit Kurkuma, Salz und Pfeffer würzen.
Ofentemperatur auf 195 °C stellen. Mangold gut waschen, Stiele herausschneiden. Grünen Spargel in Stücke schneiden, Broccoli in kleine Röschen teilen, Lauch in Ringe schneiden. Mangold und Spargel jeweils in leicht gesalzenem Wasser 1—2 Min. blanchieren (je nach Größe), in einem Sieb eiskalt abschrecken, gut abtropfen lassen. In einer Pfanne Olivenöl erhitzen, gesamtes Gemüse darin bei mittlerer Hitze ca. 4 Min. sautieren. Mit Salz und Pfeffer abschmecken. Zimmerwarm abkühlen lassen. Bohnencreme auf den Teigboden streichen. Gemüse darauf verteilen. Im Ofen (Mitte) ca. 35 Min. backen. Auf ein Kuchengitter stellen. Warm oder kalt servieren.

Tipp

Der grüne Spargel sollte eher dünn sein; sonst nur Spitzen nehmen und Rest anderweitig verwenden.

Form 20 cm Ø

Hülle
- 100 g **Mehl**
- 40 g **Buchweizenmehl**
- 40 g **Hafermehl**
- ¼ TL **Salz**
- 5—6 EL **Olivenöl**
- 2—3 EL **Mandelmilch**

Fülle
- 100 g **Cashewnüsse** (über Nacht in Wasser eingeweicht)
- 150 g gekochte weiße **Bohnen**
- 3 EL **Olivenöl**
- Saft von 1 **Zitrone**
- 1 EL **Senf**
- 1 **Knoblauchzehe**
- 2 EL **Hefeflocken**
- 2 EL **Speisestärke**
- ca. 3 EL **Mandelmilch**
- 1 EL **Kurkuma**
- **Salz**
- **Pfeffer**
- ca. 400 g saisonales **grünes Gemüse** (z.B. Mangold, grüner Spargel, Broccoli, Lauch, Erbsen)
- 2 EL **Olivenöl**

Drumherum
- **Öl** für die Form
- **Mehl** zum Arbeiten

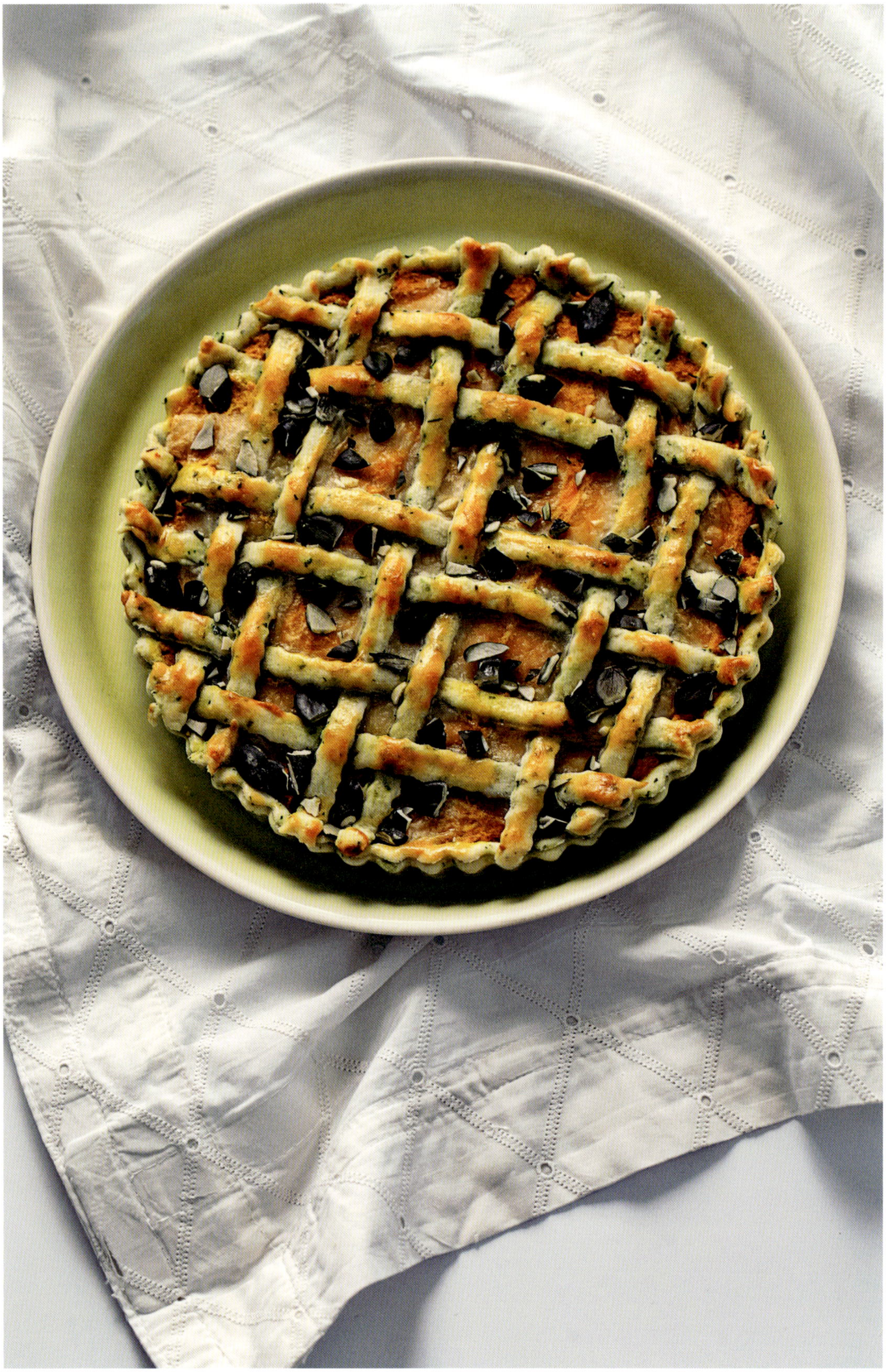

Cremige Füllung aus Kürbis und Kichererbsen in Kräutermürbteig mit einer Prise Orient.

{Sa}Hi, hi, hi, Kichererbsen-Crostata

Ofen auf 180 °C vorheizen. Mehl, Salz und Kräuter mischen, mit der in Stückchen geschnittenen Butter und eiskaltem Wasser (Menge nach Bedarf) rasch zu einem glatten Teig verarbeiten (s. S. 196). Teig halbieren, Hälften einzeln in Klarsichtfolie wickeln und in den Kühlschrank legen.

Kichererbsen abtropfen lassen, pürieren. Kürbisfleisch in Stücke schneiden. In einer feuerfesten Form im Ofen (Mitte) in ca. 30 Min. weich backen. Abkühlen lassen, pürieren.

Eine Teighälfte auf einer leicht bemehlten Arbeitsfläche ca. 3 mm dick ausrollen. Form damit auslegen. Kühl stellen. Zweite Hälfte auf Backpapier ausrollen, in Streifen schneiden, in den Kühlschrank legen. Kürbispüree mit Ei, Parmesan, Bröseln, Masala, Orangenschale und pürierten Kichererbsen vermengen. Mit Salz und Pfeffer abschmecken. Masse in die Form füllen, mit Käsescheiben belegen. Teigstreifen gitterförmig darauflegen, an den Rändern andrücken. Eigelb mit 1 TL Wasser verquirlen, auf Gitter und Rand pinseln. Im Ofen (Mitte) ca. 45 Min. goldbraun backen. Die Fülle bläht sich beim Backen auf, setzt sich aber dann wieder. Crostata mit grob gehackten Kürbiskernen bestreuen.

Tipp

Ich verwende am liebsten Muskatkürbis. Ungeschält brauchen Sie ca. 300–400 g.

Form 20 cm Ø

Hülle
- 200 g **Mehl**
- 1 Msp. **Salz**
- 2 EL gehackte **Kräuter** (Petersilie, Koriander, Minze)
- 100 g kalte **Butter**

Fülle
- 100 g gekochte **Kichererbsen**
- 150 g **Kürbisfleisch** (s. Tipp)
- 1 **Ei** (M)
- 2 EL geriebener **Parmesan**
- 50 g **Semmelbrösel**
- ½ TL **Garam Masala**
- abgeriebene Schale von ½ **Orange**
- **Salz**
- **Pfeffer**
- 3 dünne Scheiben gut schmelzender **Käse** (z.B. Provolone dolce)

Drumherum
- 1 **Eigelb**
- **Mehl** zum Arbeiten
- **Kürbiskerne** zum Bestreuen

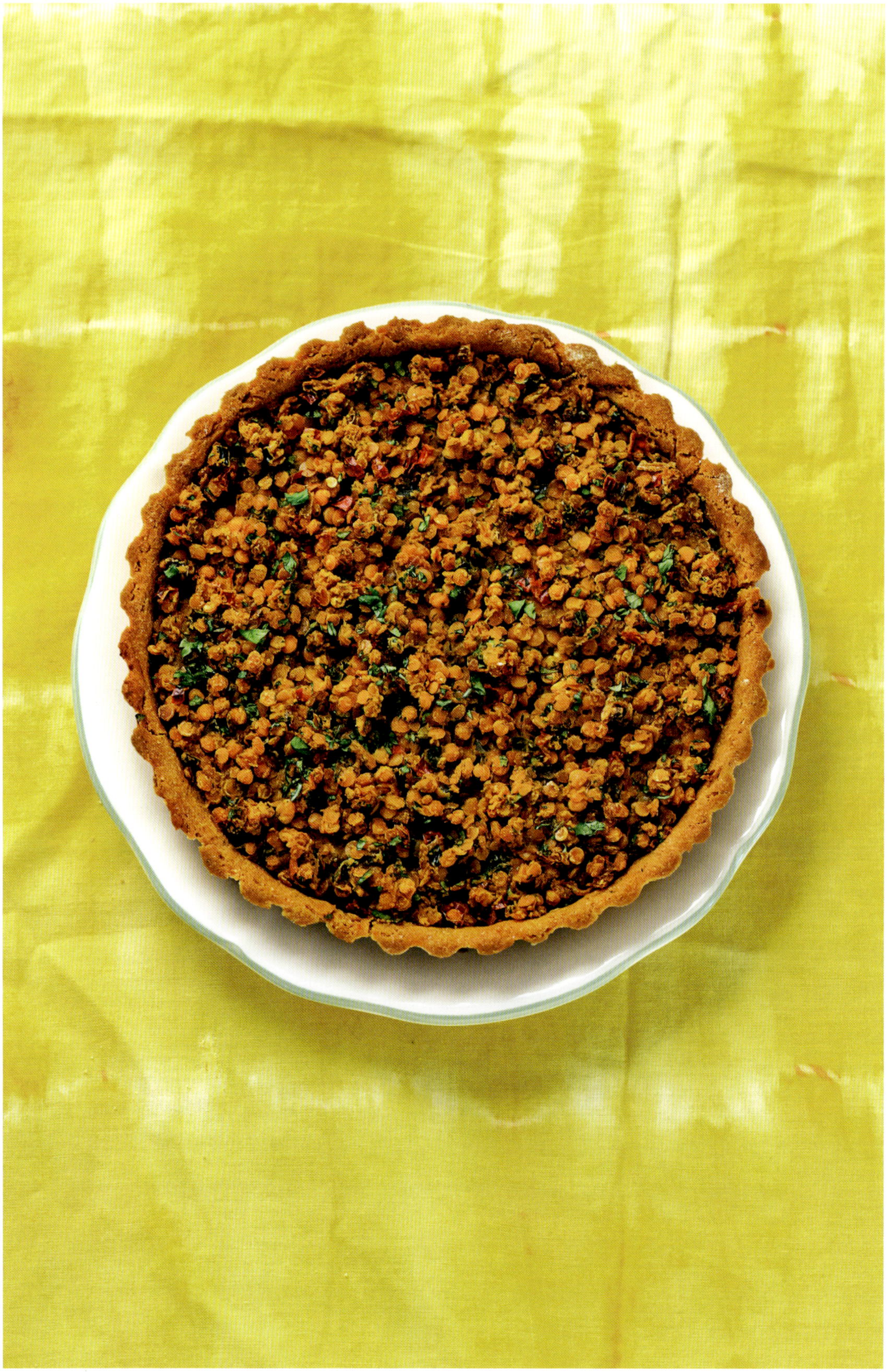

Feurige Tarte mit roten Linsen, Paprikagemüse und Kräutern, umhüllt von einer Kruste mit rotem Linsenmehl. Unbedingt probieren!

{Sa} Hot, hot, die Linsen-Tarte, baby

Linsenmehl, Weizenmehl, Kurkuma und Salz mischen. Mit Öl und 2—3 EL warmem Wasser zu einem glatten Teig kneten. In Klarsichtfolie wickeln und für mindestens 30 Min. in den Kühlschrank legen.
Linsen mit der Brühe in einem Topf zum Kochen bringen. Hitze reduzieren, Linsen weich köcheln (ca. 12 Min.). Vom Herd nehmen, leicht abkühlen lassen.
Zwiebel klein hacken. Paprika klein würfeln. Mit der Zwiebel in Butter weich dünsten. Linsen, Tomatenmark, Masala und Kräuter mischen, Stärke unterrühren. Mit Salz und Pfeffer abschmecken.
Ofen auf 200 °C vorheizen. Form buttern.
Teig auf einer leicht bemehlten Arbeitsfläche ca. 3 mm dick ausrollen, Form damit auslegen. Falls der Teig bricht, mit den Fingern in die Form pressen. Boden mit einer Gabel mehrfach einstechen. Hälfte der Linsenmischung in die Form füllen, mit einem Löffel leicht andrücken. Rest lose darüber verteilen. Im Ofen (Mitte) ca. 30 Min. backen, bis die Fülle fest ist. Wenn die Tarte zu braun wird, gegen Ende der Backzeit mit Alufolie abdecken (s. S. 184). Auf ein Kuchengitter stellen. Warm oder kalt servieren.

Tipps

Masala ist eine indische Gewürzmischung, die es scharf oder mild gibt – für diese Tarte empfehle ich die scharfe Variante.
Verwenden Sie für die Tarte bevorzugt Spitzpaprika, eine süße, milde Paprikasorte.

Form 20 cm Ø

Hülle
- 120 g rotes **Linsenmehl**
- 40 g **Weizenvollkornmehl**
- 1 TL **Kurkuma**
- 1 Prise **Salz**
- 30 ml **Pflanzenöl**

Fülle
- 130 g rote **Linsen**
- 250 ml **Gemüsebrühe**
- 1 kleine **Zwiebel**
- 1 roter u. ½ grüner **Spitzpaprika**
- 20 g **Butter**
- 1 EL **Tomatenmark**
- ½ TL **hot Masala** (s. Tipp)
- 3 EL gehackte frische **Kräuter**, z.B. Minze, Petersilie, Koriander
- 1 TL **Speisestärke**
- je 1 Msp. **Salz** u. **Pfeffer**

Drumherum
- **Butter** für die Form
- **Mehl** zum Arbeiten

Kapitel 8 Gemüse

Quer durch das Gemüsebeet, süß und salzig

[sü]

Auberginen-Brownie	159
Kürbis-Tarte	161
Bete-Tartelettes	163
Rhabarber-Tarte	165
Mangold-Kuchen	168

{sa}

Spinat-Kürbis-Crostata	169
Fenchel-Tarte	171
Karotten-Tarte	173
Paprika-Quiche	175
Tomaten-Galette	177
Zucchini-Galette	179
Zwiebel-Crostata	181

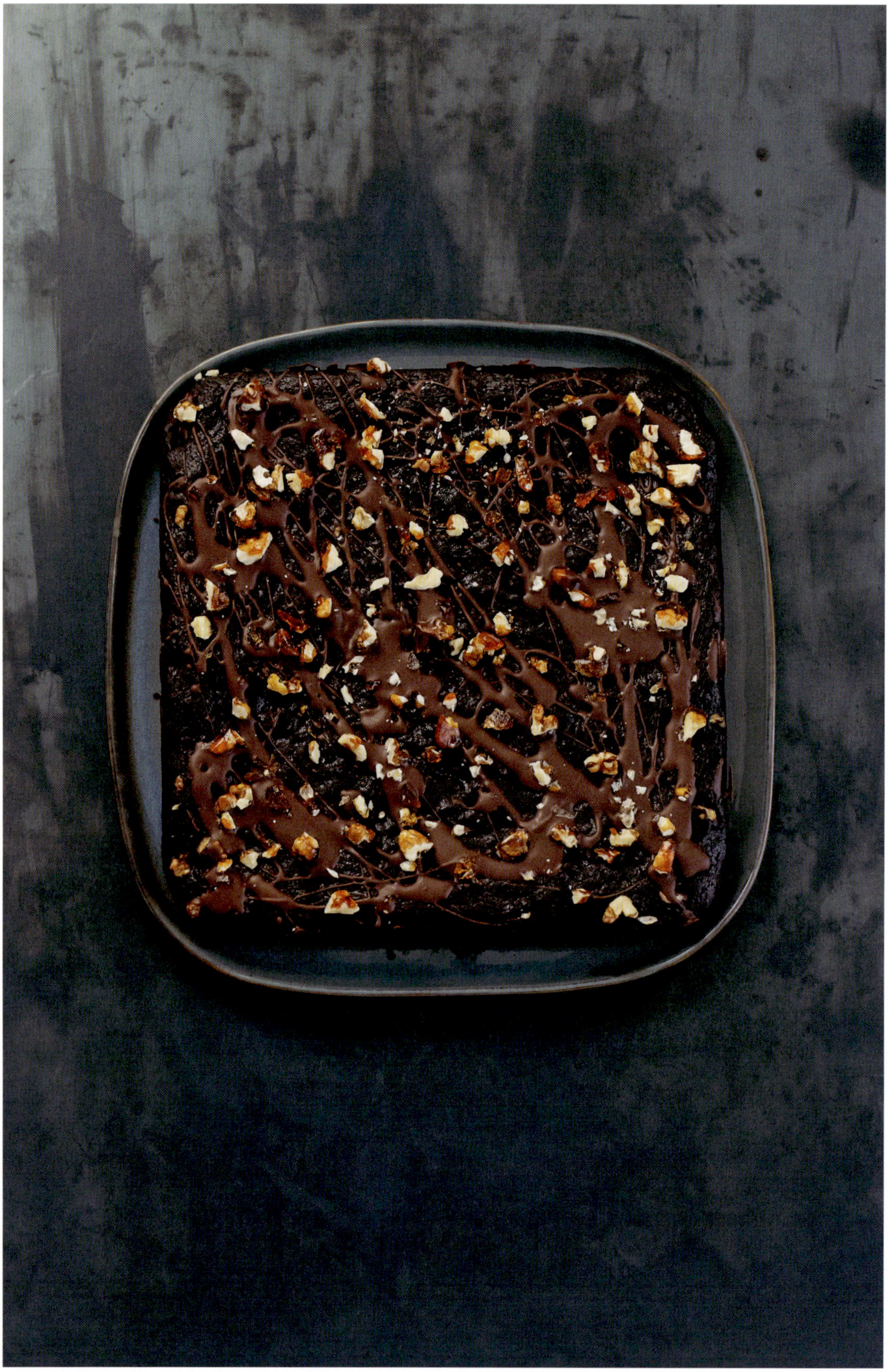

Eine ungewöhnliche Kombination aus der Tradition der italienischen Küche. Intensiv schokoladig, cremig, konfektartig. Überraschung garantiert.

[Sü] Sag niemals nie zu Auberginen-Brownie

Ofen auf 180 °C vorheizen. Form mit Backpapier auskleiden. Auberginen der Länge nach halbieren. Auf einem Backblech je nach Größe der Auberginen 45–50 Min. backen, bis sie leicht gebräunt sind und das Fruchtfleisch weich ist. Etwas abkühlen lassen, Haut mit den Fingern abziehen. Auberginen pürieren.

Walnüsse grob schneiden. Schokolade in kleine Stücke brechen, über dem Wasserbad schmelzen. Auberginenpüree unter die geschmolzene Schokolade rühren. Haselnüsse, Kakao, Backpulver und Salz mischen, unterrühren. Honig und Cognac einrühren. Eier schaumig aufschlagen, nach und nach unter die Schokomasse ziehen. Geschnittene Nüsse gut verteilt unterheben. Teig in die Form füllen, glattstreichen. Im Ofen (Mitte) ca. 35 Min. backen. Garprobe machen (s. S. 185).

In der Zwischenzeit in einer kleinen Pfanne Butter bei mittlerer Hitze schmelzen. Walnusshälften auf beiden Seiten leicht anbraten, Zucker nach und nach dünn darüberrieseln lassen, gut umrühren, bis sie karamellisieren. Auf leicht geöltem Backpapier abkühlen lassen. In grobe Stücke hacken, Kuchen damit bestreuen. In der Form auf einem Kuchengitter abkühlen lassen. Nach Belieben schneiden.

Tipp

Auch als runder Kuchen (24–26 cm Ø) mit Schokoladeglasur und gehacktem Walnuss-Karamell sehr hübsch.

Form 22 x 22 cm

- ca. 400 g **Auberginen** (1 große oder 2 kleine à 200 g)
- 50 g **Walnusshälften**
- 300 g dunkle **Schokolade** (70 %)
- 50 g gemahlene **Haselnüsse**
- 50 g **Kakaopulver**
- 1 ½ TL **Backpulver**
- 1 Msp. **Salz**
- 200 g **Honig**
- 1 EL **Cognac**
- 4 **Eier** (M)

Drumherum
- 1 EL **Butter**
- 30 g **Walnusshälften**
- 2 EL **Zucker**
- **Öl** fürs Blech

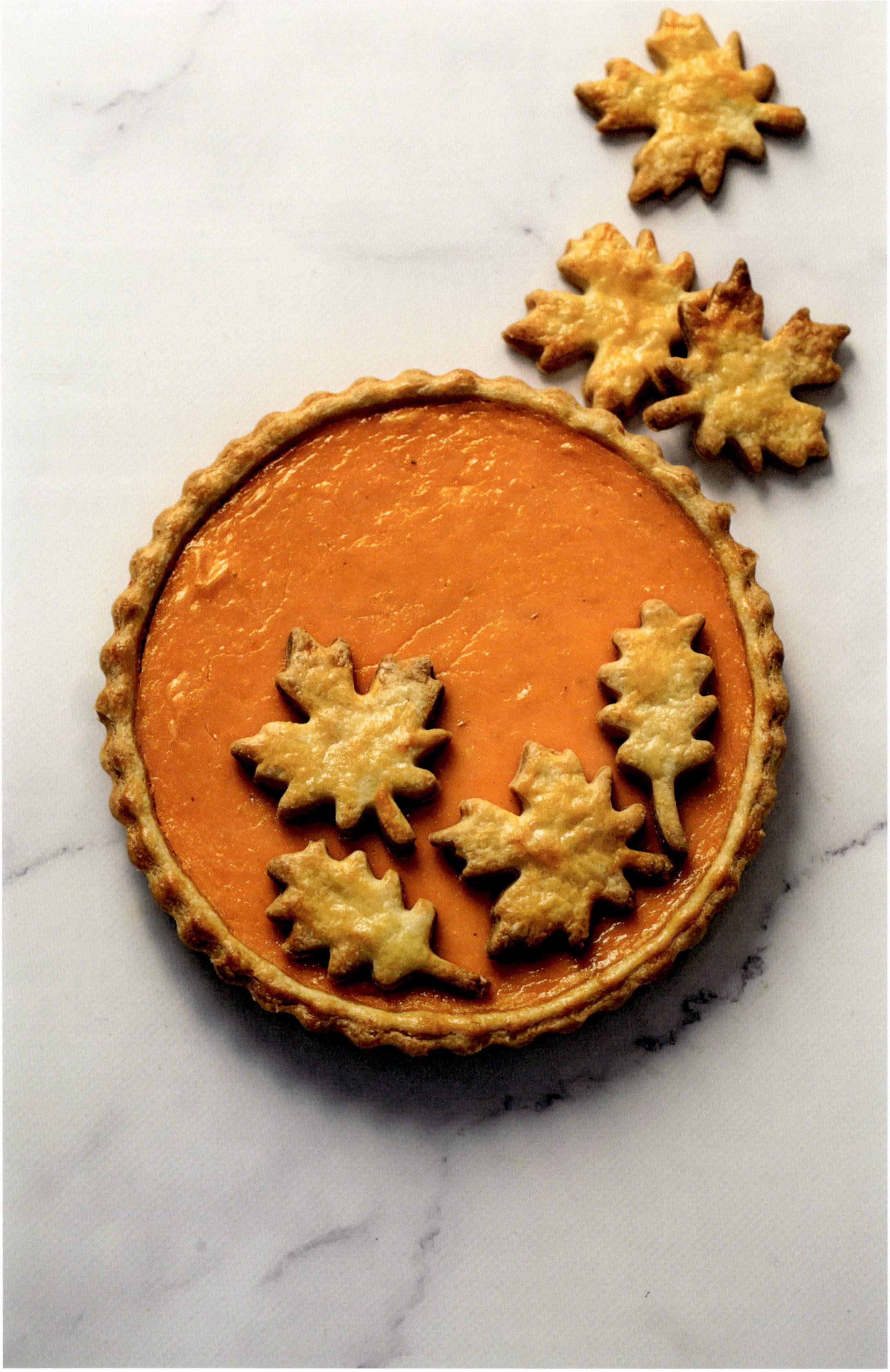

Ein süß-cremiger Genuss auf jedem herbstlichen Kuchentisch, perfekt für Halloween oder Thanksgiving.

[Sü]ß Gib süße Kürbis-Tarte oder Saures

Form 20 cm Ø

Hülle
- 200 g **Mehl**
- 4 EL **Puderzucker**
- abgeriebene Schale von 1 **Orange**
- 100 g kalte **Butter**
- 1 **Eigelb** (L)

Fülle
- 250 g **Kürbisfleisch** (z.B. Muskatkürbis)
- 2 **Eigelb** (M)
- 2 EL **Zucker**
- 70 ml **Sahne**
- 1 EL **Crème fraîche**
- 1 EL frisch geriebener **Ingwer**
- 1 Prise **Muskatnuss**

Drumherum
- **Butter** für die Form
- **Mehl** für die Arbeitsfläche
- 1 **Eigelb**

Kürbis schälen, in große Würfel schneiden. In einem Topf mit Wasser bedecken, bei kleiner Hitze weich dünsten. In einem Sieb abtropfen lassen. Mit dem Mixstab oder in der Küchenmaschine pürieren. Abkühlen lassen.

Mehl, Puderzucker und Orangenschale mischen, mit der in Stückchen geschnittenen Butter, Eigelben und eiskaltem Wasser (Menge nach Bedarf) rasch zu einem glatten Teig verarbeiten (s. S. 196). In Klarsichtfolie wickeln und für 1 Std. in den Kühlschrank legen.

Ofen auf 180 °C vorheizen (keine Umluft verwenden!). Form buttern. Teig auf einer bemehlten Arbeitsfläche ca. 3 mm dick ausrollen, Form damit auslegen. Teigreste zusammenkneten, kühl stellen. Eigelbe mit Zucker verrühren, mit Sahne und Crème fraîche verquirlen, in das Kürbispüree rühren. Ingwer und Muskatnuss unterrühren. Eigelb mit 1 TL Wasser verquirlen, auf den Teigrand pinseln. Im Ofen ca. 35 Min. backen. Teigreste ausrollen, Blätter oder andere Verzierung ausstechen, mit Eigelb bepinseln. Auf einem mit Backpapier belegten Blech goldbraun backen. Das dauert je nach Größe ca. 10 Min. Tarte damit belegen. In der Form auf einem Kuchengitter abkühlen lassen.

Tipp

Damit es schneller geht: Kürbispüree am Vortag zubereiten, im Kühlschrank aufbewahren.

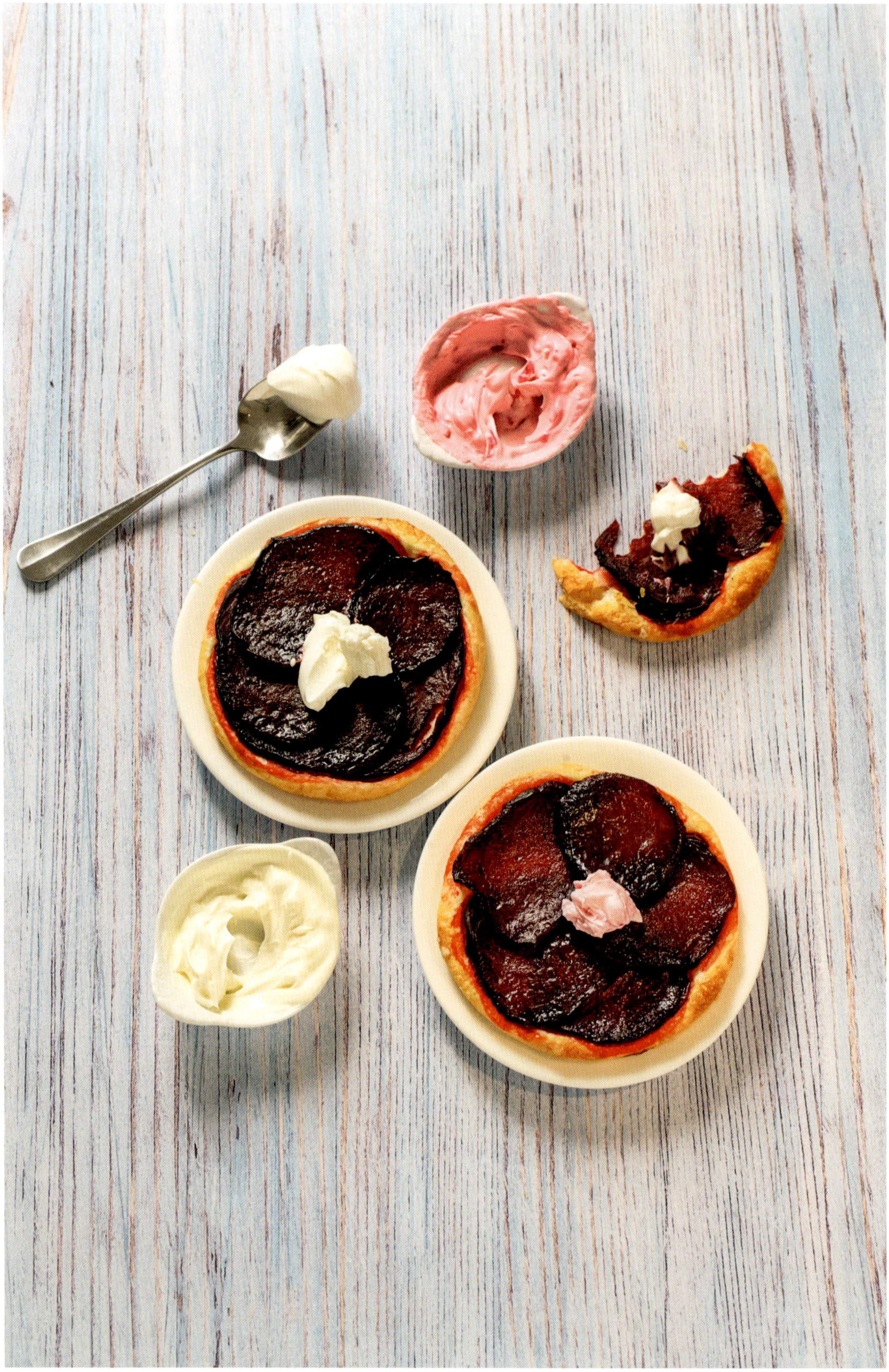

Der süße Eigengeschmack von Beten, potenziert mit Puderzucker. Ein Aperogebäck aus Blätterteig, das Aufsehen erregt.

[sü] Wie kokett, die Bete-Tartelettes

6 Stk. à 12 cm Ø
oder auf dem Blech

Hülle
- 1 Pkg. **Blätterteig** (aus dem Kühlfach oder selbstgemacht, s. S. 196)

Fülle
- 6 gekochte **Rote Bete** (à ca. 130 g)
- 40 g **Butter**
- 2 EL **Puderzucker**

Drumherum
- 100 g **Mascarpone**

Ofen auf 200 °C vorheizen. Blech mit Backpapier auslegen. Rote Bete schälen, quer in dünne Scheiben schneiden. Austretenden Saft auffangen und beiseitestellen. Blätterteig nach Packungsanleitung vorbereiten bzw., wenn selbst gemacht, ca. 2 ½ mm dick ausrollen. 6 Kreise mit 12 cm Ø ausschneiden. Auf das Blech legen. Butter schmelzen. Teig mit Bete-Scheiben wie eine Blüte belegen. Einen kleinen Rand freilassen. Mit Butter bestreichen, mit Puderzucker bestreuen. Im Ofen (Mitte) ca. 30 Min. backen, bis die Bete zu karamellisieren beginnen.
Mit Mascarpone, pur oder vermischt mit Bete-Saft, servieren.

Tipps

Wer es etwas säuerlicher mag, nimmt statt Mascarpone Crème fraîche oder eine Mischung aus beidem.
Mit fertigem Blätterteig und vakuumierten Beten superschnell und supereinfach zuzubereiten – ideal z.B. für Überraschungsgäste.

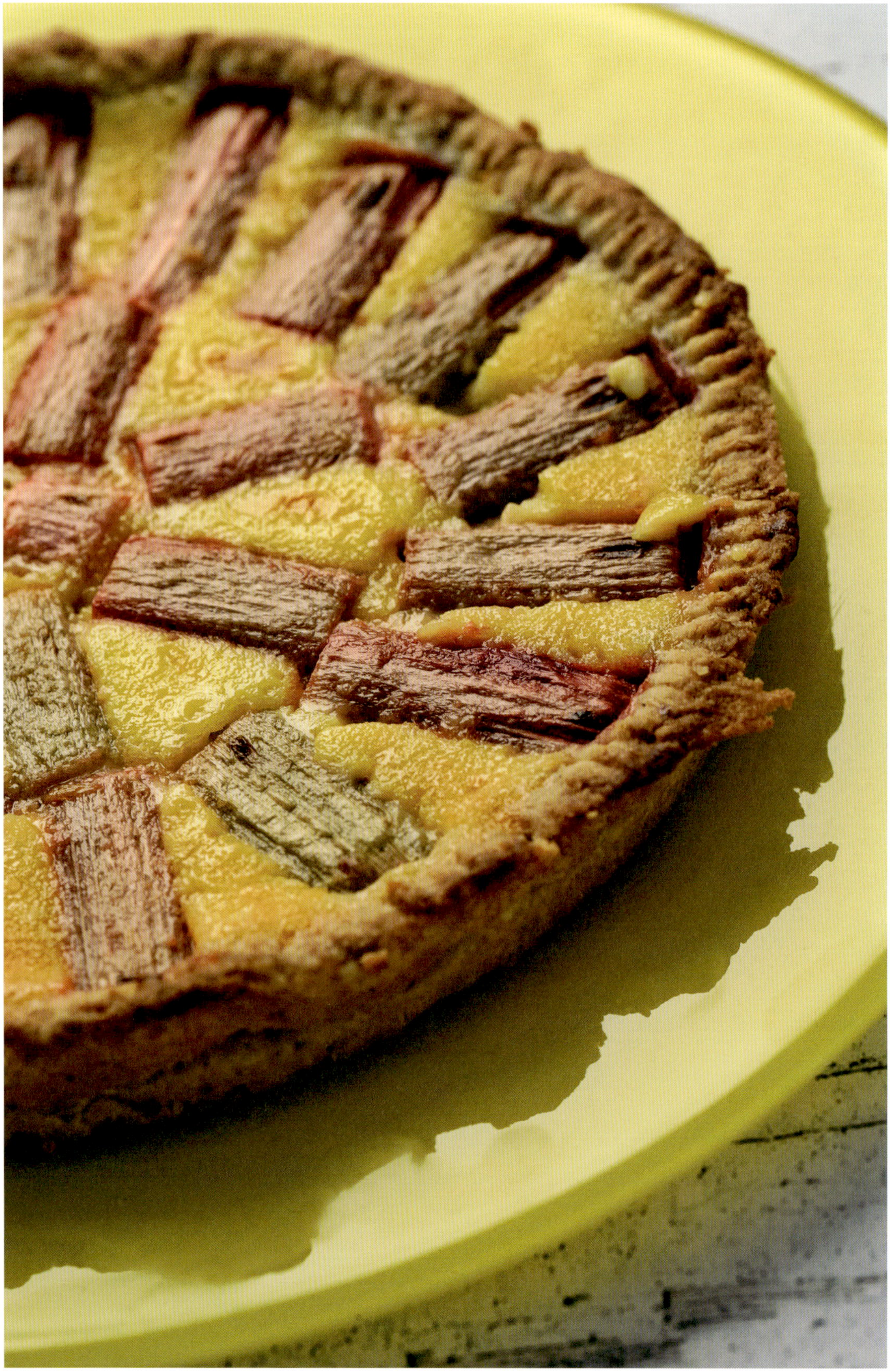

Form 24 cm Ø

Hülle
- 160 g **Mehl**
- 2 EL **Zucker**
- 1 Pkg. **Bourbon-Vanillezucker**
- 120 g kalte **Butter**
- 1 **Eigelb** (M)

Fülle
- ca. 750 g **Rhabarber** (geputzt u. geschält ca. 500 g)
- 125 ml **Sahne**
- 2 **Eigelb** (M)
- 1 TL **Speisestärke**
- 80 g **Zucker**

Drumherum
- **Butter** für die Form
- **Mehl** für die Arbeitsfläche

Rhabarber ein Gemüse? Strenggenommen ja. Als Tarte mit Guss besonders gut. Das in meinen Augen perfekte Rezept habe ich von einer Freundin übernommen.

[Sü] Einfach gute Rhabarber-Tarte

Mehl, Zucker und Vanillezucker mischen, mit der in Stückchen geschnittenen Butter, Eigelb und eiskaltem Wasser (Menge nach Bedarf) rasch zu einem glatten Teig verarbeiten (s. S. 196). In Klarsichtfolie wickeln und für 30 Min. in den Kühlschrank stellen. Backofen auf 200 C° vorheizen, Form buttern.

Teig auf einer leicht bemehlten Arbeitsfläche ca. 3 mm dick ausrollen, Form damit auslegen. Teigboden mit einer Gabel mehrfach einstechen. Im Backofen (Mitte) 10 Min. blind backen (s. S. 185). Abkühlen lassen. Rhabarber schälen, in ca. 5 cm große Stücke schneiden. Im Kreis auf dem Teigboden verteilen. Sahne mit Eigelben, Speisestärke und Zucker verquirlen, über den Rhabarber gießen. Tarte im Ofen (Mitte) ca. 30 Min. backen. Auf einem Kuchengitter abkühlen lassen.

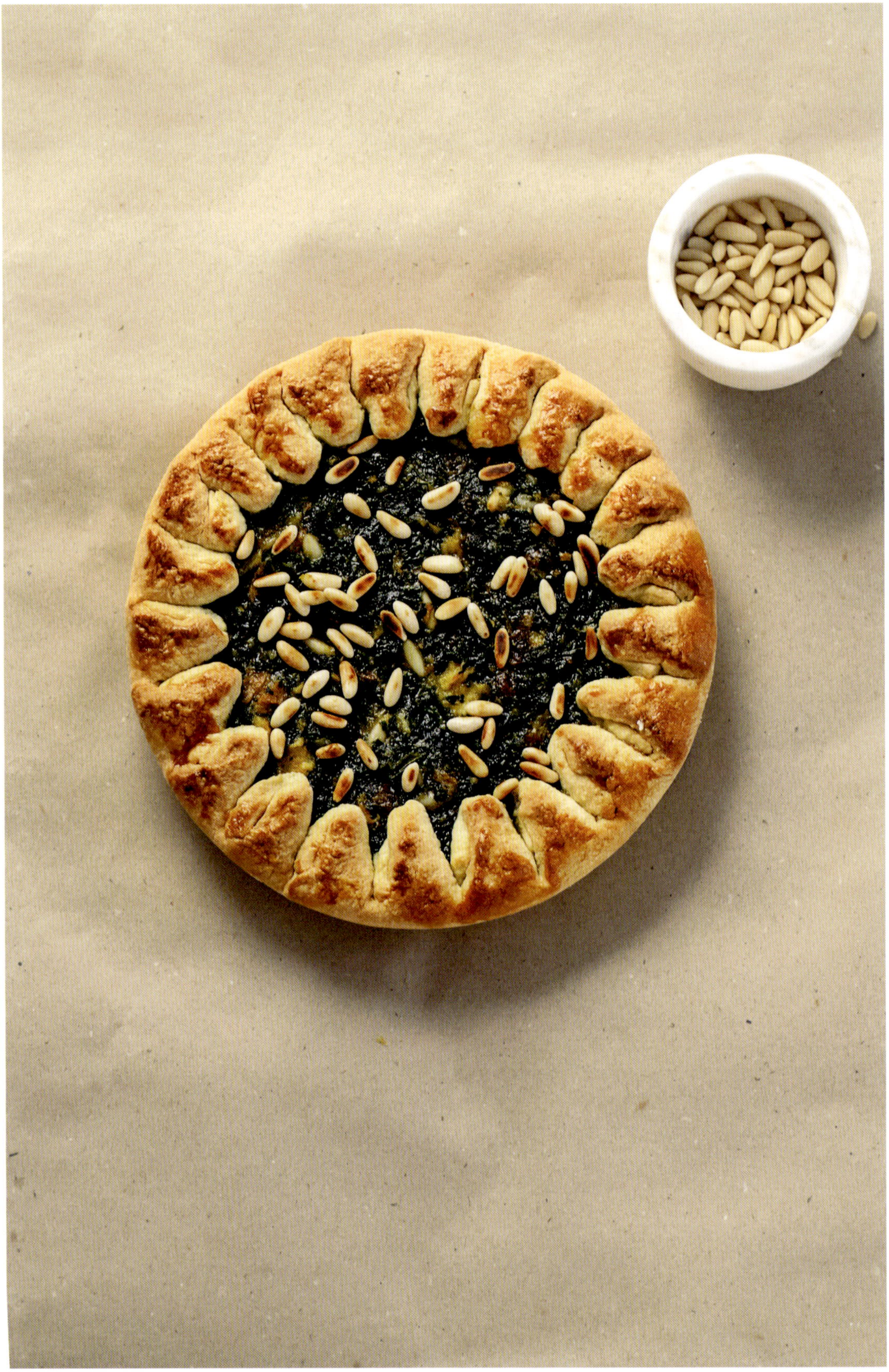

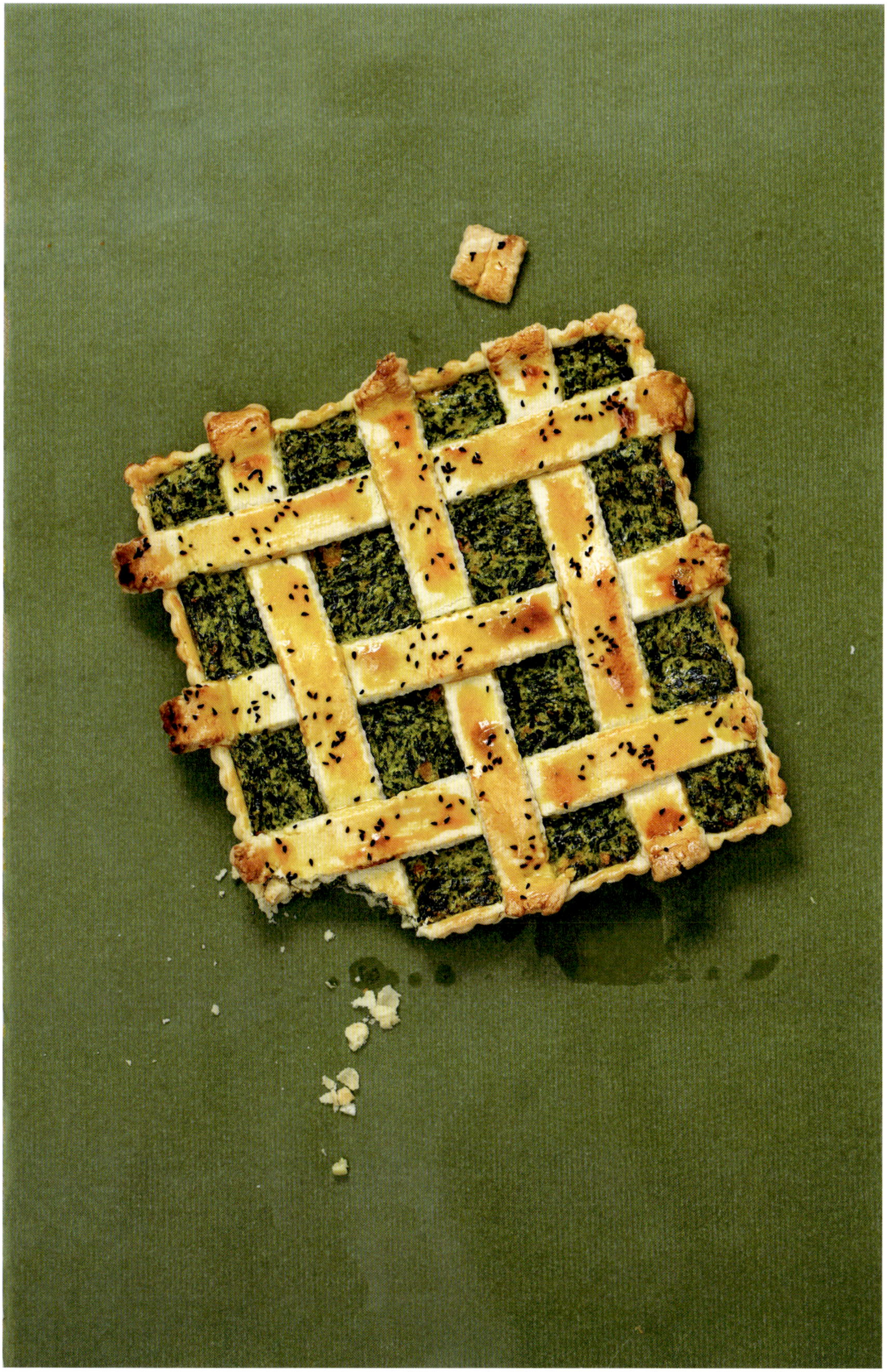

Diese Spezialität gibt es traditionell in Nizza und Lucca. Kaum zu glauben, wie wohlschmeckend Mangold in einem süßen Kuchen sein kann.

[Sü] Süßer Mangold-Kuchen, mein Süßer

Pie-Form 24 cm Ø

Hülle
- 120 g weiche **Butter**
- 80 g **Zucker**
- 2 **Eier** (S)
- 230 g **Mehl**

Fülle
- 3 EL **Sultaninen**
- 1 EL **Marsala**
- 100 g altbackenes **Weißbrot**
- 125 ml **Milch**
- ca. 700 g **Mangold** (ca. 250 g gekochter Mangold)
- **Salz**
- 3 Streifen **Orangenschale**
- 80 g **Rohzucker**
- 2 **Eier** (M)
- 50 g **Pinienkerne**
- **Pfeffer**
- je 1 Msp. **Muskatnuss** u. **Zimt**

Drumherum
- **Butter** u. **Mehl** für die Form
- **Pinienkerne** zum Bestreuen

Zutaten für die Hülle auf Zimmertemperatur aufwärmen lassen. Butter und Zucker flaumig rühren, Eier leicht verquirlen, nach und nach einrühren. Mehl unterrühren, alles zu einem glatten Teig verarbeiten. Teig halbieren, in Klarsichtfolie wickeln und für mindestens 1 Std. in den Kühlschrank legen.

Sultaninen in Marsala einweichen. Brot zerpflücken, in Milch einweichen. Mangold unter fließendem Wasser waschen, Stiele herausschneiden. In einem großen Topf Wasser mit 1 TL Salz zum Kochen bringen, Mangoldblätter 2 Min. blanchieren, abgießen, gut abtropfen lassen. Abgekühlt in schmale Streifen schneiden. Orangenschale fein hacken. Mangold mit Rohzucker und leicht verquirlten Eiern gut mischen. Pinienkerne und Sultaninen unterrühren. Mit Salz, Pfeffer, Muskatnuss und Zimt würzen.

Ofen auf 180 °C vorheizen. Form buttern und mit Mehl ausstreuen. Teig auf einer leicht bemehlten Arbeitsfläche ca. 3 mm dick ausrollen, Form damit bis über den Rand auslegen. Mangold darauf verteilen. Rand in Abständen schräg einschneiden, nach innen in kleine Spitzen falten, über die Fülle legen. Im Ofen (Mitte) ca. 40 Min. goldbraun backen. Pinienkerne ohne Fett in einer Pfanne bei mittlerer Hitze goldbraun anrösten. Drüberstreuen. Kuchen in der Form auf einem Kuchengitter abkühlen lassen.

Tipp

Pinienkerne beim Rösten mehrmals durchschütteln, damit sie gleichmäßig bräunen. Achtung: Sie verbrennen schnell.
(Das Foto zum Rezept findet sich auf der vorangehenden Doppelseite).

Herbstlicher Gemüsekuchen mit Ricotta und Parmesan. In kleine Quadrate geschnitten ein Appetizer, mit Salat eine ganze Mahlzeit.

{Sa} Spinat-Kürbis-Crostata Stark

Form 22 x 22 cm

Hülle
- 375 g **Mehl**
- 1 Prise **Salz**
- 190 g kalte **Butter**
- 1 **Eigelb** (M)

Fülle
- ca. 600 g **Spinat** (ca. 250 g gekochter Spinat)
- **Salz**
- 180 g **Kürbisfleisch**
- 125 g **Ricotta**
- 2 EL geriebener **Parmesan**
- **Pfeffer**
- **Muskatnuss**
- 1 **Ei** (M)

Drumherum
- **Butter** für die Form
- **Mehl** zum Arbeiten
- 1 **Eigelb**
- schwarzer **Sesam** zum Bestreuen

Mehl und Salz mischen, mit der in Stückchen geschnittenen Butter, Eigelb und eiskaltem Wasser (Menge nach Bedarf) rasch zu einem glatten Teig verarbeiten (s. S. 196). In Klarsichtfolie wickeln und für 1 Std. in den Kühlschrank legen.

Spinat waschen, dicke Stiele entfernen. In einem großen Topf 2 EL Wasser erhitzen, den noch nassen Spinat und 1 Prise Salz dazugeben, zugedeckt bei mittlerer Hitze zusammenfallen lassen. In einem Sieb abtropfen. Sobald der Spinat kühl ist, gut ausdrücken, grob schneiden. Kürbisfleisch in Würfel schneiden, in leicht gesalzenem Wasser weich kochen. In ein Sieb abgießen, abtropfen lassen. Abkühlen. In einer Schüssel Spinat (evtl. nochmals ausdrücken) mit abgekühltem Kürbis, Ricotta und Parmesan mischen. Mit Salz, Pfeffer und Muskatnuss kräftig würzen. Ei verquirlen, unterrühren.

Ofen auf 200 °C vorheizen. Form buttern.

Zwei Drittel des Teiges auf einer leicht bemehlten Arbeitsfläche ca. 3 mm dick quadratisch ausrollen, Form damit auslegen. Boden mit einer Gabel mehrfach einstechen. Kühl stellen. Restlichen Teig ebenso ausrollen, auf Backpapier in den Kühlschrank legen. Spinatmasse in die Form füllen, glattstreichen. Restteig in Streifen schneiden, gitterförmig auf die Fülle legen. Am Rand leicht andrücken. Eigelb mit 1 TL Wasser verquirlen, auf den Teig pinseln. Mit schwarzem Sesam bestreuen.

Im Ofen (Mitte) ca. 45 Min. goldbraun backen. In der Form auf einem Kuchengitter abkühlen lassen.

Tipp

Reste im Ofen bei 160 °C ca. 5–10 Min. aufbacken.

(Das Foto zum Rezept findet sich auf der vorangehenden Doppelseite).

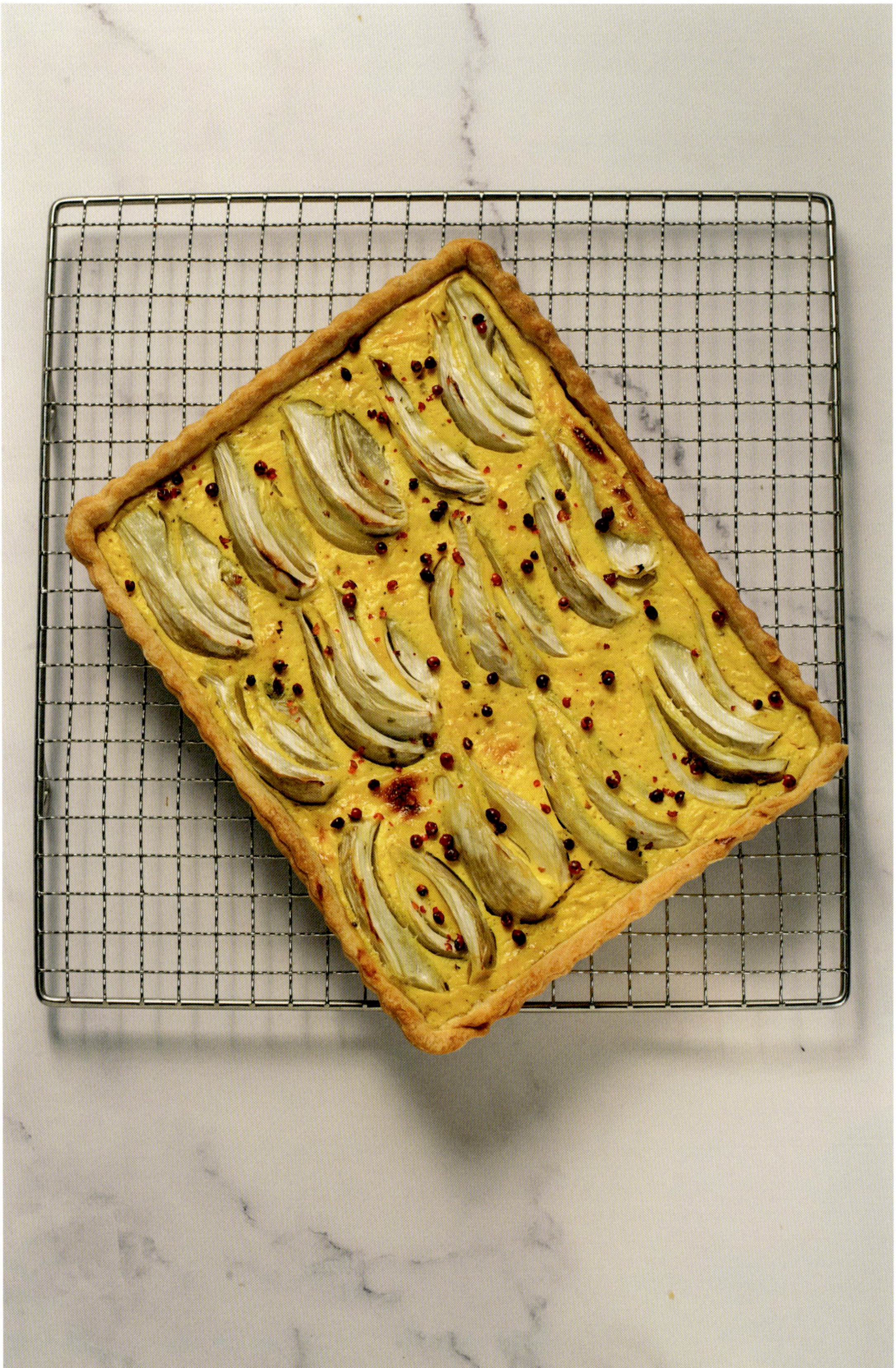

Fenchel-Zitrone-Ricotta, eine herrlich frische Geschmackskombination für eine knusprige Tarte mit Käsemürbteig.

{§ᵃ} Zart ist die Fenchel-Tarte

Form buttern. Mehl und Salz mischen, mit der in Stückchen geschnittenen Butter, geriebenem Pecorino, Eigelb und eiskaltem Wasser (Menge nach Bedarf) rasch zu einem glatten Teig verarbeiten (s. S. 196). Auf einer leicht bemehlten Arbeitsfläche ca. 3 mm dick ausrollen, Form damit auslegen. In Klarsichtfolie wickeln, in den Kühlschrank stellen.
Ofen auf 200 °C vorheizen.
Fenchelknollen längs halbieren, Strunk herausschneiden. Fenchel der Länge nach in ca. 3 cm dicke Spalten schneiden. Olivenöl mit Butter in einer großen Pfanne erhitzen. Fenchelspalten nebeneinander in die Pfanne legen, bei mittlerer Hitze ca. 4 Min. anbraten. Mit Weißwein aufgießen, mit Salz, Pfeffer und Zucker würzen, zugedeckt bissfest garen. Zitronenabrieb und -saft, Ricotta, Eigelbe, Mehl und Milch glattrühren, salzen und pfeffern. Auf den Teig streichen. Fenchel darauf verteilen. Mit rosa Pfefferbeeren bestreuen. Eigelb mit 1 TL Wasser verquirlen, auf den Teigrand pinseln. Im Ofen (unten) ca. 40 Min. backen, bis Fenchel und Rand zu bräunen beginnen. Auf ein Kuchengitter stellen. Warm oder zimmerwarm servieren.

Form 25 x 20 cm

Hülle
- 220 g **Mehl**
- ¼ TL **Salz**
- 90 g kalte **Butter**
- 50 g **Pecorino**
- 1 **Eigelb** (M)

Fülle
- ca. 1 kg **Fenchel**
- 2 EL **Olivenöl**
- 1 EL **Butter**
- 125 ml **Weißwein**
- **Salz**
- **Pfeffer**
- 1 Prise **Zucker**
- abgeriebene Schale u. Saft von 1 **Zitrone**
- 120 g **Ricotta**
- 2 **Eigelb** (M)
- 1 TL **Mehl**
- 150 ml **Milch**
- 1 EL rosa **Pfefferbeeren**
- 1–2 EL **Olivenöl**

Drumherum
- **Butter** für die Form
- **Mehl** zum Arbeiten
- 1 **Eigelb**

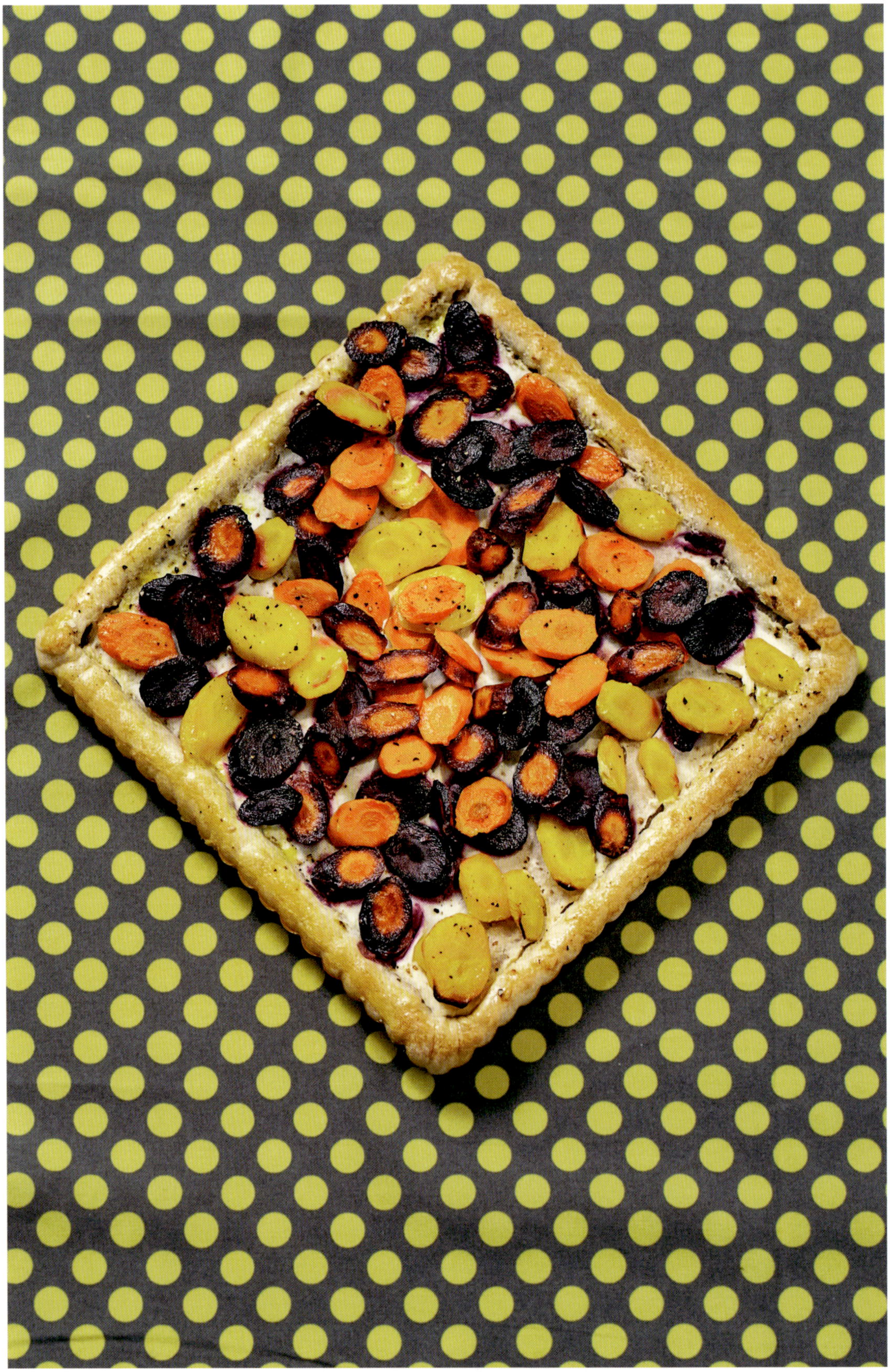

Multicolor, knackig und schnell gemacht. Karotten-Potpourri auf Olivenölteig und Ricottacreme.

{Sa} Die Karotten-Tarte treibt's bunt

Ofen auf 200 °C vorheizen. Form dünn einölen.

Mehl in eine Schüssel geben. Wasser mit Wein, Öl und Salz mischen, in das Mehl einrühren. Zu einem glatten Teig kneten. Mit einem Küchentuch zugedeckt 30 Min. bei Zimmertemperatur ruhen lassen.

Karotten schälen. In ca. 1 cm dicke Scheiben schneiden. 3 Min. bei mittlerer Hitze in 2 EL Olivenöl anbraten, 1 Prise Zucker unterrühren, salzen, pfeffern. Abkühlen lassen.

Ricotta mit Crème fraîche, 1 EL Olivenöl, Zitronensaft und -schale cremig rühren. Zerstoßene Korianderkörner, ½ TL Salz und ¼ TL Pfeffer unterrühren.

Teig auf einer leicht bemehlten Arbeitsfläche ca. 3 mm dick ausrollen. In die Form legen. Rundum einen kleinen Rand formen. Ricottacreme auf den Teigboden streichen, Karotten darauf verteilen. Mit Olivenöl beträufeln. Eigelb mit 1 TL Wasser verquirlen, Teigrand damit bepinseln. Im Ofen (Mitte) ca. 40 Min. goldbraun backen. Auf ein Kuchengitter stellen. Warm oder bei Zimmertemperatur servieren.

Tipp

Vor dem Servieren mit frischen Kräutern bestreuen.

Form 22 x 22 cm

Hülle
- 200 g **Mehl**
- 70 ml **Wasser**
- 2 EL **Weißwein**
- 4 EL **Olivenöl**
- ½ TL **Salz**

Fülle
- ca. 800 g bunte **Karotten**
- 3 EL **Olivenöl**
- 1 Prise **Zucker**
- **Salz**
- **Pfeffer**
- 250 g **Ricotta**
- 2 EL **Crème fraîche**
- abgeriebene Schale u. Saft von ½ **Zitrone**
- 1 EL **Korianderkörner**

Drumherum
- **Öl** für die Form
- **Mehl** zum Arbeiten
- 1 **Eigelb**
- **Olivenöl** zum Beträufeln

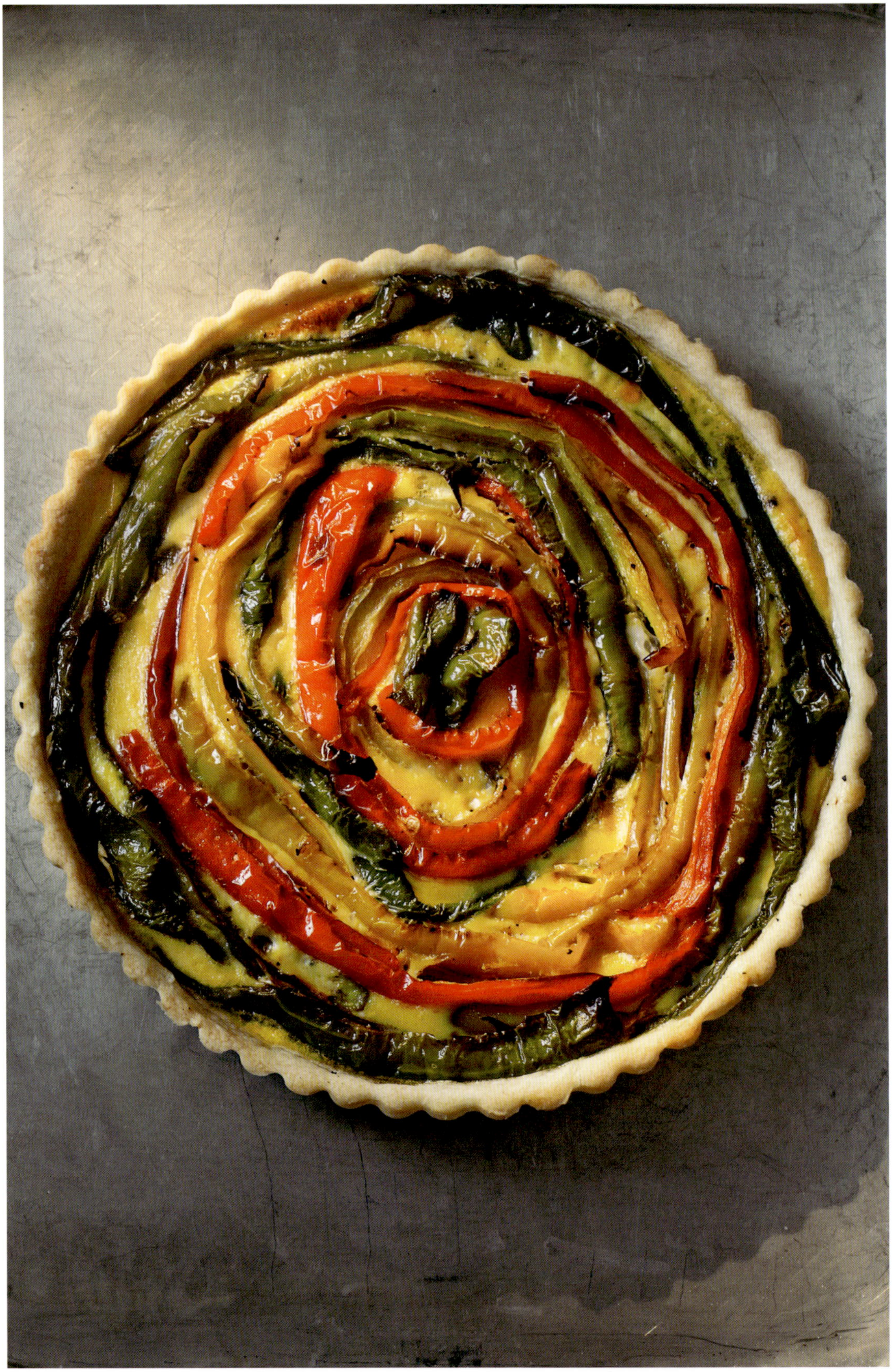

Paprika-Vielfalt auf Ölteig mit mildem Guss.
Eine wohlschmeckende, attraktive Vorspeise.

{sa}Fische frische Paprika-Quiche

Form 24 cm Ø

Hülle
- 200 g **Mehl**
- 70 ml kaltes **Wasser**
- 2 EL **Weißwein**
- 4 EL **Sonnenblumenöl**
- ½ TL **Salz**

Fülle
- 1 rote, 3 grüne u. 2 gelbe **Paprika**, am besten längliche Sorten
- 1 kleine rote **Zwiebel**
- 2 EL **Öl**
- **Salz**
- **Pfeffer**
- 75 ml **Milch**
- 3 **Eier** (L)

Drumherum
- **Öl** für die Form
- **Mehl** zum Arbeiten

Mehl in eine Schüssel geben. Wasser mit Wein, Öl und Salz mischen, in das Mehl einrühren. Zu einem glatten Teig kneten. Mit einem Küchentuch zugedeckt 30 Min. bei Zimmertemperatur ruhen lassen. Paprika der Länge nach halbieren, Kerngehäuse und Kerne herauslösen. Der Länge nach in ca. 3 cm breite Streifen schneiden. Zwiebel klein hacken. In einer beschichteten Pfanne Öl erhitzen, Zwiebel darin anschwitzen. Paprikastreifen zugeben, bei mittlerer Hitze unter Rühren ca. 10 Min. anbraten. Darauf achten, dass sie nicht zu dunkel werden. Salzen und pfeffern.
Ofen auf 190 °C vorheizen. Form dünn einölen.
Teig auf einer leicht bemehlten Arbeitsfläche ca. 3 mm dick ausrollen. In die Form legen. Paprikastreifen spiralförmig auf den Teig legen. Milch, Eier und Salz verrühren, über die Paprika gießen. Im Ofen (Mitte) ca. 35 Min. backen, bis die Fülle fest und der Rand braun ist. Auf ein Kuchengitter stellen. Warm oder kalt servieren.

Tipp

Falls die Paprika sehr dicht gelegt sind, braucht man weniger Fülle.

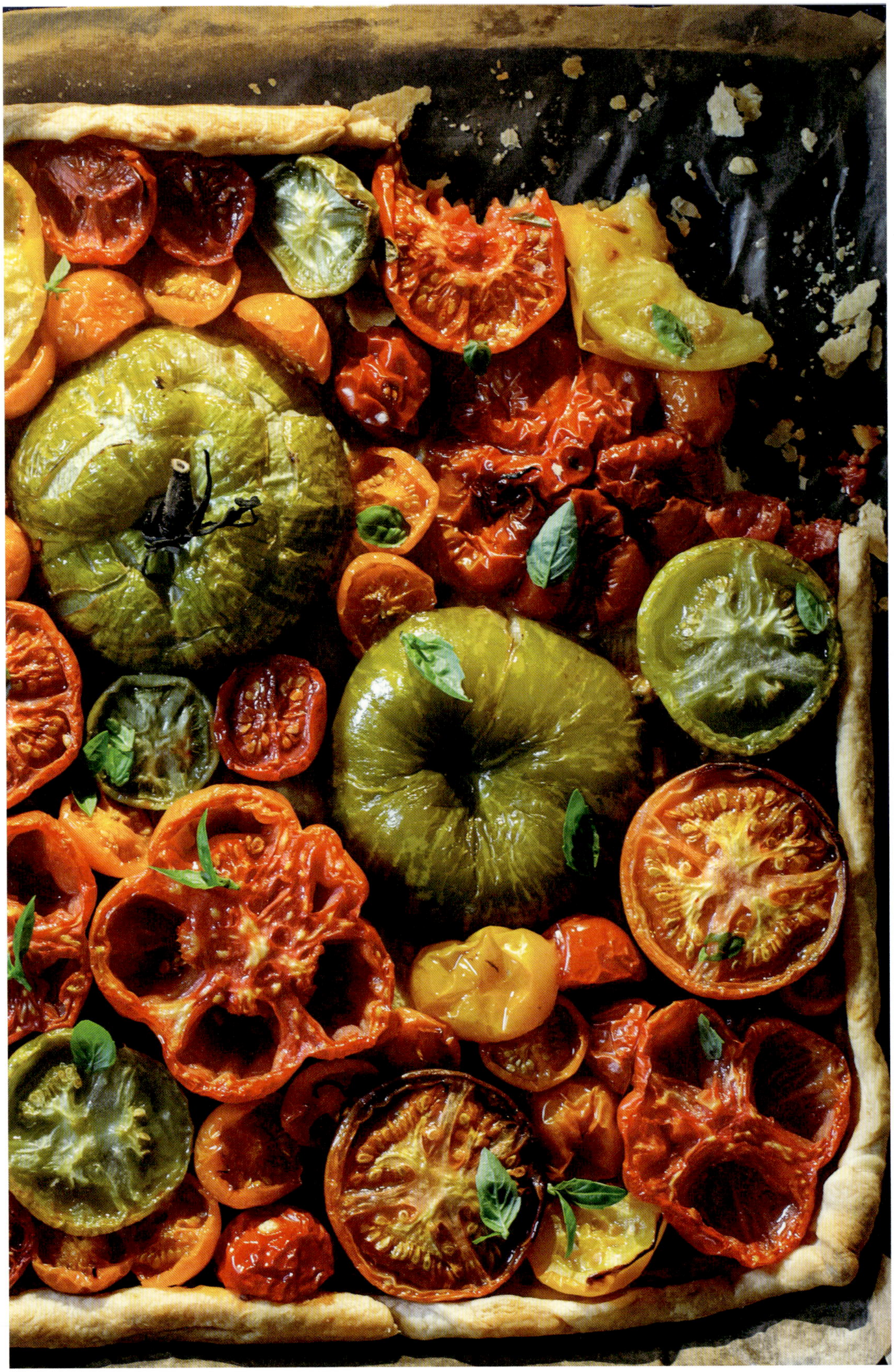

Ein Querschnitt aus dem Tomatenbeet. Ganz schnell und unkompliziert. In seiner Einfachheit, Schönheit und Köstlichkeit unübertrefflich. Sommerfeeling pur.

Paradiesische Tomaten-Galette

Ofen auf 220 °C vorheizen. Backblech mit Backpapier belegen. Blätterteig nach Packungsanleitung vorbereiten bzw., wenn selbst gemacht, ca. 2 ½ mm dick ausrollen. Auf das Backpapier legen, rundherum einen kleinen Rand formen. Teig mit einer Gabel mehrfach einstechen. Im Ofen (Mitte) 10 Min. (Mitte) blind backen (s. S. 196). Auf dem Blech abkühlen lassen.

Ofentemperatur auf 180 °C einstellen.

Tomaten quer halbieren. Vorgebackenen Boden mit Senf bestreichen, mit den halbierten Tomaten dicht an dicht belegen. Salzen und pfeffern. Olivenöl darüberträufeln.

Eigelb mit 1 TL Wasser verquirlen, auf den Teigrand pinseln. Im Ofen (Mitte) ca. 25 Min. backen, bis der Teig goldbraun ist und die Haut der Tomaten zu runzeln beginnt. Die größten Tomaten dürfen noch kernig sein. Sie garen beim Abkühlen nach.

Galette auf ein Kuchengitter stellen. Lauwarm oder kalt servieren.

Tipps

Aromatische, feste Tomaten verwenden. Weiche Tomaten ziehen zu viel Saft und weichen den Boden auf.

In kleine Quadrate geschnitten sehr hübsch als Fingerfood.

Form 40 x 24 cm oder auf dem Blech

Hülle
- 1 Pkg. **Blätterteig** (aus dem Kühlfach oder selbstgemacht, s. S. 196)

Fülle
- ca. 1 kg **Tomaten** (verschiedene Sorten u. Größen, s. Tipps)
- 2 EL **Dijonsenf**
- 1 TL **Salz**
- 1 TL **Pfeffer**
- 1 EL **Olivenöl**

Drumherum
- 1 **Eigelb**

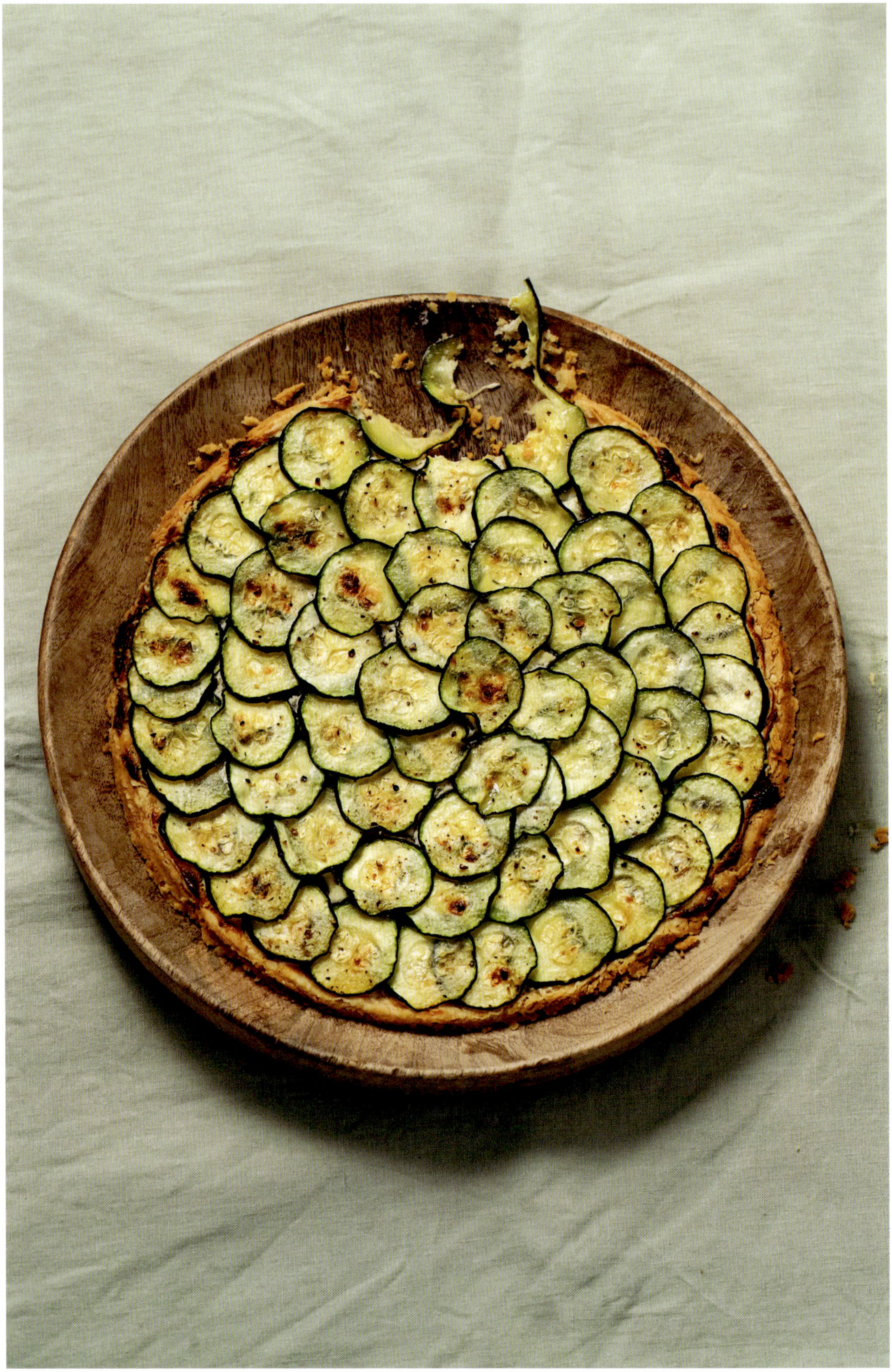

Ein hauchdünnes, knuspriges Gebäck, unkompliziert, mit feinen, frischen Zutaten. Geschmack wie Optik bestechen. Ein Bestseller beim Apero, Buffet oder Picknick.

{Sa} Zucchini-Galette *macht das Glück komplett*

Form 24 cm Ø
oder auf dem Blech

Hülle
- 140 g **Mehl**
- 130 g kalte **Butter**
- **Salz**
- ½ TL **Weinessig**

Fülle
- 600 g **Zucchini**
- **Salz**
- 100 g **Kräuterfrischkäse**
- 50 **Ziegenfrischkäse**
- 3 EL **Crème fraîche**
- ½ TL **Pfeffer**
- 2 EL **Olivenöl**

Drumherum
- **Mehl** zum Arbeiten

Mehl mit der in Stückchen geschnittenen Butter, Salz, Essig und eiskaltem Wasser (Menge nach Bedarf) rasch zu einem glatten Teig verarbeiten (s. S. 196). Teig auf Backpapier ca. 6 mm dick ausrollen, einen Kreis mit 24 cm Ø ausschneiden. In den Kühlschrank legen.
Zucchini in ca. 3 mm dicke Scheiben schneiden. In ein großes Sieb legen, mit 2 TL Salz bestreuen. Etwa 30 Min. abtropfen lassen. Leicht ausdrücken (geht am besten mit Küchenpapier).
Ofen auf 200 °C vorheizen. Backpapier mit dem Teig in die Form legen. Kräuter- und Ziegenfrischkäse mit Crème fraîche cremig rühren. Mit Salz und Pfeffer abschmecken. Creme auf den Teigboden streichen. Zucchinischeiben einander überlappend im Kreis auflegen (außen beginnen). Einen ca. 1 ½ cm breiten Rand freilassen. Zucchini mit 1 EL Olivenöl beträufeln. Tarte ca. 45 Min. backen, bis die Zucchini zu bräunen beginnen. Aus dem Ofen nehmen, restliches Öl darüberträufeln. Vor dem Servieren auf einem Kuchengitter abkühlen lassen.

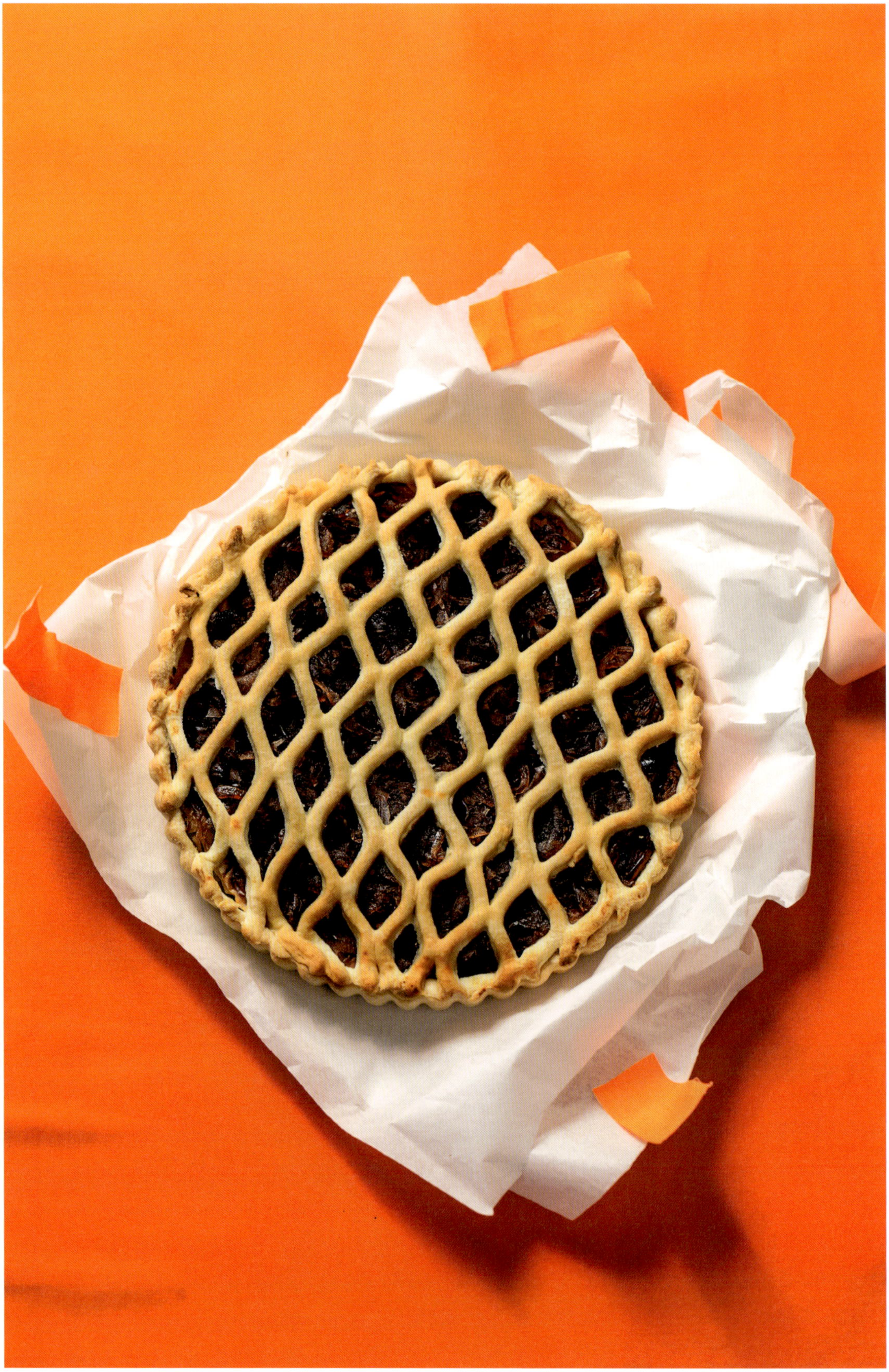

Süße Zwiebelkonfitüre auf würzigem Ziegenkäse in dünnem Mürbteig. Was will man mehr für einen Erfolg beim Apero? Eine andere Art Zwiebelkuchen.

{Sa} Zu guter letzt Zwiebel-Crostata

Zwiebeln in dünne Scheiben schneiden. Mit Zucker, Nelke, Lorbeer, 1 TL Salz, Mandarinensaft und -schale, Weißwein und Essig in einem Topf zugedeckt 5 Std. ziehen lassen. Dann auf mittlerer Hitze ohne Deckel ca. 40 Min. kochen, bis die Flüssigkeit verkocht und die Konfitüre leicht eingedickt ist. Abkühlen lassen.

Mehl mit der in Stückchen geschnittenen Butter, Salz und eiskaltem Wasser (Menge nach Bedarf) rasch zu einem glatten Teig verarbeiten (s. S. 196). In Klarsichtfolie wickeln und für 1 Std. in den Kühlschrank legen. Ofen auf 220 °C vorheizen. Form buttern.

Ziegenfrischkäse mit zerstoßenen Pfefferkörnern und Salz (Menge je nach Geschmack des Käses) verühren. Hälfte des Teiges auf einer leicht bemehlten Arbeitsfläche ca. 3 mm dick ausrollen. Form damit auslegen. Boden mit einer Gabel mehrfach einstechen. Kühl stellen. Restlichen Teig auf Backpapier ausrollen, in den Kühlschrank legen.

Frischkäse auf den Teigboden streichen, Zwiebelkonfitüre darauf verteilen. Aus dem zweiten Teigblatt ein Gitter (mit einem Gitterschneider) oder Streifen schneiden. Gitter auf die Fülle legen, alternativ aus den Streifen ein Gitter flechten und auflegen. Beide Teigränder gut zusammendrücken. Im Ofen (unten) 10 Min. backen, dann auf der mittleren Schiene weitere ca. 40 Min. backen, bis die Crostata goldbraun ist. Auf ein Kuchengitter stellen. Warm oder zimmerwarm servieren.

Form 20 cm Ø

Hülle
- 220 g **Mehl**
- 110 g kalte **Butter**
- 1 Prise **Salz**

Fülle
- 250 g rote **Zwiebeln**
- 70 g **Rohzucker**
- 1 **Gewürznelke**
- 1 **Lorbeerblatt**
- **Salz**
- Saft u. 1 Stück Schale von 1 **Mandarine**
- 2 EL **Weißwein**
- 1 EL **Apfelessig**
- 100 g **Ziegenfrischkäse** (z.B. Brebette)
- 1 TL zerstoßene grüne **Pfefferkörner**

Drumherum
- **Butter** für die Form
- **Mehl** zum Arbeiten

Kapitel 9
Alle lieben Nachschlag

Tipps und Tricks aus der Backstube	184
Backformen	188
Maße und Gewichte (wie im Buch verwendet)	190
Es muss nicht immer nur Weizen sein	191
Mürbteig und Blätterteig Schritt für Schritt	196
Kuchen-FAQs	201
Rezeptregister	204
Team	207

Tipps und Tricks aus der Backstube

Aller Anfang: mise en place

Machen Sie sich, bevor Sie beginnen, mit dem Rezept und den Arbeitsläufen gut vertraut. Dann alle Arbeitsutensilien und Zutaten bereitstellen bzw. vorbereiten. Die Zutaten am besten gleich wiegen oder messen, zerkleinern, reiben, mahlen wie im Rezept verlangt. Alles an den rechten Ort gestellt, „mise en place", erleichtert die Arbeit und vermindert Stress.

Alufolienschutz vor zu starkem Bräunen

Damit Kuchen an der Oberfläche nicht zu braun werden, gegen Ende der Backzeit eine Haube aus Alufolie lose auf die Form legen.
Ränder von Tartes oder Pies schützt man mit einem Alufolienring. Dazu aus einem passenden Stück starker Alufolie einen Kreis ausschneiden, der etwa 5 cm größer als die Form ist. Aus der Mitte des Kreises einen Kreis in Größe der Füllung ausschneiden. Das geht am besten, wenn man die Alufolie in Achtel faltet und die Spitze in der richtigen Länge abschneidet. Den so entstandenen Ring außen leicht nach unten biegen, innen soll er nur den Rand der Tarte oder Pie abdecken.

Backform fetten und bemehlen

Am besten weiche Butter oder Pflanzenfett (Öl nur, wenn im Rezept angegeben) mit einem Backpinsel, Küchenpapier oder den Fingern dünn auftragen. Wenn verlangt, eine Handvoll Mehl in die Form geben und unter Drehen der Form gleichmäßig darin verteilen (Boden und Rand). Überschuss vorsichtig herausklopfen. Mit Butter wird das Gebackene brauner und knuspriger als mit Pflanzenfett. Die so vorbereitete Form kurz in den Kühlschrank stellen, dann saugt der Teig das Fett im Ofen nicht sofort ein.

Mit Backpapier auslegen

Fetten Sie das Blech oder die Form leicht ein, bevor Sie sie mit Backpapier auslegen, es haftet dann besser.

Backtemperatur und Backzeiten

Die in den Rezepten angegebenen Backtemperaturen beziehen sich auf die Einstellung Ober-/Unterhitze. Für Umluft 20 °C abziehen. Umluft empfiehlt sich am ehesten bei Blätterteig, für alle anderen Teige bevorzuge ich Ober-/Unterhitze.

Backzeiten sind Richtwerte. Jeder Backofen verhält sich ein wenig anders, die Temperaturen variieren von Ofen zu Ofen. Auch die Wärmeleitung der → Backformen variiert, deshalb kann die Backzeit nicht immer genau getroffen werden. Beobachten Sie daher den Backvorgang fortlaufend und machen Sie zur Sicherheit eine → Garprobe.

Blanchieren

Lebensmittel in kochendem Wasser kurz aufkochen, herausnehmen und kalt abschrecken. Für Gemüse, zum Schälen von Mandeln oder Obst.

Blindbacken

Blindbacken verhindert, dass sich ein Teigboden beim Backen wölbt oder am Rand schrumpft, bzw. unter einer feuchten Füllung durchweicht. Er wird mit Backpapier oder Alufolie ausgelegt, mit getrockneten Hülsenfrüchten oder Reis befüllt und vorgebacken. Danach entfernt man die Füllung zusammen mit Papier oder Folie. Die Füllung kann mehrfach verwendet werden.

Butter, weich

Weiche Butter hat dann die richtige Konsistenz, wenn sich mit dem Finger leicht eine Delle hineindrücken lässt, die Butter aber noch nicht so weich ist, dass sie ihre Form verliert. Bei Zimmertemperatur liegen lassen (nicht in die Mikrowelle!), wenn Sie die Butter vorher in Stücke schneiden, geht es schneller.

Garprobe

Mit einem dünnen Holzspieß an der dicksten Stelle in den Kuchen stechen. Wenn er beim Herausziehen trocken ist und kein Teig oder nur ein paar Krümel daran haften, ist der Kuchen gar. Sonst einige Minuten weiterbacken.

Haselnüsse schälen

Haselnüsse auf einem Backblech verteilen, im Ofen bei 180 °C 10—12 Minuten anrösten bis die braunen Häutchen sich zu lösen beginnen. Noch heiß auf ein Küchentuch geben, 2 Minuten ruhen lassen. Tuch an den Enden zusammenfassen. Mehrmals kräftig in eine Hand schlagen und darüber rubbeln, bis sich die braunen Häutchen von den Nüssen lösen.

Kekskrümel

Je nach Rezept Kekse bzw. altbackenen Biskuitboden in der Küchenmaschine reiben oder in einen verschließbaren Gefrierbeutel füllen und auf einer Arbeitsfläche mit dem Rollholz fest darüberfahren.

Kuchengitter

Kuchengitter sind für das optimale Abkühlen von Gebackenem unverzichtbar. Die Luftzirkulation verhindert, dass das Gebäck an der Unterseite schwitzt und feucht wird, es bleibt knusprig.

Lösen aus der Backform

Wenn Sie die Form gut eingefettet und bemehlt oder mit Backpapier ausgelegt haben, sollte das Herauslösen des Kuchens problemlos gehen. Wenn der Kuchen am Rand haftet, vorsichtig mit einem flachen Messer oder Spatel entlangfahren und lösen. Wenn ein Kuchen gestürzt werden soll, hilft es, wenn nötig, ein kaltes nasses Küchentuch für einige Minuten auf die Rückseite der Form zu legen.

Mandeln schälen

Mandeln ca. 2 Minuten in kochendem Wasser blanchieren, in einem Sieb abtropfen lassen, dann die Kerne mit den Fingern aus der braunen Haut drücken. In der Küchenmaschine oder einer Kaffeemühle mahlen. Vor dem Mahlen gut trocknen lassen.

Maronenpüree

Ungesüßtes Maronenpüree ist in Österreich als TK-Kastanienreis im Handel. Man kann es auch selber aus gegarten Maronen herstellen. Einfach mit der „Flotten Lotte" pürieren oder durch ein grobes Sieb pressen.

Mehl
Für dieses Buch wurden verschiedene Mehlsorten verwendet, s. S. 191.

Semmelbrösel

Altbackene Brötchen oder Weißbrot an der Luft trocknen lassen. In einer Küchenmaschine fein mahlen.

Wasser, eiskalt

Um bei Mürbteigen, insbesondere wenn sie ohne Ei zubereitet werden, die richtige Konsistenz zu erzielen, ist Eiswasser (Leitungswasser mit Eiswürfeln) ein probates Mittel. Die benötigte Menge variiert je nach Teigzusammensetzung und Temperatur. Am besten mit 1 EL beginnen und nach und nach mehr zugeben, bis der Teig die gewünschte Konsistenz erreicht.

Wasserbad

Einen Topf mit wenig Wasser füllen und eine passende Schüssel so daraufsetzen, dass sie das Wasser nicht berührt. Wasser erhitzen. Darauf achten, dass das Wasser im unteren Topf nicht kocht, sondern nur dampft.

Zitrusschalen abreiben

Für die Rezepte in diesem Buch immer unbehandelte Zitrusfrüchte verwenden.
Nur äußere Schale, nie die weiße Haut mit abreiben, sie schmeckt sehr bitter.

Zucker

In den Rezepten wird, wenn nicht anders angegeben, Feinkristallzucker verwendet. In Österreich ist auch ein besonders feiner Kristallzucker unter der Bezeichnung Wiener Backzucker erhältlich, der sich besonders gut für flaumige Butter- oder Eimassen bei Rührteigen eignet.

Backformen

Backformen gibt es in vielen Formen, Größen und Materialien, die das Backen beeinflussen: Metallformen, Emailformen, Glasformen, Keramikformen, Silikonformen. Sie können jede Art verwenden, wenn Sie auf das Folgende achten.

Metallformen aus Schwarzblech leiten die Hitze etwas besser als die aus Weißblech, der Kuchen bäckt schneller durch. Weißblechformen sind nicht spülmaschinengeeignet, wie auch manche Modelle von Schwarzblechformen, und wegen ihrer Antihaftbeschichtung kratzempfindlich. Emailformen geben die Hitze gut weiter, machen den Kuchen knusprig, bräunen aber manche Teige zu rasch. Ich verwende sie nur ausnahmsweise. In Keramikformen hingegen bleibt der Kuchenboden oft zu feucht, er sollte daher zuerst eine Weile unten im Backofen gebacken und erst dann auf der mittleren Schiene fertig gebacken werden. Silikonformen haben den Vorteil, dass man sie kaum einfetten muss und sich der Kuchen sehr leicht herauslösen lässt. Vor allem große Formen haben den Nachteil, dass sie instabil und daher schwer in den Ofen zu transportieren sind. Ich verwende sie daher, wenn überhaupt, nur für Mini-Kuchen oder etwas ausgefallenere Formen, die es nur in Silikon gibt.

Als Grundausstattung für die Rezepte im Buch benötigen Sie diese Formen:

- Tarteform mit gewelltem Rand, rund und eckig, ideal mit Hebeboden
- Kuchenform, rund und eckig, ideal mit Hebeboden, möglichst flach
- Kastenform, möglichst flach
- Tarteletteformen mit 12 cm Ø
- Backblech (wie im Ofen vorhanden)

Wenn Sie die gewünschte Backform nicht zur Hand haben oder eine kleinere oder größere Menge backen möchten, können Sie die im Rezept angegebenen Mengen recht leicht umrechnen.

Umrechnungstabelle für runde Backformen

Multiplizieren Sie die Zutatenmengen für die Formgröße im Rezept (obere Zeile) mit der Zahl für die gewünschte Formgröße (Spalten). Der Durchmesser von Backformen wird an der Innenseite des oberen Randes gemessen.

laut Rezept von cm ø → gewünscht auf cm ø ↓	12	18	20	22	24	26	28	30
12	1	0,4	0,3	0,3	0,3	0,2	0,2	0,2
18	2,3	1	0,8	0,7	0,6	0,5	0,4	0,4
20	2,8	1,2	1	0,8	0,7	0,6	0,5	0,4
22	3,4	1,5	1,2	1	0,9	0,7	0,6	0,5
24	4	1,8	1,4	1,2	1	0,8	0,7	0,6
26	4,7	2	1,7	1,4	1,2	1	0,9	0,8
28	5,4	2,4	2	1,6	1,4	1,2	1	0,9
30	6,3	2,8	2,2	1,9	1,6	1,3	1,1	1

Beispiel: Im Rezept wird eine Backformgröße von 24 cm verlangt, Sie wollen einen Kuchen mit 20 cm backen, daher müssen Sie jede Zutat mit 0,7 multiplizieren. Wenn notwendig, runden Sie auf oder ab oder nehmen bei Eiern eine andere Gewichtsklasse.

Umrechnen von eckiger auf runde Form und umgekehrt

Eckig		Rund
20 x 30 cm	→	28 cm Ø
20 x 20 cm		22–24 cm Ø
22 x 22 cm		24–26 cm Ø
24 x 20 cm		24–26 cm Ø

Umrechnen von runder Form auf Blechkuchen

| Von 24 cm Ø | auf Blech | 42 x 35 cm | → | Zutatenmenge | x 3,2 |
| Von 20 cm Ø | | 42 x 35 cm | | | x 4,68 |

Bitte beachten: Das sind Annäherungswerte und Backzeiten können sich dadurch unter Umständen verändern. Beim Wechsel von einer flachen in eine höhere Form und umgekehrt bekommt der Kuchen eine andere Konsistenz. Daher zur Sicherheit immer eine → Garprobe machen.

Maße und Gewichte (wie im Buch verwendet)

1 EL: 1 gestrichener Esslöffel
= 15 ccm = 3 TL

Backpulver	10 g
Butter	15 g
Frischkäse	15 g
gemahlene Mandeln	6 g
Honig	20 g
ungesüßtes Kakaopulver	7 g
Konfitüre, Marmelade	15 g
Mehl	10 g
geriebener Parmesan	6 g
gesiebter Puderzucker	7 g
Rohzucker	11 g
Speisestärke	9 g
Zucker	15 g

1 TL: 1 gestrichener Teelöffel
= 5 ccm

Backpulver	3 g
gemahlene Gewürze	2 g
Salz	4 g

1 ml: 1 Milliliter
= 10 cl = 100 ccm

1 Pkg.: 1 Packung

Bourbon-Vanillezucker	8 g
Backpulver	16 g

1 Prise: Menge, die sich zwischen Daumen und Zeigefinger fassen lässt.

1 Msp: 1 Messerspitze
= Etwas mehr als eine Prise, Menge die sich etwa auf dem vorderen Zentimeter der Spitze eines Besteckmessers fassen lässt.

Es muss nicht immer nur Weizen sein

Weißes Weizenmehl ist nach wie vor das beliebteste und unkomplizierteste Mehl zum Backen, wenn auch etwas in Verruf geraten. Abgesehen davon bereichert die Vielfalt an anderen Mehlsorten, die heutzutage auch wieder leicht erhältlich sind, die Backküche geschmacklich enorm. Deshalb finden sich in diesem Buch Rezepte mit verschiedenen Mehlen als Beispiele und Anregung für eigenes Ausprobieren.

Meine allgemeine Empfehlung für experimentierfreudige Bäckerinnen und Bäcker: Zuerst Originalrezept ausprobieren, dann jeweils nur eine Zutat ändern, sonst weiß man nicht, welche was bewirkt hat. Also mutig, aber langsam herantasten.

Im Buch wurden folgende Mehle verarbeitet.

Buchweizenmehl

Obwohl er „weizen" im Namen führt, ist Buchweizen kein Getreide, sondern eine Pflanze mit wunderhübschen rosa Blüten. Buchweizenmehl hat einen leicht bitter-nussigen Geschmack und eine dunkle, gräuliche Farbe. Ich bin diesem Mehl seit meiner Kindheit verfallen. Hierzulande vorwiegend in der bäuerlichen Küche verwendet, gehört es in Frankreich und Italien zu den gebräuchlichen Zutaten für Mehlspeisen aller Art.

Hafermehl

Gemahlene Haferflocken sind eine beliebte Alternative zu Weizenmehl. Wenn Sie Haferflocken in der Küchenmaschine selbst mahlen wollen, nehmen Sie dazu am besten feinblättrige. Hafermehl lockert den Teig auf und macht ihn gehaltvoller. Sie sollten es jedoch immer mit anderem (glutenhaltigem) Mehl vermischen, sonst geht das Backwerk nicht auf und bleibt zu flach.

Kastanienmehl

Mehl aus getrockneten Maronen (Edelkastanien, Esskastanien). Es ist haselnussfarben, süßlich, duftet nach gerösteten Maronen und schmeckt besonders gut in Kuchen mit Nüssen, Mandeln, Pinienkernen oder Herbstfrüchten. Hervorragend auch für Tartes mit salzigem Innenleben.

Kichererbsenmehl

Mehl aus getrockneten, gerösteten oder ungerösteten, gemahlenen Kichererbsen ist goldgelb, pudrig, schmeckt leicht süß und etwas erdig. Es eignet sich sehr gut für pikante Tartes oder Kuchen mit orientalischem Einschlag. In der südfranzösischen und italienischen Küche werden daraus die berühmten Pfannkuchen Socca bzw. Farinata gebacken.

Kokosmehl

Kokosmehl wird aus getrocknetem, entöltem Kokosnussfleisch gemahlen. Es ist luftig, leicht süß und hat einen dezenten Kokosnussgeschmack. Weizenmehl kann bis zu max. 20 % durch Kokosmehl ersetzt werden. Kokosmehl braucht aber deutlich mehr flüssige Zutaten (Wasser, Eier) zum Binden. In Backwerk mit tropischen Früchten, Zitrone oder Sommerbeeren schmeckt es besonders gut.

Maismehl

„Farina di mais" ist goldgelbes Mehl aus grob oder fein gemahlenem Mais. Feines Maismehl, am besten für Backwerk geeignet, wird auch als „fioretto" bezeichnet. Nicht mit Speisestärke aus Mais verwechseln! Mit Weizenmehl vermischt gibt es Teigen eine lockere Textur, macht sie saftig und süßlich-nussig im Geschmack. Es eignet sich sowohl für süße und salzige Tarteböden als auch für Obst- und Beerenkuchen hervorragend.

Stärkemehl

Feines Mehl aus Mais, Reis, Weizen oder Kartoffeln. Es wird beim Backen meist als Zusatz zu anderen Mehlen verwendet, um eine besonders luftige Konsistenz des Teiges zu erzielen. Es ist geschmacksneutral und ein gutes Bindemittel für Cremes und Puddings.

Rotes Linsenmehl

Mehl aus getrockneten roten Linsen schmeckt süßlich und verleiht Teigen eine schöne rötliche Farbe. Es ist vielseitig einsetzbar, sowohl für süße als auch für pikante Teige.

Semola

Alles, was aus Hartweizen („grano duro") gemahlen wird, heißt in Italien „semola", alles aus Weichweizen „farina". Hartweizenmehl gibt es grob gemahlen (wie Grieß) und fein gemahlen („rimacinata", also mehrmals). Vermischt mit anderen Mehlsorten, lockert es Kuchen auf und bindet Mürbteige ohne Ei. Für feineres Gebäck oder Biskuitteige unbedingt feines Hartweizenmehl verwenden.

Vollkornmehl

Es gibt Weizen-, Dinkel-, und Roggenvollkornmehle. Sie alle haben einen vollen, nussigen Geschmack. Vollkornmehle eignen sich für Rührteige hervorragend als Alternative zu Weißmehl, sind aber im Umgang etwas schwieriger. Damit der Teig gut bindet, braucht er ca. 10—20 % mehr Flüssigkeit. Für Mürbteige empfehle ich eine Mischung aus Weißmehl und Vollkornmehl. Sie dürfen nicht überknetet werden, sonst werden sie hart.

Weizenmehl

In den Rezepten wird, wenn nicht anders angegeben, das in Österreich gebräuchliche Universal-Weizenmehl Type 480 verwendet. Es entspricht in Deutschland der Type 405, in der Schweiz dem Weissmehl.

WEIZENMEHL

ROTES LINSENMEHL

HAFERMEHL

KOKOSMEHL

KICHERERBSEN-MEHL

DINKELMEHL

KASTANIEN-MEHL	BUCHWEIZEN-MEHL
MAISMEHL	STÄRKEMEHL
SEMOLA	VOLLKORN-MEHL

Mürbteig und Blätterteig Schritt für Schritt

Mürbteig

Form 24 cm Ø (20 cm Ø)

200 (140) g **Mehl**
1 Prise **Salz**
100 (70) g kalte **Butter**

Süßer Mürbteig

Form 24 cm Ø (20 cm Ø)

200 (140) g **Mehl**
1 Prise **Salz**
3 (2) EL **Zucker**
100 (70) g **Butter**
1 **Eigelb** (M)

Zubereitung mit der Hand

1.
Zutaten, Arbeitsfläche und Hände müssen kalt sein. Alle Zutaten und Gerätschaften bereitstellen, damit Sie rasch arbeiten können.

2.
Trockene Zutaten (je nach Rezept Mehl, Salz, Zucker, Mandeln etc.) in einer Schüssel oder auf einer Arbeitsfläche mischen, eine Mulde bilden.

3.
Kleingeschnittene Butterstückchen hineingeben. Mit den Fingern grob verkrümeln, dann mit den feuchten Zutaten (je nach Rezept Eigelb, Öl, Wasser etc.) zügig zu einem glatten Teig formen. Eiskaltes Wasser, wenn benötigt, langsam zufügen, mit einem Esslöffel beginnen, dann nach und nach zugeben, bis der Teig die richtige Konsistenz hat. Diese lässt sich am leichtesten prüfen, indem Sie ein kleines Stück Teig zwischen Daumen und Zeigefinger pressen: Er soll fest und elastisch, aber nicht trocken sein. Wenn der Teig zu feucht ist, etwas Mehl darüber sieben und einarbeiten.

4.
Teig zu einer Kugel oder Scheibe formen.
In Frischhaltefolie wickeln und in den Kühlschrank legen, damit er sich entspannen kann, leichter ausrollen lässt und beim Backen nicht zusammenzieht. Üblicherweise genügt ½ bis 1 Stunde.

5.

Nach der im Rezept angegebenen Zeit aus dem Kühlschrank nehmen. Festen Teig bei Zimmertemperatur etwas aufwärmen lassen, damit er beim Ausrollen nicht bricht.
Teig mit dem Rollholz von der Mitte weg auf einer leicht bemehlten Arbeitsfläche oder zwischen 2 Lagen bemehltem Backpapier gleichmäßig ausrollen. Teig nicht dehnen oder zerren, sonst schrumpft er beim Backen.

6.

Teig in die gefettete Form legen, z.B. mithilfe des bemehlten Teigholzes. Teig auf Boden und Rand der Form drücken.

7.

Mit dem Teigholz über den Rand der Form rollen, um überschüssigen Teig zu entfernen. Den Teig mit einer Gabel mehrfach einstechen, damit sich der Boden beim Backen nicht wölbt.

8.

Teig, wenn im Rezept verlangt, „blind" backen (s. S. 185). Teig je nach Rezept weiterverarbeiten.

Zubereitung in der Küchenmaschine:

1.
Alle Zutaten, Rührschüssel und verwendete Rührer (je nach Gerät Teigmesser oder Flachrührer) müssen kalt sein. Alle Zutaten und Gerätschaften bereitstellen, damit Sie rasch arbeiten können.

2.
Trockene Zutaten (je nach Rezept Mehl, Salz, Zucker, Mandeln etc.) kurz mischen, kleingeschnittene Butterstückchen dazugeben. Bei niedriger Geschwindigkeit krümelig rühren. Langsam flüssige Zutaten (je nach Rezept Eigelb, Öl, eiskaltes Wasser etc.) zugeben, rühren bis der Teig zu klumpen beginnt. Unbedingt darauf achten, dass Sie ihn nicht zu stark bearbeiten. Auf einer leicht bemehlten Arbeitsfläche rasch fertigstellen.

Einfacher Blätterteig

Form 24—26 cm Ø, 25 x 20 cm, 35 x 12 cm	200 g **Mehl**
Blech 40 x 24 cm	1 Prise **Salz**
6 Tartelettes 12 x 12 cm (auf Blech),	200 g kalte **Butter**
6 Tartelettes mit 12 cm Ø (Form mit Rand):	ca. 125 ml eiskaltes **Wasser**
1,5 fache Menge	

Zubereitung

1.
Zutaten, Arbeitsfläche und Hände müssen kalt sein. Alle Zutaten und Gerätschaften bereitstellen, damit Sie rasch arbeiten können.

2.
Mehl und Salz mischen, eine Mulde bilden.
Kleingeschnittene Butterstückchen hineingeben. Mit den Fingern grob verkrümeln, dann mit dem Wasser mischen und zügig zu einem Teig formen. Keinesfalls stark kneten (Bilder 1—4). In Frischhaltefolie wickeln und für 20 Min. in den Kühlschrank legen.

3.
Auf einer leicht bemehlten Arbeitsfläche ca. 3 mm dick rechteckig ausrollen (Bild 5). Mehlüberschuss mit einem Backpinsel entfernen. Auf der unteren Kante ein Drittel des Teiges

einschlagen, Teig von der anderen Seite darüberfalten, sodass nun 3 Teiglagen übereinanderliegen (Bild 6, Illustration * S. 200).

4.
Teig um 90 Grad drehen (Bild 7, Illustration ** S. 200). Von der Mitte her längs der eingeschlagenen Kante 3 mm dick rechteckig ausrollen (Bild 8, Illustration *** S. 200). Wie zuvor übereinanderschlagen (Bild 6). Teig in Frischhaltefolie wickeln, für 30 Min. in den Kühlschrank legen.

5.
Schritte 6 und 7 wiederholen, dann ist der Teig gebrauchsfertig. Er wurde insgesamt 4x gefaltet (4 „Touren", Bild 9). In den Kühlschrank legen oder einfrieren.

Blätterteig kann 3—4 Tage im Kühlschrank aufbewahrt werden, er lässt ich auch gut einfrieren. Es lohnt sich, gleich eine größere Menge auf Vorrat herzustellen. Dazu zwischen Backpapier legen oder rollen und tiefkühlen. Bei Raumtemperatur auftauen lassen.
Bitte beachten: Blätterteigreste nie zusammenkneten und nochmals ausrollen - er geht dann nicht auf!

Falttechnik Blätterteig

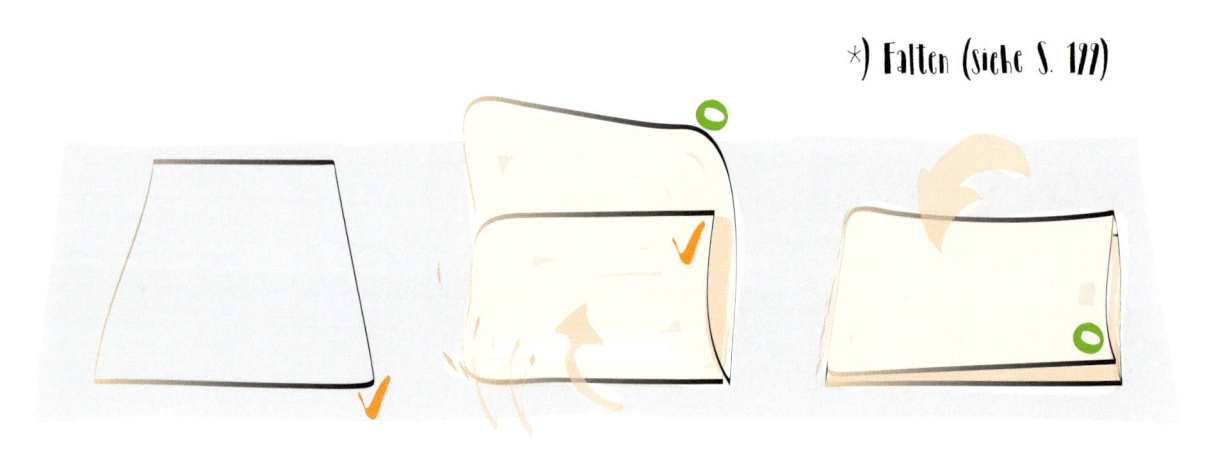

*) Falten (siehe S. 177)

**) Drehen (siehe S. 177)

***) Ausrollen (siehe S. 177)

Kuchen-FAQs

Warum gerinnt mein Rührteig?

Vermutlich hatten die Zutaten nicht die richtige Temperatur. Mit Zucker flaumig gerührte Butter flockt bei der Zugabe von kalten Eiern häufig aus. Daher vorbeugend alle Zutaten rechtzeitig auf Zimmertemperatur aufwärmen lassen. Meist lässt sich der Teig noch retten, wenn man ihn in der Rührschüssel kurz über ein Wasserbad stellt und dann die restlichen Zutaten langsam einrührt.

Wie soll ein Rührteig beschaffen sein?

Nicht zu flüssig, nicht zu fest, d.h. er soll reißend vom Löffel fallen. Ist er zu flüssig geraten, etwas Mehl darübersieben und vorsichtig unterziehen. Ist er zu fest, mit etwas Milch strecken.

Warum geht mein Kuchen nicht auf?

Die häufigsten Fehler sind, dass der Teig zu stark gerührt wurde oder der Backofen zwischendurch oder zu früh geöffnet wurde. Backofen, wenn notwendig (z.B. → Garprobe, Abdecken mit Folie) frühestens nach zwei Dritteln der Backzeit öffnen. Zu flüssiger oder zu fester Teig, zu kleine oder zu große Backformen können ebenfalls die Ursache sein.

Kann ich einen Kuchen, der außen gar, aber innen noch roh ist, nachbacken?

Im Prinzip ja. Damit er aber an den Rändern und an der Oberfläche nicht verbrennt, mit Alufolie schützen. Mit einer → Garprobe sind Sie immer auf der sicheren Seite.

Warum sinkt mein Kuchen nach dem Backen ein?

Manche Kuchen dürfen nicht zu lange gebacken werden, damit sie schön saftig bleiben oder nicht zu kompakt werden. Einsinken ist da normal. Bei anderen Kuchen prüfen, ob sie genügend gebacken sind. Oder haben Sie vielleicht die Ofentür zu früh geöffnet?

Warum bekommt mein Kuchen in der Mitte eine Wölbung?

Das passiert oft in Springformen, da der Rand schneller gart als die Mitte und dann nicht mehr höher steigt. Perfektionisten verwenden daher gerne einen wärmeisolierenden Backgürtel. Ich kann mit dem „Dom" in der Mitte gut leben, wenn man den Kuchen stürzt, flacht er ab. Auch darauf achten, dass die Backpulvermenge im Kuchen stimmt – lieber etwas weniger als mehr nehmen.

Was mache ich, wenn mein Kuchen verbrannt ist?

Am einfachsten: Verbranntes abschneiden, Kuchen mit Schokolade oder Glasur überziehen. Damit diese möglichst glatt werden, Kuchen an der Oberfläche oder an den Rändern mit erwärmter Konfitüre bestreichen.

Warum lässt sich Eiweiß nicht steif schlagen?

Wie es gut gelingt: Eier sauber trennen, das Eiweiß darf keine Spuren von Eigelb enthalten. Schüssel und Schneebesen müssen fettfrei sein (evtl. mit Zitrone abreiben), sonst wird der Eischnee nicht fest. Eiweiß braucht beim Schlagen Luft, um Volumen zu bekommen. Eine große, runde Schüssel verwenden, am besten aus Glas oder Metall, keine Plastikschüssel. Eiweiß lässt sich bei Zimmertemperatur besser schlagen. Achtung: Eischnee kann auch überschlagen werden, er trennt sich dann, wird wässrig und ist nicht mehr zu retten.

Warum klebt mein Mürbteig?

Häufigste Ursachen: Zu warme Zutaten oder der Teig ist durch zu langsames Arbeiten warm geworden. Nochmals in den Kühlschrak stellen hilft. Wenn der Teig immer noch klebt, eine kleine Menge Mehl einarbeiten. Das gilt auch, wenn Sie beim Zubereiten zu viel Flüssigkeit erwischt haben und der Teig zu feucht ist.

Warum ist mein Mürbteig trocken und lässt sich schwer ausrollen?

Meistens, weil er direkt nach dem Kühlen zu kalt ist. Lassen Sie ihn Zimmertemperatur annehmen. Wenn der Teig bröselt, nochmals kurz zusammenkneten und in den Kühlschrank stellen.

Warum reißt mein Mürbteig beim Ausrollen oder beim Transport in die Form?

Er ist zu warm. Entweder Teig nochmals in den Kühlschrank geben oder in Stücken mit den Fingern in die Form drücken und dann in den Kühlschrank stellen, bis er kühl und fest ist.

Warum schrumpft mein Mürbteig beim Backen?

Er wurde entweder nicht genug gekühlt oder beim Ausrollen bzw. Transport in die Form überdehnt. In jedem Fall empfiehlt sich, den Teig in der Form vor der Befüllung nochmals in den Kühlschrank zu stellen.

Warum wird mein Teigboden matschig?

Dafür kann es verschiedene Ursachen geben. Der Teig wurde zu lange bearbeitet. Die Zutaten waren zu warm. Es kann am Material der Backform liegen, das Wärme schlecht leitet, z.B. Keramik. In diesem Fall empfiehlt sich, den Kuchen im Ofen zuerst auf der unteren Schiene 10–15 Minuten zu backen und erst dann auf der Mittelschiene fertig zu backen. Das gilt gleichermaßen für Rührkuchen, Mürbteig- und Blätterteiggebäck.
Gefährlich ist auch eine feuchte, saftige Füllung. Am besten hilft hier vorbacken und „versiegeln" mit Eiweiß oder Konfitüre: den noch warmen Mürbteigboden dünn mit leicht verquirltem Eiweiß oder erwärmter Konfitüre bepinseln.
Nach dem Backen Backwerk immer auf ein → Kuchengitter stellen, frühestens nach 15 Minuten aus der Form lösen.

Warum ist mein gebackener Mürbteig zu hart?

Er wurde zu lange bearbeitet oder ausgerollt. Mürbteig muss zügig zubereitet werden. Oder es wurde beim Ausrollen zu viel Mehl verwendet: Arbeitsfläche nur dünn bestreuen.

Warum geht mein Blätterteig nicht auf?

Er ist beim Ausrollen zu warm geworden. Er wurde zu kräftig ausgerollt, dadurch wurden die Schichten zusammengedrückt. Beim Zerteilen des Teiges immer ein scharfes Messer nehmen, sonst passiert dasselbe. Eigelb darf beim Bepinseln nicht über den Rand des Teiges laufen, die Schnittstelle verklebt, der Teig geht nicht auf.

Rezeptregister

a

Amaretti-Crostata 95
Ananas-Mais-Quiche 89
Ananas-Tarte 73
Apfel-Erdapfel-Galette 21
Apfel-Galette 9
Apfel-Pomeranzen-Crostata 11
Apple Pie 20
Aprikosen-Galette, pikant 43
Aprikosen-Kuchen 29
Aprikosen-Orangen-Tarte 81
Aprikosen-Pflaumen-Kuchen 35
Auberginen-Brownie................................... 159

b

Beerenmix-Tarte 51
Bete-Feta-Quiche 133
Bete-Tartelettes 163
Birnen-Flammkuchen 23
Birnen-Mandel-Kuchen 13
Birnen-Quiche 25
Birnen-Rosmarin-Kuchen 15
Blaubeer-Kuchen 53
Blumenkohl-Preiselbeer-Quiche 69
Buchweizen-Kuchen 139

c

Cashew-Tartelettes 109
Cheesecake „Mojito" 130
Cheesecake 117
Clementinen-Kuchen 75

e

Erdbeer-Tarte 55
Erdbeer-Tomaten-Tarte 67

f

Feigen-Himbeer-Shortbread 77
Feigen-Schinken-Tarte 91
Feigen-Trauben-Duo 65
Fenchel-Tarte 171
Feta-Bete-Quiche 133

g

Gemüse-Quiche, grün 151
Gemüse-Ricotta-Crostata 131
Grüne Quiche 151

h

Himbeer-Feigen-Shortbread 77

j

Johannisbeer-Tarte 57

k

Karibik-Kuchen 79
Karotten-Tarte 173
Kartoffel-Apfel-Galette 21

Käsekuchen „Mojito" 130
Käsekuchen 117
Käse-Nuss-Galette 111
Käse-Tartelettes mit Kirschen 41
Käse-Zitronen-Törtchen 87
Kastanienmehl-Kuchen 97
Kichererbsen-Crostata 153
Kirschen-Pie 40
Kirsch-Käse-Tartelettes 41
Kürbis-Spinat-Crostata 169
Kürbis-Tarte 161

l

Linsen-Tarte 155

m

Mais-Ananas-Quiche 89
Mandel-Birnen-Kuchen 13
Mangold-Kuchen 168
Maronen-Mousse-Torte 99
Maronen-Pilz-Tarte 107
Mascarpone-Tarte 119
Mohn-Kuchen 141
Mojito Cheesecake 130

n

Nektarinen-Käse-Tarte 45
Nektarinen-Kuchen 31
Nuss-Käse-Galette 111

o

Orangen-Aprikosen-Tarte 81
Orangen-Schoko-Tarte 127

p

Paprika-Quiche 175
Pekan-Pie 106
Pfirsich-Galette 33
Pflaumen-Aprikosen-Kuchen 35
Pflaumen-Tarte 37
Pflaumen-Zwiebel-Tartelettes 47
Pilz-Maronen-Tarte 107
Pinienkern-Kuchen 143
Pistazien-Kuchen 101
Pomeranzen-Apfel-Crostata 11
Power-Kuchen 145
Preiselbeer-Blumenkohl-Quiche 69

q

Quiche Lorraine 135
Quitten-Pie 17

r

Reis-Kuchen, ligurisch 149
Reis-Torte 148
Rhabarber-Tarte 165
Ricotta-Crostata 121
Ricotta-Gemüse-Crostata 131

S

Schinken-Feigen-Tarte 91
Schokolade-Cheesecake 123
Schokolade-Kuchen 125
Schoko-Orangen-Tarte 127
Sommerbeeren-Pie 59
Spinat-Kürbis-Crostata 169
Steinpilz-Walnuss-Galette 113

t

Tomaten-Erdbeer-Tarte 67
Tomaten-Galette 177
Trauben-Feigen-Duo 65
Trauben-Galette 64

W

Walnuss-Crostata 103
Walnuss-Steinpilz-Galette 113
Weintrauben-Kuchen 61

Z

Zitronen-Caprese 86
Zitronen-Käse-Törtchen 87
Zitronen-Tarte 83
Zucchini-Galette 179
Zwiebel-Crostata 181

Die Autorin Ilse König ist Managerin, Sachbuch- und Kochbuchautorin. Sie kocht und bäckt leidenschaftlich gerne und ist immer auf der Suche nach Ideen und Rezepten aus anderen Kochkulturen, international sind daher auch ihre Kochbücher. Besonderen Wert legt sie darauf, dass die Rezepte unkompliziert in der Zubereitung, aber exquisit im Geschmack sind. Im Teamwork mit Clara Monti und Inge Prader wird aus dem Gaumenschmaus immer auch ein Augenschmaus, dem man die gemeinsame Lust am kreativen Gestalten ansieht.

Die Grafik- und Set-Designerin Clara Monti ist Italienerin. Sie hat in Rom Grafik studiert und ihre Diplomarbeit über das Museum für Angewandte Kunst in Wien geschrieben.
Seit vielen Jahren lebt und arbeitet sie als selbstständige Grafikerin, Illustratorin und Set-Designerin in Wien. Sie liebt kochen, Bücher aus Papier, schöne Materialien. Die Gestaltung von Kochbüchern macht ihr deshalb viel Spaß.

Die Fotografin Inge Prader, in Lienz/Osttirol geboren, lebt und arbeitet seit 1980 in Wien. Nach der „Graphischen" gründete sie mit ihrem Mann Paul ein eigenes Studio und etablierte sich innerhalb kürzester Zeit als Mode- und hoch geschätzte Portraitfotografin bekannter Persönlichkeiten aus Film, Mode, Kunst und Kultur. Seit vielen Jahren ist sie für renommierte internationale und österreichische Magazine und Werbeagenturen tätig. Ihre künstlerischen Arbeiten hat sie in einem Dutzend Ausstellungen präsentiert. (www.prader.at)

Willst du mehr, bitteschr ....

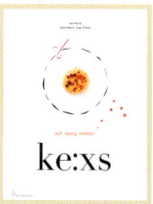

Ke:xs
König, Monti, Prader
978-3-85033-769-4
22 x 28 cm, 192 Seiten
EUR 29,90

Süßer Sonntag
König, Monti, Prader
978-3-85033-941-4
22 x 28 cm, 208 Seiten
EUR 29,90

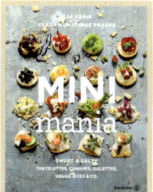

Minimania
König, Monti, Prader
978-3-7106-0108-8
19 x 24 cm, 160 Seiten
EUR 19,90

Liebe Leserin, lieber Leser,

hat Ihnen
dieses Buch gefallen?
Wollen Sie
weitere Informationen zum Thema?
Möchten Sie
mit der Autorin in Kontakt treten?

Wir freuen uns
auf Austausch und Anregung!

Brandstätter Verlag
Wickenburggasse 26, 1080 Wien
E-Mail: leserbrief@brandstaetterverlag.com
Tel: 0043-1-5121543-256

Wir sagen Danke.
Bleiben wir in Verbindung.

#flachekuchenforever

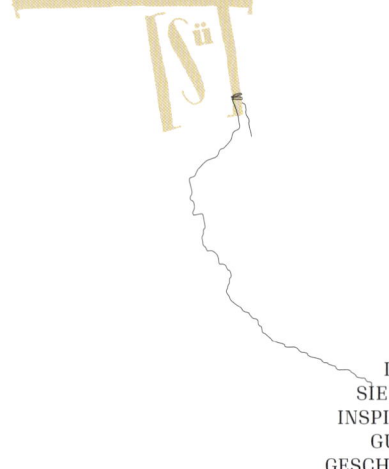

LASSEN
SIE SICH
INSPIRIEREN!
GUTE
GESCHICHTEN,
SCHÖNE
GESCHENKIDEEN
AUF
WWW.BRANDSTAETTERVERLAG.COM

1.
Auflage

Alle Rechte vorbehalten.
Copyright © 2018
by Christian Brandstätter Verlag
GmbH & Co KG, Wien

Papier: Papier: Profibulk 150 g
Druck und Bindung:
GRASL FairPrint, Bad Vöslau
www.grasl.eu

ISBN 978-3-7106-0210-8

Rezepte und Texte:
Ilse König

Fotografien:
Inge Prader

Set-Design und grafische Gestaltung:
Clara Monti

Lektorat:
Else Rieger

Projektleitung Brandstätter Verlag:
Stefanie Neuhart

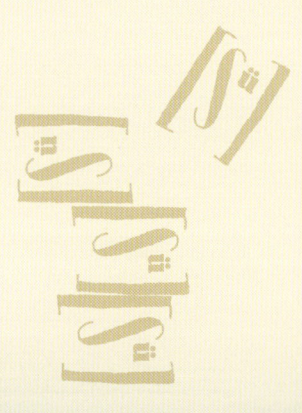

[Sü]